鲁东大学人才引进项目(WY2017004)资助

中国省域旅游产业效率时空演变及机制研究

胡宇娜 ◎ 著

中国社会科学出版社

图书在版编目（CIP）数据

中国省域旅游产业效率时空演变及机制研究/胡宇娜著 . —
北京：中国社会科学出版社，2018. 1
ISBN 978 - 7 - 5203 - 0371 - 2

Ⅰ.①中…　Ⅱ.①胡…　Ⅲ.①地方旅游业—旅游业发展—
研究—中国　Ⅳ.①F592.7

中国版本图书馆 CIP 数据核字（2017）第 099960 号

出 版 人	赵剑英
责任编辑	卢小生
责任校对	周晓东
责任印制	王　超

出　　版	中国社会科学出版社
社　　址	北京鼓楼西大街甲 158 号
邮　　编	100720
网　　址	http：//www. csspw. cn
发 行 部	010 - 84083685
门 市 部	010 - 84029450
经　　销	新华书店及其他书店

印　　刷	北京明恒达印务有限公司
装　　订	廊坊市广阳区广增装订厂
版　　次	2018 年 1 月第 1 版
印　　次	2018 年 1 月第 1 次印刷

开　　本	710 × 1000　1/16
印　　张	16. 5
插　　页	2
字　　数	242 千字
定　　价	70. 00 元

前　言

　　在国家经济新常态的形势下，旅游产业转型升级的需要更加迫切，应该跳出长期以来单纯对规模总量的关注，从一种全新的视角来研究协调旅游经营企业及地区之间的关系。效率评价是提高企业生产效率与管理水平的重要手段和工具。从效率角度出发，对我国旅游产业效率时空演变特征进行分析，可以有效地审视中国旅游产业发展道路，促进地区旅游产业从要素驱动、投资驱动转向创新驱动、科技驱动。本书利用 2002—2013 年的面板数据，以"指标构建—效率测算—时空对比—驱动机制"为研究主线，综合运用组合赋权、DEA 模型、ESDA、重心、标准差椭圆、POOL 面板数据模型等方法，对我国31 个省份的旅游产业效率、行业效率和要素效率的时空演变特征进行深入分析，并研究旅游产业效率时空演变的驱动机制。研究结果可以为地区旅游产业判断各项资源的投入不足或投资冗余提供定量数据参考，揭示省份间旅游产业相对地位的变化，帮助各地区更好地辨识提升旅游产业效率的最佳路径，为引导企业投资的科学性提供手段和依据，避免旅游发展的盲目性和无效性。

　　本书研究的主要结论是：

　　第一，本书对国内外旅游产业效率研究进行梳理，发现研究内容虽不断加深，但有关旅游产业效率的空间研究还不足，且缺乏旅游行业效率间的比较研究，旅游产业内部效率的深层次研究有待深入。书中对旅游产业效率、行业效率和要素效率的概念进行了解析和界定，并对系统论、经济增长理论、空间经济学理论等对旅游产业效率研究的支撑作用进行阐述。

　　第二，本书对我国 31 个省份 12 年间旅游产业效率进行了测算，结果发现，我国旅游产业效率在时序上呈现波动性变化特征，随着旅游产业规模的发展壮大，旅游产业效率增长效应并不明显。从分解后的效率来看，规模效率对综合效率的影响略强，由于很多省份规模效率值低于纯技术效率值，说明要素的合理投入和产业结构的合理布局对提高我国旅游产业效率有很大作用。从空间演变来看，规模效率以"T"形格局占主导，东部规模集聚效益低于中西部地区；纯技术效率比规模效率的省际差异性更大，空间格局年际变化显著，东部比西部地区技术应用能力强。在两者的共同影响下综合效率空间集聚性不强，相邻省份在综合效率值上不存在互相影响、互相制约的关系，空间格局由"T"形向"V"形格局演变。

第三，从景区、酒店和旅行社三大行业效率角度看，景区行业效率最低，受整体旅游环境的影响最强，波动性较强；酒店行业效率较高，最为稳定；旅行社行业则居中。另外，在空间上，景区行业2004年前变动频繁，未表现出一定的规律性，2005—2007年空间分布上向集聚态势演变，2009—2013年西部和东南部两大核心逐渐形成；酒店行业2008年以前空间格局呈倒"几"字形格局，2008年以后东南沿海地区优势突出，中西部地区有所下降，技术改革和创新对提高行业效率的作用逐渐显现，形成东南核心区；旅行社行业以"山"字形格局为主，东南部地区效率较好而西北部地区较差，但近年来地区间差异有缩小的趋势。

第四，从物质资本、人力资本和企业规模三大要素效率的时空演变特征看，三大要素普遍存在投入过剩。景区行业三大要素效率年际变化大于酒店和旅行社行业，稳定性低；酒店行业物质资本效率最高，企业规模效率在逐年升高，但人力资本效率稳中有降；旅行社行业三大要素效率均稳中有降。从空间格局来看，旅游要素效率东部、中部、西部和东北四大区域内部的差异要远大于区域间的差异，近几年来旅游要素效率高地区集聚，形成以北京、上海、广东为代表的东部核心区和西藏、宁夏为代表的西部核心区。

最后，本书选取区位条件、人力支持、市场潜力、第三产业规模、市场化程度、信息化水平和旅游产业规模七方面，分析其对旅游产业效率及三大行业效率的影响程度。发现在微观领域，资源价值、市场需求和旅游方式的转变对旅游要素效率的时空变化产生了重要影响；在中观领域，人力支持、市场化程度、信息化和旅游产业整体发展水平对旅游产业效率的时空变化产生了重要影响；在宏观领域，区位条件、服务业发展水平和社会经济水平对旅游产业效率的时空演变产生深远影响。在这些因素的综合影响下，资源驱动、政策驱动、区位驱动、市场驱动和地缘环境驱动五大驱动力引导着旅游产业效率空间格局的演变。

本书的主要创新和特色之处在于：

首先，对旅游产业效率评价体系进行完善，构建了旅游产业效率评价体系。以往的研究，对旅游产业效率的评价都停留在单一层次，没有形成旅游产业效率评价体系。本书对旅游产业效率评价进行了体系化的深入，构建了旅游产业效率评价体系。该体系由宏观、中观和微观三个层面构成。宏观效率是指旅游产业（行业集合）的总体效率，用旅游产业效率表示；中观效率是指景区、旅行社、酒店等提供某类相同旅游产品的企业集合的效率，用旅游产业效率表示；微观效率是指具体投入到旅游产业中的物质资本、人力资本等各要素产生的效果，用旅游要素效率表示。由此，对旅游产业效率评价体系进行了划分，分层递进式阐述，将研究立体化和具体化。

其次，对旅游产业效率评价方法进行改进，采用组合赋权法和DEA模型相结合，提高测算的科学性。以往的研究，对旅游产业效率产出指标均是从总量上进行考虑和设计的，而对单位产出的高低未给予重视。本书首次尝试采用组合赋权法和DEA方法相结合的研究思路来解决问题，旅游产业效率的投入指标从产业发展规模和产业发展能力两个方面进行衡量，产出指标则从总产出能力和人均效益两个方面进行衡量，整理后得到评价指标体系，对低层次指标通过组合赋权法进行归纳合并，得到更合理的高层次综合指标后，再使用DEA模型进行效率测算，提高结果的合理性和科学性。

最后，重视各因素对旅游行业效率影响的对比研究，构建了统一评价模型，建立了旅游产业效率时空演变驱动机制分析框架。以往对旅游产业效率影响因素的分析都是基于单一层次或者单一行业，缺少对三大行业效率同时进行研究，更缺少三大行业效率的比较研究。本书构建了统一的评价模型，对旅游产业效率及旅行社、景区、酒店三大行业效率的影响因素进行对比分析，综合各影响因素在不同行业的影响强度后，从宏观、中观和微观三个视角出发，建立旅游产业效率时空演变驱动机制分析框架，使旅游产业效率驱动机制研究更加细化和深入，丰富相关研究内容。

　　本书是以笔者的博士毕业论文为基础修订而成的。感谢我的导师——东北师范大学地理科学学院梅林教授给予我的无限关怀和悉心指导。感谢陈才教授、刘继生教授、王士君教授、杨青山教授、修春亮教授、袁家冬教授、谷国锋教授、房艳副教授等老师在我学习过程中给予的帮助。他们深厚、渊博的学术功底都使我受益匪浅。感谢陈妍、李秋雨、黄悦、于洪燕、王建康、申庆喜、郭付友、朱振华、陈晨、程林等同学在求知道路上给予的帮助。也特别感谢鲁东大学商学院的同事们，尤其是曹艳英教授从我工作之日起就一直给予我无私的帮助，给我提供珍贵的机会。

　　对于书中出现的错漏和偏颇，希望读者不吝指正。书中还参考并引用了大量学者的相关研究文献，在此一并表示感谢。

目　　录

第一章 导言

第一节 研究背景与研究意义

一 研究背景

（一）经济新常态下旅游产业转型升级和行业协调发展的需要

经济新常态强调结构稳增长经济结构的对称态以及在对称态基础上的可持续发展，而不仅仅是经济总量的增长与经济规模最大化。经济新常态以高质量无水分的 GDP 高速可持续增长为特征，即"调结构稳增长"。根据再生经济学原理，只有增量改革才有存量调整，只有新经济增长点才能优化产业结构，化解产能过剩，实现经济结构优化升级和增长方式转变。经济新常态强调经济发展模式中，投资驱动和创新驱动是统一的，只有创新、创业、企业技术提升，才能使产业结构升级、生产效率提高、增长方式转变；只有投资驱动，才有明确的目标与方向，使投资有效。

自改革开放以来，中国旅游产业经历了快速发展的过程，已经成为加速经济发展、增加国家外汇收入、刺激公民消费的新的经济增长点。在国家经济新常态的形势下，旅游产业转型升级的需要更加迫切，也需要一种全新的视角来协调旅游经营企业及地区之间的关系。旅游产业转型升级问题无论是从国家层面还是从省域层面都提出已久，但是，如何确定转变路径、怎样的政策引导能更有效地实现这个目标都是困扰业界的问题。旅游效率研究可以从有效性角度出发来审视中国旅游产业发展的道路，从而跳出单纯对规模总量的关注，转变生产方式，由粗放型向集约型转变，从要素驱动、投资驱动转向创新驱动。

（二）区域旅游经济发展差距的扩大

伴随着旅游产业整体快速发展的还有我国旅游经济活动空间格局的深刻变化。改革开放以来，在旅游经济总量的空间格局上一直存在地区差距，并且逐渐形成"块状"特征，即旅游产业总量较大地区和总量较小地区分别在地理上集中，导致了区域旅游经济"块状"特征的形成。图1-1表示2002年以来东部、中部和西部地区国内和国际旅游收入的情况，可见，三大地区间旅游收入的差距是在不断扩大的，尤其是国际旅游收入方面，中部和西部地区增长缓慢，而东部地区则呈跳跃式发展模式。2002年东部地区的国内旅游收入与中部和西部地区的差距分别为4749.59亿元和5428.01亿元，到2013年，分别为22627.59亿元和30047.45亿元，差距已经扩大到4.76倍和5.54倍。总量上的"块状"分布造成的地区差距问题成为影响我国旅游经济稳定发展的重要因素。那么，从效率角度出发，我国旅游产业效率是否也存在典型的"块状"分布格局？受哪些因素影响？如何影响？推动区域良性互动发展，逐步缩小区域发展差距将是我国未来一段时间必须面对的重大课题，旅游产业效率研究对推动地区间旅游产业协调发展有重要意义。

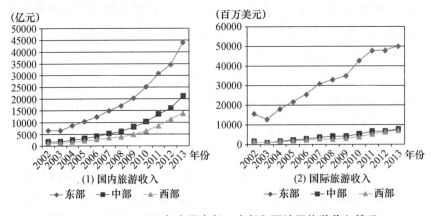

图1-1 2002—2013年中国东部、中部和西地区旅游收入情况

（三）新一轮旅游投资热潮涌现下的隐患显现

自 2009 年 12 月 1 日国务院颁布《关于加快发展旅游产业的意见》之后，各级地方政府对旅游产业的发展都加大了重视程度和扶持力度，我国旅游产业再次迎来新一轮的投资热潮。2013 年全国旅游直接投资达到 5144 亿元，比 2012 年同期增长 26.6%，其中，投资超过 100 亿元的项目就有 127 个。本轮投资中民间资本开始成为主力，占到总数的 57% 左右。从行业角度来讲，休闲度假类景区成为投资重点，约占 61%，另外，旅游房地产类投资热度一直不减。在如此巨大的投资热潮涌动下，资源是否得到了充分合理的利用？是否存在投资的盲目性？投资的回报率会有多少？是否会像我国当年的主题公园投资热潮一样造成巨大的资金浪费与沉淀？这些都是我们需要慎重思考的问题。旅游效率的研究可以为回答以上问题提供坚实的参考依据。

二　研究意义

（一）理论意义

1. 在方法上弥补旅游效率研究的不足

效率评价是提高企业生产效率与管理水平的重要手段和工具，它从投入产出的角度对企业成本控制与效益提高提供了定量化决策依据。但是，旅游产业不同于一般生产性产业，关联性很强并且产业溢出效应明显，投入产出指标的确定既是旅游效率研究的关键问题，又是其难点问题。加上国内关于旅游方面的统计数据不健全，这更为旅游效率的研究增添了难度。本书以省域这样一个非常复杂多样化的综合体作为研究对象，试图构建一个能够较为全面反映旅游产业特点的投入产出评价体系，并将组合赋权法引入旅游效率的研究中，以提高评价体系的科学性和有效性，力图通过研究方法的创新弥补现有旅游效率研究方面的不足。

另外，对区域旅游发展的研究始终是旅游地理学的热点问题。目前，由于众多学者的努力与探索，旅游地理学相关研究已经形成一个较为完备和系统的学科体系，并出现了很多具有深度和较高价值的见解，尤其是在旅游资源与区域开发、旅游流、旅游空间结构、旅游目的地竞合关系等方面取得了丰硕的成果，但在旅游影响方面的研究仍然缺乏。与一般生产性产业相比，旅游产业由于其自身的复杂性和综合性受到更多影响因素的制约，背后的驱动机制更为复杂和难以识别。在以往的研究中多是从产业规模角度出发，对效率的重视不足。本书以地理学视角剖析旅游产业效率发展变化的驱动机制，丰富旅游效率研究内容。

2. 在内容上丰富旅游产业效率研究

在研究内容上，以往对旅游产业的各个行业自身都进行了较多研究，无论是旅行社、酒店还是景区都已经有所涉及，但是缺乏行业间的比较研究。本书除关注旅游产业整体之外，还将研究三大行业间旅游效率的异同性，从研究内容上弥补现有研究的不足。另外，以往对旅游产业效率的研究都是横向的、单层次的，仅仅从地区或者城市等进行单一尺度横向间的比较和分析，对产业内部研究不够深入。本书试图对旅游产业效率的研究扩展为纵向，对省域这一研究尺度纵向分解为产业效率、行业效率和要素效率三个层次，分层递进式阐述，将研究立体化和具体化。

（二）现实意义

1. 为旅游产业投资提供决策依据

自 2009 年以来，国内旅游产业迎来了新一轮的投资热潮。但是，由于缺乏有效的理论指导和数据支撑，这股热潮背后伴随着的是投资的巨大盲目性，投资冗余问题的进一步恶化。旅游产业效率问题的定量研究可以为有效投资提供参考，尤其是这种参考是基于对各项资源要素投入和产出的精确计算基础上，可以为各项资源的投入不足或投资冗余的判断提供定量数据参考，为引导企业投资的科学性提供手段和依据。

2. 为旅游产业升级提供坚实支撑

自改革开放以来，我国旅游产业经历了快速的规模扩大化阶段，单纯的总量增长将逐渐碰到"瓶颈"，从量化增长转变为质化增长的重要性和迫切性越来越引起相关部门和学者的重视。但是，如何实现这种转变、突破口在哪里等问题一直困扰着业界。正确认识和把握旅游经济活动的规律和特点将为实现这种转变提供坚实支撑。旅游产业效率的研究及产业内部重要行业的效率研究都能够更好地揭示旅游经济活动运行的状况和规律,切实推动国内旅游产业实现从量变到质变的过程。

3. 为旅游政策制定提供科学参考

在各地区制定的"十二五"规划中,旅游产业由于其对经济的强大带动作用被地方政府充分认识,很多地区和城市都将旅游产业定为带动地区经济进一步发展和转型升级的重点发展产业,纷纷将其确定为支柱产业或龙头产业。但是,宏观经济环境的转变对新时期旅游产业的发展提出了更高的要求和标准。在这种形势下,旅游产业格局的变化和相对地位的升降都将对区域旅游产业政策的制定产生影响。本书选取我国 31 个省份为研究对象(基于数据获得的可能性及统计口径的一致性,本书剔除了我国台湾地区、香港特区和澳门特区),通过 2002—2013 年 12 年间的面板数据进行旅游效率时空格局演变过程的分析,揭示省份间旅游产业相对地位和所占比重的变化,可以帮助各地区更好地辨识提升旅游产业效率的最佳路径,有助于地区旅游产业政策的科学制定,避免旅游发展的盲目性和无效性。

第二节 核心概念辨析和厘定

一 效率与产业效率

"效率"一词最早出现在拉丁文中,通常指有效的因素。到了 19世纪末,效率的特定意义引申到了机械工程方面。自从 20 世纪以来,效率开始广泛用于经济、商业等领域。因此,效率已经是一个内容非常丰富的概念。它最基本的含义是指单位生产要素在单位时间内的投入与产出之间的比率,生产要素中任意一项的改变都会引起效率的改变。因此,对效率的测算自然非常复杂。按照作用领域和计算范围的不同,效率可以分为生产效率、经济效率和社会效率。生产效率即劳动生产率,通常是以每名工人在单位时间(每小时或每天)生产出来的产品数量来计算的,是社会生产力发展水平的一个重要测量指标。所谓经济效率最根本的是现有经济资源的利用与满足其国民和社会成员物质、文化需要的程度。用经济学的术语来说就是包括人力资源在内的生产要素的配置效率问题。一般理解经济效率是指用时间来衡量的经济活动的效果。它用单位时间内所完成的某种经济工作的数量和质量来表示。单位时间完成的经济任务越多，经济效率就越高；反之，经济效率就越低。在西方经济学中，经济效率还可表示一种状态，即帕累托最优状态。在这一状态下，所有的帕累托改进都不存在，即在该状态上，任何改变都不可能使至少一个人的状况变好而又不使其他人的状况变坏。社会效率则主要关注全社会的最优资源配置，强调全社会的和谐发展。因此，对于一个国家、一个社会来说，仅仅追求局部的、暂时的经济效率，仅仅调动一部分成员的积极性，仅仅发挥一部分生产要素的作用还不够。一个国家、一个社会的发展要追求的是整体的、长期的效益，要充分发挥和调动全体社会成员的积极性和创造性，要充分发挥全部生产要素的作用，要实现全要素效率，这就是社会效率的内涵。

综观国内外的研究，对产业效率进行明确定义的较少，仅有贾卓对产业效率进行了明确的定义，认为产业效率是指在一种投入的情形下，整个产业的潜在投入与实际投入的比率。实际上，从对效率的分析中可以看出，其中的经济效率指的是一个组织的效率，这个组织既可以是一个企业，也可以是一个地区、行业，甚至以一个国家为一个组织，但都是以投入与产出的对比来判断效率高低的。从中可以看出，产业效率来源于经济效率，是指定了特定组织的经济效率，这个特定组织就是产业。经济学以资源稀缺性为研究前提，如何在投入资源既定的情况下使产出最大，或是在产出既定的情况下让投入最小。因此，产业效率就是以作为整体的某一产业为研究对象，考察产业内各企业市场行为对市场效率和社会福利的影响。产业效率可以进一步分解为产业配置效率和产业技术效率。产业配置效率是分析如何以最优的要素投入组合生产最优的产品组合。产业技术效率是指在投入和其他产出不变的情况下，该种产出在技术有效时是最大，技术效率反映的是在给定投入的情况下企业可以获取的最大的产出能力。

二　旅游企业、旅游行业与旅游产业

产业是一种社会分工现象，在不同的时期，产业的概念是不尽相同的。在农业时代，产业主要是指农业；在工业时代，产业主要是指工业。随着社会生产力的提高，现代化的物质和非物质生产活动越来越复杂，产业的概念也在不断扩大。但从核心来看，产业始终是指从事相同物质生产或服务的经济群体的集合，具有投入和产出效益的活动单位的集体。严格来说，构成一个"产业"的一组企业群，必须满足以下三个条件：生产相对同质性的产品、使用基本相同的技术、企业数量和他们产出的财务价值必须在数量上达到足以值得从统计上作为一个单独的部门而论。

长期以来，对旅游企业的定义争议不大，它是指能够以旅游资源为依托，以有形的空间设备、资源和无形的服务效用为手段，在旅游消费服务领域中进行独立经营核算的经济单位。但是，对旅游产业这一概念进行严格的经济学定义一直存在着困难。从供给角度来看，产业一般是用其产品的交叉需求弹性所强调的可替代性标准来进行界定与划分。产业的三个基本条件旅游产业并不满足，它实际上是由多个行业共同参与的。相应地，旅游产品是一个产品组合，食、住、行、游、购、娱旅游六要素互相补充完善，共同构成了旅游产业。因此可以说，旅游产业其实没有一个独立的生产函数。但是，饭店、景区、旅行社等旅游产品之间实际上更多的是互补性。旅游企业经常也很难与非旅游企业完全区分开来，因为这些企业提供的产品和服务不仅仅销售给旅游者，同时也为本地居民、其他目的来访的外来者提供服务。可以这样说，如果按照传统的产业定义来套用旅游产业的话，是存在一定的逻辑上的矛盾的。由此可以确认，旅游产业被看作一个单独的产业是不合适的，它实际上更像一个"部门"、一个行业群，包含并影响着众多行业。罗明义将旅游产业分为旅游核心部门、旅游依托部门以及旅游相关部门三个层次。旅游核心部门包括旅游住宿业、旅游景观业、旅游运输业、旅行社业和旅游服务机构等完全向旅游者提供旅游产品和服务的行业和部门，也是旅游产业的主体。旅游产业的第二层次是旅游依托部门，包括餐饮服务业、文化娱乐业、康乐业、零售业和公共交通运输业等，这些行业或部门只是向旅游者提供部分的产品和服务，即除为旅游者服务外，这些部门还为其他消费者服务。旅游相关部门是指为旅游产业发展提供支持和旅游产业带动的行业和部门,从"大旅游"发展角度来看,这些行业和部门的发展水平对旅游产业的持续健康发展和旅游产业竞争力的提升具有重要意义和作用,属于旅游产业的第三层次。在此,本书为了避免概念上的不清,用"旅游产业"这一名词表示包含众多行业的行业集群,用"旅游行业"表示传统经济学意义上的产业,并借鉴罗明义的划分进行改动,依据旅游产业中的特征行业对旅游产业进行大致划分,将为旅游者提供产品或服务为主要功能的企业集合视作旅游特征行业,主要包括景区、酒店和旅行社三大行业,将交通、商业、金融、电信等行业视作旅游相关行业。对旅游经济活动的分析则从具体的特征行业入手,即运用一般经济理论与方法,对景区、酒店和旅行社三大行业进行分析,将旅游产业作为综合的行业群,分析其整体效率时空演变特征及影响因素。

三　旅游产业效率、旅游行业效率与旅游要素效率

产业效率关注如何在既定条件下实现资源的最优配置,自身利益最大化是其基本目标。旅游产业效率也好,旅游行业效率也好,实际上都是在原有基础上集合了"效率"这一概念而形成的。按照对旅游产业和旅游行业定义的讨论,"效率"范畴多是对单个旅游特征行业或相关行业进行分析,而对包含多个行业部门的旅游产业的分析却是较为困难的。因为虽然可以将旅游产业看作是一个行业集合,但其总体效率却不能通过单个行业效率的简单叠加而获得。为了避免概念上的模糊和误导,在此对旅游产业效率、行业效率和要素效率这三个概念进行层面上的划分。将旅游产业(行业集合)总体效率看作是宏观层面的衡量(简称旅游产业效率);将景区、旅行社、饭店等提供某类相同旅游品的企业集合的行业看作中观层面;将行业效率测算中投入要素的效果称为要素效率即微观层面,劳动力、资本和土地一直被认为是最根本的生产要素,考虑到旅行社受土地要素制约较小,在此仅选取劳动力和资本要素进行投入要素的计算。宏观层面上的旅游产业效率作为行业群的经济成果综合考量,因为不是简单的各个单一行业效率的线性叠加,所以,在测算上,对各行业的贡献首先进行评

估，再进行投入产出的计算，并分解为资源配置效率和技术进步效率，用规模效率和纯技术效率衡量。中观层面上的各个旅游行业效率因为是每个行业自身实际运行的结果，在此直接用经济学上的市场运行结果进行测算，比如，资源配置效率、技术进步状况等。微观层面上的要素效率不再使用 DEA 模型进行测算，而将行业规模效率测算中对各投入要素做出的判别作为要素在行业中实际发挥效果的判断依据。其中，劳动力要素用人力资本要素来衡量；资本要素分解为物质资本要素和企业规模要素两方面表示。

综上所述，对旅游产业效率这一问题可以划分为宏观、中观和微观三个层次，分别为产业（总体）效率、行业效率和要素效率，形成旅游产业效率体系作为本书的研究框架，如图 1 - 2 所示。

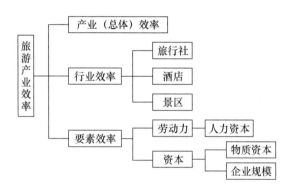

图 1 - 2　旅游产业效率研究框架

第三节　研究目标与内容

一　研究目标

（一）揭示我国旅游产业效率的变化趋势及区域差异

我国旅游产业规模总量的快速增长伴随着旅游投资规模的日益扩大，但是，作为政府主导型产业，国内旅游产业在发展中对政策的依赖仍然十分严重，政府退出脚步仍然缓慢，市场经济下现代企业制度远未完善。目前，国内旅游企业的主体仍然是"小、弱、散、差"的中小型企业，"航母"级的大型旅游企业数量很少，市场集中度低。在这种情况下，区域旅游产业效率随着时间的推移是否也呈现出增长的态势？其变化趋势实际是怎样的？在各个地区间这种变化趋势是不是一致的？是否存在明显的区域差异？本书拟采用旅游效率和空间分析相关方法系统研究来回答以上问题。

（二）揭示旅游产业内部各行业效率及要素效率

旅游产业作为综合性很强的产业又可以分为多个行业，其中，旅行社、酒店和景区一直被认为是旅游的三大主要行业。目前，国内关于旅游效率的研究多是从时间和空间维度两个层面来评价，而对行业维度一直缺乏足够的重视，对行业内部的要素效率关注度更小。本书试图通过建立较为统一的评价体系对三大行业及内部的各大要素在相同时间段内的旅游效率变化情况进行研究，从而揭示区域旅游行业效率和要素效率的时空差异特征。

（三）揭示区域旅游产业效率提高的驱动力

区域旅游产业效率的变化与哪些因素有关？这些影响因素对旅游效率的提高会产生正面还是负面的影响？其驱动力有多大？相同的投入在不同地区或不同行业是否会产生相同的回报？本书拟进一步通过计量经济学中的相关模型来识别这些要素并做出定量化分析，从而揭示旅游效率变化的内在规律性。

二　研究内容

科学的决策要以科学的分析为基础，而科学的分析仅仅靠定性方法很难完成，需要通过数据的挖掘分析来揭示深层次的规律和动力机制。本书的主要研究内容就是揭示旅游产业变化的规律和驱动力，从效率角度出发为旅游产业发展规划提供科学的决策依据。以往对旅游产业效率的研究都是从整体或者单一行业出发进行的，没有将旅游产业效率研究进行细化和深入。实际上，由于旅游产业构成的复杂性和强关联性，单纯从整体上进行效率分析往往无法得出具体的实践操作指导意见，到底在哪个行业、哪些地方、哪些要素投入上的改变能实际提高产业效率一直都无法清晰回答，因此，本书试图将旅游产业效率研究进一步分类和细化，将效率问题细化为产业效率、行业效率和要素效率三个层次进行研究。具体包括以下研究内容：一是以整个旅游产业为研究对象，选取合适的研究方法及指标，对 12 年间旅游产业效率的时空格局演变进行研究分析，揭示其变化规律；二是以往的研究中缺乏相同体系背景下的旅游行业效率异同性分析，本书对各区域 12 年间旅行社、酒店与景区三大行业旅游效率的时空变化进行分析，揭示行业间旅游效率变化的关联性和差异性，试图完善旅游效率研究的科学体系；三是通过要素效率的测算对各大行业要素投入状况进行评估，从而揭示各要素在行业内的实际投入效果，解答要素效率问题，并对未来各要素在不同行业、不同地区中的实际投入提出建议；四是通过计量经济学方法揭示影响旅游产业效率的因素有哪些，从系统动力学角度探讨旅游效率变化的驱动机制，为提高旅游产业投入产出状况提供依据。

第四节　研究框架

一　研究思路

本书选取我国 31 个省份为研究对象，首先通过旅游产业投入与产出分析确定旅游产业效率的评价指标体系。基于旅游产业的综合性和复杂性以及我国旅游统计数据方面的限制这两方面的考虑，本书通过组合赋权法对 DEA 方法进行改进。由于本书的主要目的是帮助各省份更优地进行旅游投资决策，所以，整个研究过程均是基于投入角度来进行测度。在此用组合赋权法对投入、产出指标进行处理（用层次分析法分别对投入、产出指标的各个二级指标确定其权重，再用熵值法对各三级指标确定权重），最后将加权处理过的指标数据输入到 DEA 模型中，测算各省份 2002—2013 年旅游产业效率，揭示旅游产业效率的时空演化特征；其次通过旅行社、酒店和景区三大行业效率的测算和时空演变特征的分析揭示旅游行业效率演变的规律，并在此基础上对旅游要素效率的时空演变特征进行分析，提出投资建议。另外，为了对我国旅游产业效率的时空演变特征有更深刻的认识，在此用重心法、标准差椭圆法测算时空演变路径，用 ESDA 方法对旅游产业效率的空间集聚性进行测度分析。最后用面板数据回归模型来确定旅游产业效率的影响因素。

二　技术路线

本书研究的技术路线如图 1 - 3 所示。

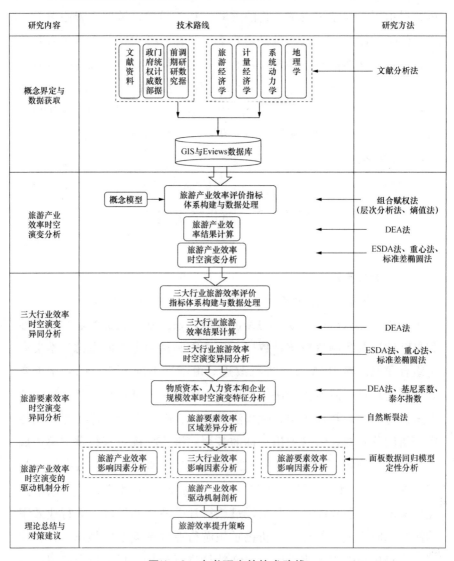

图 1 - 3　本书研究的技术路线

第二章 理论分析

第一节 旅游效率研究综述

一 国外旅游效率研究综述

本书使用 Scopus 数据库进行国外相关文献的检索，以"tourism efficiency"为关键词对文章题目和关键词进行检索，检索范围为期刊论文，检索时间为 2014 年 11 月 2 日。本次检索共得到相关论文 184 篇，经过两次筛选后得到 122 篇论文成为本书进行文献分析的主要材料。

（一）在时间序列上，旅游效率研究正在成为新的热点问题

从 20 世纪 80 年代查尼斯（Charnes）和库珀（Cooper）等发表第一篇相关文章以来，国外学术界对旅游产业问题进行了广泛的研究，其中旅游效率问题是研究旅游产业对经济的实际贡献问题的重要组成部分，因此关于该问题的研究成果层出不穷。从时间序列上看，可以分为三个发展阶段。第一阶段是在 2002 年以前，关于旅游效率的研究处于初期发展阶段，在这一时期旅游效率问题刚刚开始引起业界的关注，相关研究成果刚刚开始出现。如布拉泽维奇（Blazevic）对克罗地亚酒店在 20 世纪 90 年代的经营状况进行分析后，认为存在明显输入与输出不匹配问题；欧斯曼纳吉克—贝德尼克（Osmanagic – Bedenik）通过实证研究克罗地亚 400 家最大的饭店和旅游公司的旅游效率，同样得出了业务效率比其他类公司低的结论；奥尔德姆（Oldham）等从投资角度出发对南非马普塔兰（Maputaland）的乡村民宿

的效率问题进行了探讨，该文选取了收入、年度回报率、创造就业及工资水平等指标来衡量旅游产业作为乡村发展的替代产业的经济可行性，并得出了发展民宿在当地切实可行的结论；塔里木（Tarim）等研究了土耳其的里维埃拉—安塔利亚的高星级酒店的经营绩效，认为四星级比五星级酒店更有效率。2003—2007 年可以看作是旅游效率研究的第二个发展阶段，是兴起阶段，国外关于旅游效率研究的成果开始增多，定量方法的使用成为主流。如黄（Hwang）等对我国台湾酒店业 1994—1998 年的经营效率使用数据包络分析（data envelopment analysis，DEA）方法进行测量，发现客户来源的不同和管理风格的差异都会影响酒店效率；巴罗斯（Barros）使用随机前沿成本模型（SFA）方法对葡萄牙酒店进行研究发现，随着时间的推移效率没有明显的增长，仍处于较低水平；蒋（Chiang）对台北 24 家酒店效率的测评得出其综合得分为 0.921，处于较好水平；佩波克（Peypoch）等对旅游产业的技术效率问题进行了理论应用分析，肯定了其对促进旅游产业发展的作用。2008 年至今为第三个发展阶段，在此阶段旅游效率研究进入蓬勃发展期，不仅相关成果层出不穷，而且研究领域不断扩大，新视角和新思维不断涌现。如克拉科利奇（Cracolici）等运用随机生产函数和 DEA 方法对意大利 103 个地区的旅游效率进行了测度；阿维娃（Aivaz）等对黑海地区康斯坦察州 572 家旅游企业的旅游经营状况进行了效率分析，并提出了改进策略。从旅游效率研究的时间序列特点可以看出，随着全球旅游产业发展的推进，该问题还将继续成为旅游领域关注的热点问题之一。

（二）在研究部门归属上，以酒店、旅行社、航空公司和目的地（景区）为主

从旅游效率研究的部门归属上看，酒店集中了最多的研究成果，如孙（Sun）等从 55 家中国台湾国际酒店 2001 年的绩效分析，发现酒店运营效率不高是因为入住率水平不高和餐饮收入较低，而且餐饮部门面积、距离机场的距离等因素都会影响效率高低；佩雷斯—卡尔德隆（Pérez - Calderón）等对欧洲部分上市酒店的能源消费效率使用 SFA 方法进行了分析，结果表明，其平均效率为 25.34%，并且规模

越大的酒店效率越低。旅行社的效率研究同样受到业界的关注，一直以来都是热点领域。如卢普（Lupu）等对土耳其安塔利亚地区旅行社效率问题进行了分析；黄（Huang）等对中国台湾12家大型旅行社市场营销渠道的效率进行了分析，结果发现旅行社渠道和网站是两个重点。关于机场的效率问题是国外研究的第三个重点行业部门，对其研究不仅仅局限于运营效率，能源效率也是重点研究问题。如郝乐伦（Holleran）从航空运输角度分析了旅游经济效益和环境成本之间的关系，可持续发展理念会让目的地重新审视旅游产品构成的合理性；阿萨夫（Assaf）等对2001—2008年间欧美航空公司的效率进行了比较分析，研究发现，欧洲航空公司的效率和生产率增长均略高于美国的航空公司，相对而言，低成本的航空公司比服务全面但经营成本高的航空公司更高效；巴罗斯对莫桑比克2002—2012年间机场的运营效率进行了研究，并提出应改善管理流程来应对市场新的变化；托普莱克（Topolek）等从旅游产业链角度对斯洛文尼亚的旅行社与交通企业的集成效率进行了研究，认为该国旅行社与公交运营商的合作最好，其次是航空公司，效率最低的是铁路运营商。从目的地（景区）领域来看，国外研究更加注重微观领域企业类的研究，在目的地方面成果相对较少，其中博迪（Botti）等利用DEA方法和精确定向距离函数对法国22个地区的目的地旅游效能进行了评价；达思卡娄普娄（Daskalopoulou）等通过网络和地区资源基础来测定城市旅游的技术和规模效率，表明这两者是城市旅游产业成功运作的重要因素；里欧尼蒂（Lionetti）选取了4个年份对全球208个国家的旅游生产力进行了评价，方法上主要使用了随机生产边界和技术效率模型，这是第一个从较大尺度来研究旅游效率问题的成果，具有较高的参考意义；巴甫留科（Pavlyuk）使用空间随机前沿方法对波罗的海国家的相对旅游效率进行了比较，分析了旅游基础设施、就业、地理位置和自然景点等因素对区域旅游效率的影响，也是国外较少涉及的旅游效率空间研究的重要成果；乔治·阿萨夫（George Assaf）对亚太地区旅游效率进行分析，发现澳大利亚、韩国和新加坡的旅游产业效率较高；塔赫里（Taheri）等对伊朗德黑兰地区的博物馆经营效率进行了分析。

从以上研究可以看出，虽然国外目的地（景区）方面研究数量不多，但视角非常多元化，方法和手段多样，但是对空间差异及影响机理等问题关注很少。

（三）在研究地域上，从欧美地区向亚太非地区推进

从研究地域选取上看，初期旅游效率的研究集中于欧美地区，克罗地亚、葡萄牙、法国、英国、西班牙、意大利、斯洛文尼亚等国家都是旅游效率研究较多的区域，随后向亚太非等新兴旅游目的地推进。这其中很重要的一个原因是随着这些新兴旅游目的地的兴起，旅游投资旺盛，如何高效地配置资源和合理利用资源成为这些地区需要重点考虑的问题，旅游效率研究作为对资源有效配置衡量的有力手段之一，其相关研究也引起了这些地区的重视。如伊瓦克（Eraqi）通过对埃及旅游产业业务部门经理的调查，论证了他们的旅游战略营销态度对提高公司运营效率起着重要作用；科克沙尔（Köksal）等则对土耳其旅行社的效率问题进行了研究，发现旅行社的组织运营方式与其效率高低没有直接关系；莱（W. H. Lai）等使用 AHP 方法对越南作为旅游目的地其整体宣传促销的效果进行评估，发现游客忠诚和旅游基础设施被认为是对促销效率最不重要的影响因素。中国台湾地区作为亚太地区重要的旅游目的地，关于旅游效率的研究起步于 2003 年，但随后发展迅速，相关研究成果非常丰富，可以说已经成为全球旅游效率研究的中心，不论在方法上还是研究领域上都处于领先的地位，在本书的文献检索中从数量上占近 1/4，总共有 36 篇之多。

（四）在研究内容上，由经济领域向其他领域扩展

初期的旅游效率研究多是从经营角度出发，对研究对象进行投入产出分析，从而得出经济效益上的合理性结论。随着更多有着其他学科背景的学者进入该研究领域，关于旅游效率的讨论也变得更加多元化，从生态学视角、社会学视角、教育学视角出发的相关研究成果不断呈现。生态学视角方面，旅游能源效率问题是研究最多的方向，其次是碳排放方向，如贝肯（Becken）等对汽车旅游、露营、背包客、舒适旅游等 7 类不同旅游方式的能源消耗进行了测算，以期为未来发展节能高效的旅游方式提供参考；格斯林（Gssling）等从碳排放角度

分析了旅游生态效率问题；凯里（Kelly）等利用离散选择实验检验游客对旅游目的地实现高生态效率的态度；克孜亚（Kytzia）等为了解决欧洲中部很多旅游目的地接近增长极限的问题，提出在"精明增长"的理念之上通过生态效率评价提出更合理的地区发展策略，并以瑞士达沃斯地区为案例进行了土地生态利用效率的测度。在旅游交通方面，赖利（Reilly）探讨了滑雪者从私人方式转向公共交通后，生态效率会得到怎样的改善与提高，并通过游客调查认为长途游客改变交通方式的可能性最大；布里达（Brida）等对意大利索道的经营效率使用面板数据进行了量化分析，结果显示，大部分经济效率低下，并且规模回报在减少，这为新的交通投资决策提供了参考依据。

（五）在研究方法上，由 DEA 和 SFA 为主向多种方法综合转变

从研究方法上看，旅游效率研究走过了一个从定性到定量、从单一方法到多种方法综合的过程。最初的研究探讨了目的地旅游投资的合理性与回报性，自从 DEA 方法和 SFA（Stochastic Frontier Approach，随机前沿分析）方法从 20 世纪 70 年代末开始出现以来，学者迅速将它们应用于旅游效率研究，并取得了丰富的成果。从 2006 年以后，国外学者的研究更多地转向对两种方法的改进，以使它们更加适用于旅游研究，另外，旅游效率的影响因素等更深层次问题也引起了学界的兴趣。我国台湾地区成为重要的研究基地，例如，塞勒斯—鲁比奥（Sellers - Rubio）采用双曲网络数据包络分析法来评价台湾的国际旅游酒店的服务效率，表明酒店类企业的生产效率和服务效率是不同的；陈（C. M. Chen）等使用一个定性和有限依赖变量的联立方程模型对 1997—2008 年中国台湾酒店业经营效率进行了分析；金（J. B. Chin）等在基于 DEA 分析基础上又使用额外的配置效率模型来对每项输入进行有效的资源配置。除中国台湾地区之外，阿萨夫等使用双重引导的 DEA 方法对澳大利亚酒店业效率进行评估，该方法可以对传统 DEA 模型进行纠正；贝罗斯在 DEA 方法的基础上使用引导截面回归模型对法国目的地绩效进行评价；博迪则使用均值—方差法对法国进行了目的地效率评价，为管理者进行创新风险识别和绩效管理策略制定提供参考。

二　国内旅游效率研究综述

在 CNKI 中国知网中以"旅游效率""旅游 + DEA""旅游绩效"分别为关键词，对文章题目和摘要进行检索，并再次进行追踪检索，最后共获得相关研究成果共 142 篇，其中博士学位论文 6 篇，硕士学位论文 34 篇，期刊和会议论文 102 篇，检索时间为 2014 年 10 月 14 日。以上科研成果成为本书进行文献信息分析的主要材料。

（一）在时间序列上，近几年旅游效率研究成果突出

我国最早从旅游效率角度研究旅游产业发展问题的是李艳双等在 2001 年探讨了 DEA 模型在旅游城市可持续发展能力评价中应用的可能性，并选取某一城市进行了实证研究；随后田喜洲等在 2003 年从理论阐述和模型构建角度，以旅行社产品为例阐述了旅游市场的博弈关系及对效率的变化影响；杨沪从制度安排角度探讨了景区旅游资源利用效率问题；朱顺林在 2005 年选取我国 31 个省份 2003 年的统计数据，进行了区域旅游效率的综合效率、纯技术效率和规模效率状况的比较分析，首次较为全面地对我国区域旅游效率问题进行了实证研究，并分析了省际的区域差异；张慧在其硕士学位论文中以 DEA 方法进行了旅游企业服务质量评价的理论及实证研究；薄湘平等在 2006 年从理论上探讨了 DEA 方法用于旅游服务质量评价的可能性；胡燕京等首次以我国上市旅游企业为对象使用 DEA 方法研究经营绩效问题。从 2007 年开始，国内关于旅游效率的研究开始呈现出增长态势，马晓龙在其博士学位论文中选取中国 58 个重要的旅游城市进行了旅游效率及其全要素生产率的评价，这也是国内首篇关于旅游效率方面的博士学位论文。进入 2012 年以后，旅游效率的研究进入一个高峰期，每年发表的成果都超过 10 篇。因此，从时间维度上可以将我国旅游效率研究的发展阶段分为 3 个，2001—2007 年为起步发展阶段，旅游效率的研究逐渐引起国内学者的重视；2008—2011 年为兴起阶段，旅游效率研究在国内全面展开，无论是省域还是城市旅游效率研究都开始受到重视；2012 年至今为旅游效率研究的兴盛阶段，研究方法逐渐成熟，研究对象日益丰富，研究成果不断涌现。

（二）在研究尺度上，微观、中观和宏观尺度基本三分天下

从研究尺度来看，有微观尺度即旅游企业的研究、中观尺度即城市旅游效率研究和宏观尺度即省域旅游效率的研究，从数量上讲，基本上是三分天下，都是国内旅游效率研究的主体。

国内较早开始的是较为微观的企业尺度，这其中以对旅游上市公司的研究最为集中，如许陈生撰文探讨了我国旅游上市公司股权结构与技术效率的关系，他认为，股权集中度对我国旅游上市公司技术效率的影响存在显著倒"U"形关系，而股权制衡度、董事会持股比例和总经理持股比例对旅游上市公司技术效率的提高均有显著的积极作用。另外，从上市公司技术效率来看酒店类和综合类旅游上市公司的技术效率明显好于景点类公司；许海东等选取了2002—2005年旅游上市公司的相关数据，从时间序列上研究了它们经营绩效的变化；孙媛媛等运用数据包络分析方法以2008年经营数据为基础，对企业个体经营业绩及区域竞争力进行评价分析，同时分析旅游上市公司资本运营中存在的问题并提出改进建议；文艳等从成本控制的有效性、规模收益和生产前沿面上的投影三方面进行了DEA分析，结果显示，2010年17家旅游上市公司中只有41.2%的企业取得了较为理想的成本控制效率（DEA有效），而剩余58.8%的企业的成本控制效率相对偏低，存在一定的投入冗余或产出不足等。

其次较多的是中观尺度的城市旅游效率研究。如陆相林应用CCR模型从效率和规模收益两个方面进行评价，把山东省17个地市划分为四种类型，并且针对不同类型提出相应的对策；林源源等对我国23个主要城市的旅游效率进行了测量，发现多数城市综合效率较低是因为纯技术效率和规模效率相背离；马晓龙等通过对我国城市旅游效率的演变过程、地区差异等问题进行系列研究，发现在不同时期规模效率均对综合效率的影响较大，并且我国东部、中部、西部地区城市旅游效率有较大差异，而规模效率的差距更大，并从定性角度分析了对城市旅游效率有影响的多种因素；梁明珠等对广东省21个地市进行了研究，发现珠三角地区近40%的城市处于规模收益不变的状态，并依据旅游效率的大小和增速将城市分为草根型、新秀型、明星型和贵

族型四类，从演进模式上，按照各城市在各年间的变动轨迹分为了稳定式、往复式、渐进式和突变式四种；王宗超等通过对浙江省各地市的研究发现，整体而言各地市旅游效率呈现出波动中增长的态势，但是由于城市产业政策、环境、区位等因素的影响，地市间旅游效率呈现出不同的数量特征和变化幅度。区域旅游效率研究是近几年的热点问题，新的研究成果不断涌现，极大地丰富了宏观尺度上旅游效率的研究领域。

较早对区域问题进行研究的是朱顺林，但是研究还较为浅显；其次是顾江等在 2009 年较为系统地用三个年份的截面数据对我国各省份进行了研究，发现省份的平均生产效率经历了一个先降后升的过程；盛旭东在其研究中认为虽然各地区间旅游效率存在差距，但是，东部、中部、西部间并无明显差异；陶卓明用 1999—2006 年的数据分析却认为东部、中部、西部间存在明显差异并且呈扩大趋势，与此同时，还认为由于后发优势的影响，落后地区技术效率增速较快；随后岳宏志、苏志平、廖斌斌、许建伟等均以各省份为研究对象探讨了国内旅游效率的变化问题。从研究情况可以看出，由于微观的旅游企业在效率研究中指标的确定较为简单，在国内相关定量研究出现较早，而城市和地区作为复杂的综合体，其旅游产业构成非常复杂，作为决策单元而言投入产出指标的确定较为困难，因此相关研究出现时间相对较晚，随着旅游效率研究的深入成为近几年研究的热点问题。

（三）在研究对象部门归属上，酒店和旅行社业的研究最为成熟

从旅游效率研究对象的部门归属来看，最早开始行业效率定量研究的是马晓龙，在 2009 年使用 DEA 方法对我国 136 个国家级风景名胜区的旅游效率问题进行了研究，发现大多数名胜区的使用效率不高，其中规模效率低是致使总效率较低的最重要因素，从空间上看，沿云南—贵州—湖南—安徽—浙江（江苏）等省份形成了一条东西向的高效率分布带，该分布带的形成与这些省份旅游资源丰度较大、风景名胜区与各类型旅游资源之间不断产生互补和替代作用密切相关；随后曹芳东等对国家级风景名胜区旅游效率的时空变化规律进行了测算，认为高值区以江浙地区为核心，分别以西南和东北方向为轴线形

成一个"扇形"格局，从类型上来说，湖泊型、纪念地型、山水型等类型的风景区综合效率较高；徐波等对国内 29 个省份旅游景区效率进行测算，发现旅游景区整体规模效率较高，纯技术效率则分省域差异较大，且多数省份处于规模递减阶段。在旅行社业方面，卢明强等通过对国内 31 个省份的旅游效率测算，发现各地经营效率差异显著，其中多数省份均表现为规模和技术均无效；郭峦等对西部 12 个省份旅行社业效率进行分析，认为应适度控制旅行社业规模并加强人力资源管理；武瑞杰通过 10 年的面板数据研究，得出了旅行社整体技术较低且全要素生产率呈现整体下滑趋势的结论，并认为主要原因是纯技术效率损失严重；孙景荣等以 2003—2009 年的面板数据研究却得出了相反的结论，认为我国旅行社业综合效率和全要素生产率在时间特征上是呈现出增长的态势，纯技术效率仍然是综合效率变化的主要因素，在区域差异上认为东部和西部效率较高，而中部为低谷区；杨小强在其硕士学位论文中，从旅行社规模、业务规模、经营效益和综合发展水平四个维度，对我国旅行社 2000—2010 年的区域空间差异和空间格局演变进行了分析。在酒店业方面，虽然关于旅游效率的研究 2011 年才开始，但是，成果却较为丰富，如高玲以深圳市某酒店为例，从企业安全科技支撑的角度进行了效率研究；黄伟伟等以 2004—2008 年的面板数据，研究了我国饭店业全要素生产率的变动情况，发现整体而言有所增长，但东部、中部和西部间存在明显不同，中西部增长较快且更多依赖于规模效率的提高，东部则已经开始依赖于技术进步的提高；孙景荣等对酒店业效率进行研究，发现纯技术效率最优的城市多于综合效率和规模效率最优的城市，且普遍存在投入冗余和产出不足的现象；何玉荣等对安徽省黄山市酒店业进行研究，发现其经营效率与竞争力压力呈负相关关系；刘玲玉等对上海市饭店业 2001—2011 年间的效率变化趋势进行分析，发现虽然有所上升但不稳定性也较强，中心城区虽然整体高于郊区，但部分地区如长宁、闸北等区已出现过于拥挤和过度投资的现象；杨德云对省际旅游饭店业效率问题的研究发现近年来全要素生产率总体上有所恶化，特别是技术进步效率起到了限制作用。

除旅游产业的三大传统行业之外，旅游交通、森林旅游、文化旅游产业等方面的研究国内也有所涉及，但是成果还不够丰富，如陆琳对森林旅游效率问题进行了研究，认为旅游投入目前在国内对效率的提高有较大作用；刘长生等对张家界景区环保交通旅游服务进行了效率问题的实证研究，发现虽然游客数量波动会导致效率呈现出严重的季节波动性，但整体仍是递增的变化规律；朱桃杏等对开通了高速铁路的 22 个省份旅游效率前后变化进行分析，认为高速铁路对区域旅游流的导向性还是很明显的，对国内旅游收入的提高的确有促进作用，但是匹配程度有待提高；王静以姑婆山国家森林公园为例，对旅游用地效率问题进行了研究；刘改芳等以文化旅游产业为研究对象，分析了投入产出的绩效成果；闫友兵等以旅游电子商务网站为评价对象进行了效率分析；杨春梅等以我国冰雪旅游产业为对象，评价了相关省份的旅游效率。从以上研究可以看出，旅行社业和酒店业是国内旅游效率研究关注较多的领域，景区次之，其他领域虽然也有研究涉及，但是研究尚浅，成果不够丰富。

（四）在研究方法上，数据包络分析（DEA）及其改进是最主流的方法

目前，国际上在旅游效率的研究中，DEA 和 SFA 两种方法是应用最多的。综观国内的研究，DEA 方法几乎占据了定量方法的全部江山，仅有毛润泽和刘长生使用了 SFA 方法对旅游效率问题进行了探讨。另外，对 DEA 方法的改进是近三年的一个研究热点。这主要是因为，DEA 模型虽然可以直接确定各指标的权重，但要求各指标之间没有强线性相关关系，并且指标数量不能过多。而旅游产业由于其复杂性和综合性的产业特点，使其投入产出指标难以全面准确地确定，加上国内统计口径不一、数据不全的问题更为效率分析增加了难度。因此，在中宏观尺度的旅游效率研究中很多学者都尝试将其他方法与DEA 方法相融合，从而提高分析的科学性和合理性。如王艳、蒋太才、陈国宏等使用 AHP 方法对投入指标先行进行权重的确定；高洁、郭岚等使用主成分或因子分析法将投入指标综合为有限的几个因子来表达，王恩旭运用灰色关联分析法对产出指标进行修正；而吴旭晓则

使用灰色关联分析法对投入指标进行了先行选取。

除旅游效率的测度外，对旅游效率的影响问题也是国内研究的热点之一，如周春梅和许陈生都使用最小二乘法估计了相关因素对效率变化影响的程度，马晓龙使用偏相关分析对影响因素进行了量化表达；顾江等使用 Tobit 回归分析研究了相关要素对旅游效率时序变化的影响高低，发现地区财政条件和旅游资产规模是促进旅游效率提高的重要因素，而旅行社总数与旅游效率间是负相关关系。在空间分异研究方面，变异系数的计算是使用最多的方法，如邓洪波、梁流涛等均使用该方法分析了区域旅游效率的空间差异；曹芳东等除变异系数的计算外，还运用 ESDA、重心法和标准差椭圆法对旅游效率的时空演变进行了系统分析，无论是方法上还是视角上对旅游效率的研究都起到了很大促进作用；方叶林等使用 G 指数对省域旅游资源效率的时空演变进行了分析，认为总效率热点区变化幅度不大，始终位于长三角地区，冷点地区始终位于中西部地区，少量地区地位发生了变化。此外，赵磊、许建伟、何勋等使用收敛性分析对旅游效率的时空变化特征进行了表述。

三　结论与启示

（一）研究厚度不断加深，但旅游效率的核心问题还没有解决

旅游效率研究遵循了从现象、结构到过程、机理的一般范式，研究厚度不断加深，这一点从研究内容上就可以反映出来。无论国内还是国外，旅游效率研究开始都是从单纯的测算与评价为主。随着研究的深入，旅游效率的时空间结构、影响要素、发展演变过程问题都得到了重视，研究者开始回答旅游效率的形成发展、效率的变化规律等问题，但是对于旅游效率发展演变过程中错综复杂的关系问题还有待梳理，影响效率变化的核心要素究竟是什么、怎样产生影响、怎样驱动旅游资源配置更加合理等核心问题还没有得到有效的回答。实际上，旅游资源利用能力受多种因素共同的影响，这些要素不仅集中在旅游产业内部，还受到宏观经济环境、政治环境、生态环境等的影响，尤其是对区域旅游综合体而言更是如此。因此，旅游效率问题的研究还需进一步深入。

（二）研究交叉更加明显，但空间研究还很不足

综观国内外从事旅游效率研究人员的学科背景，管理学、经济学领域背景出身的科研人员占据了绝大多数，这也使得旅游效率的研究从一开始就有着浓重的经济学和管理学色彩。随着研究的深入，其他学科的科研人员纷纷加入这一领域中来，也带来了其他学科的视角和方法。这其中以社会学、生态学、环境学等领域的科研人员最多，关于旅游产业的生态效率、服务效率等研究日益增多。地理学领域的科研人员也是较早地加入旅游效率研究中的群体，很多研究者将城市和省域等旅游综合体作为决策单元，探讨了在更加复杂的自然人文社会环境下旅游效率的空间差异与演变问题，并将空间分析方法引入旅游效率的进一步分析中，可以说对旅游效率的机制研究起到了很大的促进作用。但是，由于研究对象的复杂性和地理环境的量化困难性，旅游效率的空间研究还有很大改进空间。在国内，由于指标选取的不同导致不同学者对相同区域相似时间段内旅游效率空间差异的测算得出了完全相反的结论，这充分说明旅游效率研究相关方法的科学性和可用性还有待深入研究。

（三）研究视野不断扩大，但缺乏行业间的比较研究

旅游效率研究最初起源于欧美，随着时间的推移亚太地区等新兴旅游目的地越来越受到研究者的重视。随着研究地域的扩展，旅游效率研究的视野也在不断扩大，除了传统的对酒店、旅行社、景区（或小型综合目的地）、航空公司等领域的研究，很多专项旅游如森林旅游、文化旅游、冰雪旅游、乡村旅游等方面的效率问题都引起了研究者的重视，几乎已经涵盖了旅游产业的各个领域。但是，目前的研究仅仅从时间维度和空间维度重视了旅游效率的差异性研究，还几乎没有从行业维度来探讨这种差异性是否存在、如何存在、为何存在等问题。单一的行业研究对深入挖掘旅游效率的演变规律及动力机制等深层次问题是有欠缺的，这也是需要今后的研究去补足的方面。

第二节　相关基础理论

一　系统论

（一）基本观点

国内对系统公认的定义是 1990 年我国著名学者钱学森提出的"由若干要素以一定结构形式联结构成的具有某种功能的有机整体"。他认为，由于系统的复杂性与开放性，不能单一地看待系统，必须依赖宏观观察，追求解决一定时期的发展变化的方法。系统分析方法就是把系统作为研究对象，分析系统各要素间循环和转化的运动规律，合理管理和控制物质及能量的流动，保证系统的正常运转。它包括一般系统理论、控制理论、信息论、耗散结构理论、合作理论等，广泛应用于工程科学分析等领域。对系统可以从不同的角度进行划分，例如按照系统和环境的关系，可分为封闭系统和开放系统；按照系统的状态和时间之间的关系，可分为静态系统和动态系统；根据系统的复杂程度，可分为单一系统和复杂系统；按照目标和功能的不同，可分为单目标、单功能系统和多目标、多功能系统。

甘恩（Gunn）认为，旅游地系统是由吸引物省份群、服务社区、对外联系通道和对内联结通道所组成，本身就是一个复杂的生态系统，同时又从属于上级的旅游系统和区域系统。因此，旅游系统应该具有整体性、层次性、自组织性和开放性等特点。

1. 整体性

整体性是指旅游系统是由多种不同的元素组成，是一个有机的统一整体，并且虽然不同的元素具有不同的功能，但是，组合之后系统效果大于单一元素效果之和，将具有这些组成元素所不具有的新的功能。对旅游系统要素的组成按照划分方式不同而有不同的构成，但是，不管哪种划分方法，某一单一要素的完善并不意味着旅游系统的最优，要从整体来看待。

2. 层次性

层次性特点是指按照系统要素在成分上的差异和在组织中的地位和作用，旅游系统可以在等级秩序上进行划分，区域旅游系统内部可以划分为不同的子系统。同理，区域旅游系统又从属于上一级更大的系统，从而形成等级系统。

3. 自组织性

旅游系统的自组织性是指由于旅游系统内部和外部环境之间的相互作用，内部因素之间的相互联系逐渐增强，从而在更大的范围内导致内部相关性越来越强，使旅游系统产生自发组织，在级别上由低级向高级演变，在状态上由无序向有序演变。

4. 开放性

任何一个系统都不是完全封闭的，同样，旅游系统在性质与功能上，表现为不断地与外部环境之间发生物质、能量和信息的交换。旅游系统自身的稳定性，一定程度上取决于外部环境的稳定性和所需物质、能量以及信息的提供。

本书从产业角度出发对旅游效率问题进行探讨，因此，旅游产业系统的构成是核心。由于旅游产业的综合性和复杂性，旅游乘数效应高，涉及的行业非常广，具体如图 2 - 1 所示，其中，景区、酒店和旅行社是旅游产业系统的核心组成部分，本书主要以此三大行业为主要关注点。

（二）系统论的作用

将旅游作为一个系统来研究是学术界的共识。在旅游效率的研究中，要将系统论思想作为重要的理论基础。它为旅游效率研究提供了系统论方法作为方法论基础。具体而言，其作用有以下几个方面：

1. 区域系统内综合的视角

旅游系统不是单一的系统，作为区域系统的组成部分，区域旅游系统的发展离不开区域整体系统。区域旅游效率的高低要受到地区整体经济环境、社会环境和生态环境的影响，对旅游效率的分析要放在区域可持续发展层面去理解，着重分析旅游产业在区域可持续发展中

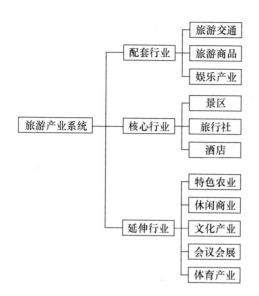

图 2-1　旅游产业系统构成

的地位与作用，正确理解旅游产业与区域内其他产业之间的关系和相互影响，从而更好地制定提高区域旅游产业效率的策略。

2. 旅游系统内各要素相互依赖的视角

区域旅游系统内的各要素是相互联系、相互制约的。对旅游产业效率而言，酒店、旅行社、景区等各行业的旅游效率也会相互影响、相互制约，因此，有必要探究它们之间的相互依赖性，侧重了解各行业旅游效率变化间的关系，效率变化各自受哪些因素影响，是否具有共向性；等等。因此，对旅游效率的研究要从整体考虑而不是强调单一要素最优。

3. 不同等级旅游空间的相互依存视角

重点分析我国旅游产业效率不同空间尺度的特征，除以省域为基本单元外，还将考虑东部、中部、西部和东北部更高尺度的特征，具体分析高一级区域变化对省域的影响。

二　经济增长理论

（一）基本观点

一般来说，经济增长理论可以大致分为古典经济增长理论、新古典经济增长理论、内生经济增长理论和新制度学派经济增长理论四个阶段。

1. 古典经济增长理论

古典经济增长理论以"哈德罗—多马"经济增长模型为代表。它以凯恩斯的"有效需求理论"为基础，考察一个国家在相当长一段时期内国民收入和就业的稳定均衡增长所需条件的理论模型。他们认为，经济的增长率等于储蓄率和资本—产出比率的乘积，当实现实际增长率、有保证增长率和自然增长率三者相等时，则经济将会处于长期稳定增长的状态；而资本积累对经济的持续增长是决定性因素。该模型奠定了现代经济增长理论的基本框架，体现了经济增长理论研究在宏观经济学中的作用，是对凯恩斯主义的重要补充和完善。然而，该模型也有不足之处，如经济增长模型的不稳定性与不现实性的问题，所以该模型又被称为"刀刃式"的途径。

2. 新古典经济增长理论

罗伯特·索洛以柯布—道格拉斯生产函数为基础，推导出一个新的增长模型，他所提出的这个发展经济学中著名的模型又被称作新古典经济增长模型、外生经济增长模型。他认为，市场机制的作用能够自动调整生产中的资本与劳动的比例关系，从而实现充分就业稳定状态下的经济增长，长期均衡增长率就是由劳动增长率与技术进步决定的自然增长率。斯旺等也提出了基本一致的增长模型，都强调新古典经济学充分就业的必然趋势。

3. 内生经济增长理论

内生经济增长理论的主要任务之一是揭示经济增长率差异的原因和解释持续经济增长的可能。尽管新古典经济增长理论为说明经济的持续增长导入了外生的技术进步和人口增长率，但并没有能够从理论上说明持续经济增长的问题。内生经济增长理论肯定了技术进步在经济增长中的决定作用，同时对技术进步的实现机制做进一步理论分析。根据假设和生产函数不同，又可以分为几种类型：外部性、收益递增条件下的内生增长模型、线性技术内生增长模型、新产品品质与质量的内生增长模型和开放经济中的技术进步与经济增长。在引进技术创新、专业化分工和人力资本之后，内生增长理论得出以下结论：技术创新是经济增长的源泉，而劳动分工程度和专业化人力资本的积累水平是决定技术创新水平高低的最主要因素；政府实施的某些经济政策对一国的经济增长具有重要的影响。

4. 新制度学派经济增长理论

以诺斯为代表的新制度学派将制度变迁引入经济增长的分析框架中，试图揭示制度变迁对经济增长产生的影响和促进作用，以及制度变迁的路径与机理是怎样的。该学派认为，促进经济增长的决定性因素在于提供具有个人激励机制的小产权制度体系。同时，资本积累、技术进步等因素就是经济增长的本身，经济增长的根本原因在于制度结构的变迁。此外，他们还认为，交易费用的降低是经济增长的根本原因所在，而制度变迁能够降低交易费用。新制度经济学派从理论上解释了以往经济学中公共政策、国际贸易、市场化等要素对经济增长的促进作用这些无法解释的问题，具有很强的现实意义。但是，由于制度因素不容易量化，对于分析基础的"交易费用"范畴也缺乏明确的规定性，这些都限制了新制度主义力图与新古典体系融合发展的趋势。

（二）经济增长理论的作用

经济效率和经济增长之间是密切相关的，因此，经济增长相关理论对经济效率的研究是有指导意义的。旅游效率研究问题属于经济效率研究的一个内部分支，因此，经济增长相关理论对旅游效率的研究也是有重要指导意义的。

1. 旅游效率研究的投入产出分析需要经济增长理论做指导

对产业效率研究而言，投入产出要素分析的准确性是关键问题。经济增长理论中关于资本、劳动力等要素对经济增长的作用分析为旅游效率相关研究奠定了基础。旅游产业作为第三产业的一部分，其发展同样需要物质资本投入和人力资本投入，因此，人力和物力资本成为旅游产业投入要素的根本，在效率问题研究中，自然成为投入要素的基本构成内容。

2. 旅游效率影响因素的研究需要经济增长理论做指导

旅游效率的影响机理研究是一个难点问题。由于旅游产业的复杂性和多关联性，对旅游产业效率能够产生影响的因素也是非常多的。怎样在其中找到主导因素并选取合适的方法进行反映是较为困难的。经济增长理论中关于知识溢出、技术进步、制度与政策、市场化等因素对经济增长作用的研究为旅游产业效率影响因素的分析奠定了基础，并且从方法上也能提供一定的借鉴与指导。

三　空间经济学理论

（一）基本观点

对空间经济学概念理解的不同其研究领域也有所不同。吉尔斯·杜兰顿在《新帕尔格雷夫经济学大辞典》第二版中将"空间经济学"总结为"研究（稀缺）资源在空间上的配置以及经济活动的区位选择"。可见，空间经济学研究的主要是稀缺资源的空间配置和经济活动的区位选择，以及经济现象在空间上的发展规律，是在区域发展增长极理论以及区位论的理论基础上发展起来的学科。与其他经济学不同，空间经济学关注的焦点在于经济活动的区位选择问题，任何经济活动必然有其空间载体，如何选择合适的区位、经济现象如何在空间上集聚就是空间经济学研究的主要内容。

1. 传统空间经济学理论

空间经济学的理论渊源可以追溯到 19 世纪初大卫·李嘉图（David Ricardo）的农业地理理论和杜能（Johan Heinrich von Thunen）的圈层理论。李嘉图（1821）在农业土地肥力差异研究中加入了地理因素，但还没有考虑到运输成本的不同。杜能（1826）在其著作《孤立国同农业和国民经济的关系》中将运输成本纳入分析中，以利润最大化作为前提，认为相较于自然条件，农场与中心城市之间的距离对农作物种植品种的选择更为重要，离城市越近土地租金越高，更应种植一些获得利润更高的农产品，这样就围绕中心城市形成了著名的"杜能农业环"，第一次从理论上系统阐明了空间摩擦对人类经济活动的影响。

随着工业革命的兴起，空间经济学的研究对象向工业区位的选择发生了偏转。韦伯（Alfred Weber）在《工业区位论：区位的纯理论》一书中创立了工业区位论，探索最小费用前提下资本、人口向大城市移动背后的空间机制，试图解释人口的地域间大规模移动以及城市的人口与产业的集聚原因。瑞典学家帕兰德（Tord Palander）则试图把不完全竞争的概念引入区位论研究中，以价格为变量研究区位空间的均衡。美国经济学家胡佛（Hoover）研究了运费结构与运输方式、送达价格与市场区域两个复杂问题，对韦伯的研究体系进行了深化。廖什（Losch）认为，区位的最终目标是寻取最大利润地点，即收入和费用的差最大之点。艾萨德（Isard）提出了"输送投入"的概念，运用替代原理分析区位均衡。格林哈特在《工厂区位的理论与实践》中，对需求因子和影响区位的企业间相互依存的作用进行了论述，并且分析了费用减少因子和收入增大因子的影响。

总的来看，上述各种理论都是以单一生产商的区位选择问题为立足点，使用静态局部均衡的研究分析方法，始终致力于成本费用最低化，并未涉及商品的贸易往来对生产布局产生的影响。这种基于完全市场竞争条件下的、以单一厂家最优区位选择为主要关注点的理论研究，称为古典区位论。

2. 传统区域经济发展理论

除对微观区位的研究之外，空间经济学另一个重要的研究领域就是区域经济发展研究，即对区域经济总量的增长和结构的演进为主要研究内容的理论探讨。较早对区域经济发展理论做出贡献的是法国经济学家佛朗索瓦·佩鲁提出的增长极理论。他认为，经济增长首先出现和集中在具有创新能力的行业，这些行业常常集聚于经济空间的某些点上，就形成了增长极，然后通过各种方式向外扩散，对整个经济发展产生影响。在区域经济中，增长极就是具有推动性的主导产业和创新产业及其关联产业在地理空间上集聚而形成的经济中心，它通过支配效应、乘数效应、极化与扩散效应而对区域经济活动产生组织作用。随后，瓦纳·缪尔达尔（G. Mydral）提出循环积累因果原理，他把社会经济制度看成是一个不断演进的过程，认为导致这种演进的技术、社会、经济、政治、文化等方面的因素是相互联系、相互影响和互为因果的。各因素之间的关系并不平衡或者趋于平衡,是以循环的方式在运动且具有积累效率。卡尔多(N. Kaldor)对发达地区的经济增长研究也进一步说明了该因果关系的存在。他使用相对效率工资概念分析区域产出率的变化,相对效率工资越低,产出增长率越高。在发达地区,因集聚经济使规模报酬递增,导致产出率和生产力增长率上升,相对效率工资下降,进而又促进产出率上升,循环往复导致发达地区获得更快的经济增长速度。

除对区域本身的重视之外,英美经济学家对区域间的发展关系研究给予了同样的重视。赫希曼(A. O. Hirshman)在《不发达国家中的投资政策与"二元性"》一文中提出了极化—涓滴效应学说。他认为,一个国家的经济增长率会率先发生在某个区域,并会对其他区域产生不利和有利的作用,即极化效应和涓滴效应,并且涓滴效应最终会大于极化效应。因此,国家应出面干预经济发展,加强涓滴效应。美国学家弗里德曼(J. R. Friedman)在 1966 年提出中心—外围理论,认为会因多种原因使个别区域率先发展起来成为"中心",其他区域则因发展缓慢成为"外围",中心处于统治地位而外围则在发展上依赖于中心。布鲁克菲尔德(H. Brookfield)则认为,发达地区和不发达地区是相互依赖的关系,在世界范围内,没有相互依赖经济和社会的发展就无法进行下去。

无论是区域本身还是区域间的发展关系研究都是从空间角度来探索地区经济发展问题,大大丰富和完善了空间经济学的理论研究。但是,随着研究的深入,传统研究中一般均衡理论的分析框架始终受到经济学家的排斥。现实生活中总是多种经济活动在空间上高度集中,不可能出现均匀分布的经济活动地理空间。如果不能在主流经济学分析框架中解决空间维度具有的规模经济和不完全竞争特征,就无法实现主流经济学分析的空间化发展。

3. 新兴空间经济学理论

新兴空间经济学理论的奠基人是经济学家保罗·克鲁格曼(Paul Krugman)、藤田(Fujia)、沃纳伯尔斯(A. Venables)等。克鲁格曼打破了传统分析模型是分区域的独立虚拟空间,而是将规模报酬递增和空间地理位置联系起来，使用 D—S 模型的建模方法和萨缪尔森的冰山运输成本为基础，并利用计算机进行数值模拟，建立了著名的 C—P 模型，即"中心—外围"模型。

现代空间经济学认为，聚集效应和扩散效应实际上只是一种现象，并不是区域间经济溢出的深层次原因，其深层次原因应该是企业之间为逐利对市场做出的各种行为。人们对聚集和扩散的原因做出了各种分析，但仍未得出一致的结论，只能将其视为"黑箱"进行处理。以克鲁格曼为代表的空间经济学通过研究经济活动的空间分布规律，揭示空间聚集现象的原因和形成机制，得到了大家基本认同的观点。他们以迪克希特和斯蒂格利茨的垄断竞争模型为基础，借鉴国际贸易理论和萨缪尔森的"冰山交易成本"，认为是由"本地市场效应"和"价格指数效应"产生的向心力与以"市场拥挤效应"产生的离散力最终形成了聚集及扩散现象，向心力和离心力的对比决定了经济活动集聚或扩散。本地市场效应是指在其他条件相同时，工业企业为了节约运输成本和其他费用，在进行区位选择时偏好市场规模较大的区域，企业所生产的产品一部分在所在区域销售，另一部分出口到市场规模较小的区域，这是企业的区域集中。价格指数效应是指在企业数量多的区域，生产的产品种类和数量也较多，那么该区域消费者承担的流入当地的产品贸易成本较少，或者说，该区域的产品价格相对便宜。这样，该区域消费者的生活成本就会较低，这是消费者的区域集中。市场拥挤效应是指企业由于过于集中而导致生产成本提高，竞争力小的企业会选择竞争者较少的区域，这是企业的区域扩散。

（一）空间经济学理论的作用

综上所述，空间经济学主要以经济活动的空间分布规律及区域经济增长的规律为研究对象。旅游产业的空间结构具有产业空间结构的一般特性，旅游产业效率作为衡量旅游产业发展水平的重要指标，其空间结构对反映旅游经济增长的规律、机制等都有重要作用，并且空间经济学研究一般产业空间结构时的理论和方法对该方面的研究同样适用，具体表现为：

1. 旅游产业研究满足空间经济学相关模型和方法适用的前提

空间经济学以规模经济和规模报酬递增为理论基础，旅游产业是典型的规模经济；空间经济学理论普遍采用的垄断竞争均衡分析方法同样适用于属于垄断竞争类型的旅游市场；旅游者外出旅游动机各不相同，偏好各有侧重，但都希望得到效用最大化，这与空间经济学中很多模型均假设消费者具有多样性偏好且力求效用最大化分析的前提是吻合的。因此空间经济学的相关方法可以适用于旅游产业的研究。

2. 旅游产业效率指标的选择需要空间经济学理论做指导

如前所述，"本地市场效应""价格指数效应"和"市场拥挤效应"是空间经济学的三大核心效应，在确定旅游产业效率指标、分析旅游产业效率影响因素和发展机制中均需要以三大效应作指导，以此来分析区域间旅游产业效率差异性的深层次原因。根据空间经济学的观点，产业集聚是因为具有规模报酬递增效应，劳动生产率提高，扩散是随着竞争加剧导致成本上升而生产率下降引致。在旅游产业效率的年际变化和区际变化中，三大效应可以帮助分析变化背后的原因与机制。

四　旅游地生命周期理论

（一）基本观点

旅游地生命周期理论来源于生物学领域中"生命周期"这一术语，将生物从出现到灭亡这种演变过程借用来描述类似的旅游地从兴起、发展到衰亡的变化过程。

较早使用"旅游地生命周期"这一名词的是 20 世纪 60 年代德国地理学家克里斯泰勒（Christaller）。他在对地中海沿岸旅游发展演变过程的研究中提出旅游乡村生命周期的三个过程：发现、增长和衰退过程。到 20 世纪 70 年代，普拉格（Plog）在其研究中指出，旅游地的发展都将经历一个可预想的周期循环。对旅游地生命周期理论进行了较为系统性阐述的是加拿大学者巴特勒（Butler），他认为，一个旅游地的开发不可能永远处于同一水平，而是随着时间的推移而变化的，旅游地的发展动态可划分为探索、参与、发展、巩固、停滞和衰退或复苏阶段（见图 2 -2）。

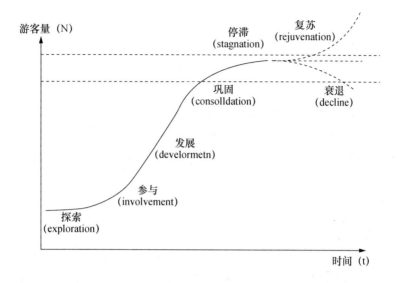

图 2 - 2　旅游地生命周期曲线

资料来源：R. W. Bulter, The concept of a tourist area cycle of evolution：Implications for management of resources, *Canadian Geographer*, Vol. 24, 1980。

1. 探索阶段

这是地区旅游产业发展的初始阶段，其特点是多为异向中心型的探险者，数量少且分布零散，几乎没有专门的旅游服务和接待设施，目的地的自然和人文社会环境基本不受旅游产业的影响。

2. 参与阶段

旅游者人数的逐步增多吸引本地居民开始提供一些基本的旅游服务，但基本都是自发的，外来投资很少。具有季节性、地区性特征的旅游市场开始形成，广告也开始出现。旅游活动的形成使本地居民开始调整自己的生活方式加以适应，地方政府也开始增加公共设施和旅游机构。

3. 发展阶段

在这个时期外来投资大量增加并占据主导地位，旅游服务设施和基础设施得到了很大改观，取代了传统的简陋的餐饮住宿设施。客源市场不断扩大，旅游人数不断增加，旅游者由异向中心型转变为混合中心型。

4. 巩固阶段

从游客数量上看，巩固阶段的重要特点就是增长率开始下降但是总量仍然保持持续增长，并超过本地常住居民的数量。由于旅游产业对本地生态、社会环境的影响已经无处不在，会引发本地居民对外来旅游者的反感和不满。旅游目的地开始出现明显的功能分区，精神中心型的旅游者所占比重增加。另外，为了继续提高旅游目的地的影响力，以广告为主的市场营销活动层出不穷。

5. 停滞阶段

在这个阶段旅游人数已达到高峰或者接近旅游饱和容量，一系列社会、环境问题日益突出，本地居民对旅游产业越发不满。对旅游者而言目的地的吸引力下降，接待设施过剩问题出现，旅游市场大多依赖重游旅游者、会议旅游者等，自然和文化的吸引物或许被"人造"设施所取代。

6. 衰退或复苏阶段

在这个阶段旅游目的地有可能进入两个不同的发展阶段：一个是衰退阶段，旅游者数量开始减少，竞争力持续下降，旅游设施逐渐被其他设施所取代或者被本地居民购买，外来投资大幅度撤退，旅游目的地可能变为名副其实的"旅游贫民窟"或完全失去旅游功能。另一个可能性是旅游目的地可能通过旅游产品的升级换代从而重新获得旅游市场的认可，进入复苏阶段。

(二) 旅游地生命周期理论的作用

对旅游地生命周期理论虽然还存在着一定的质疑，但不可否认的是，它对旅游地在时间上和空间上的演变发展规律做出了一般性描述，在理论上填补了空白。以往对旅游地生命周期理论的应用多集中于旅游产业总量研究，从效率角度出发的实证研究基本没有。笔者认为，该理论对旅游目的地产业效率的研究同样具有指导意义。旅游产品本身具有的生命周期性，使多种旅游产品集合于一身的旅游目的地的生命周期更加复杂和多变，由此带给当地的社会、经济和环境影响也更加复杂，特别是其中的消极影响的积累，是导致旅游者偏好发生转变和本地居民对旅游产业的态度由欢迎到憎恶的社会基础。任何一种旅游产品都需要资源和资本的投入，而产出的效益则综合反映了旅游者对产品的认可程度和经济回报性。旅游目的地产业效率的变化情况可以用旅游地生命周期理论做指导来寻找在某一阶段的主要制约因素，并根据该理论对目的地的发展态势做出正确的评估，从而指导地方旅游发展政策的制定。

五　旅游可持续发展理论

（一）基本观点

美国女作家雷切尔·卡逊（Rachel Carson）在 1962 年发表的著作《寂静的春天》中用大量的事实列举了工业化革命带来的破坏，唤起了人类对发展带来的负面影响的反思。到 1980 年，国际自然保护联盟组织制定的《世界自然保护大纲》中首次正式提出了"可持续发展"这一名词，从此进入了人们的视野。到 1987 年世界环境与发展委员会在《我们共同的未来》中将可持续发展定义为："既满足当代人的需要，又不对后代人满足其需要的能力构成危害的发展"，对可持续发展的内涵做出了公认的界定。伴随着旅游产业的迅速发展，被认为是"无烟工业"的旅游产业相比于重工业等传统产业而言，因其对环境的危害较小及较高的产业附加值和乘数效应受到了更多的重视，旅游可持续发展思潮也迅速兴起，但对旅游可持续发展做出明确定义的是在 1990 年加拿大温哥华召开的全球可持续发展旅游分会上颁布的《旅游可持续发展宪章（草案）》。三年后第一本以《可持续旅游》命名的期刊的正式出版，为旅游可持续发展理论的构建和体系的形成提供了学术前沿阵地。1995 年，在西班牙兰沙罗特举办的旅游可持续发展会议上，制定并通过了《可持续旅游发展宪章》和《可持续旅游发展行动计划》，为各地实际推广可持续旅游提供了行为准则和章程，提高了可操作性。

旅游可持续发展同样强调在地区的环境承载力与旅游产业发展之间找到一个平衡点，在既满足当代人需求又不对后代人满足其需求的能力构成危害的情况下发展旅游产业，将地区的当前利益和长远利益、局部利益和全局利益相协调。从时间上看，它不是短期的，而是长期的，即代际公平；从空间上看，旅游可持续发展不仅要求地区内部发展的可持续，地区之间也要可持续发展，即区际公平。因此，旅游可持续发展的目标可以概括为三个方面：一是经济目标，主要是增加就业与收入、改善地方基础设施条件、提高目的地居民生活质量等；二是社会目标，旅游产业的发展要以保护地方传统文化为前提、增强当地人民的文化自豪感和认同感，并为不同背景下的人们提供理解和交流的机会；三是环境目标，主要是改善生态环境质量，更加合理地利用土地，并提高公众的环境保护意识，提倡可持续的旅游。旅游目的地的可持续发展系统可由图 2 - 3 表示。

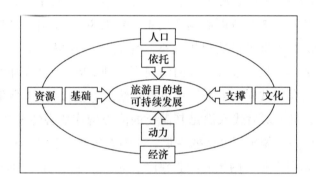

图 2 - 3　旅游目的地可持续发展系统

（二）旅游可持续发展理论的作用

旅游效率研究是从投入产出的角度衡量旅游产业的有效性，强调对资源、劳动力、资本等的合理利用的价值的最大实现，是可持续发展观指导下的对旅游产业的评价与分析。可持续发展理论对旅游产业效率研究的意义在于：

1. 从效率角度丰富了旅游可持续发展理论

通过对旅游效率的评价与研究力求对资源更合理地利用，使旅游产业在环境保护与经济发展之间取得平衡，在保护地区自然景观资源和人文历史景观的完整性的过程中实现旅游资源可持续利用和代际的利益共享和公平。因此，从效率角度来看，地区旅游产业的发展是对可持续发展的理论探索和实践过程。

2. 从可持续发展角度看旅游产业效率提升

区域旅游产业效率的评价及优化与区域旅游可持续发展之间有着天然的耦合关系：一方面，旅游产业效率评价的结果一定程度上可以作为判断旅游开发是否可持续的重要依据；另一方面，效率的优化策略的提出必须以促进区域旅游的可持续为基本原则和总计目标，因此，区域旅游效率评价及优化在目标上均贯穿了可持续发展理论的精髓，从可持续发展的角度看旅游产业效率提升问题会更有效。

第三节　研究方法

一　DEA 模型

国内在旅游效率研究方面使用最多的方法是数据包络分析方法（Data Envelopment Analysis，DEA）。该方法从投入产出角度以决策单元的输入、输出数据组成生产有效前沿面，通过衡量决策单元离此前沿面的远近来判断生产的合理性，是评价多输入和输出决策单元效率（Decision Making Units，DMU）的有效工具。它巧妙地通过构造目标函数及变换，将分式规划问题转为线性规划问题，并且无须为各指标统一量纲及赋予权重，因此，对决策单元的评价更加客观。其基本原理是通过构造所有 DMU 的生产前沿，然后根据各个 DMU 与生产前沿的相对位置来判断各自的效率，不位于生产前沿面上的 DMU 就是无效率的，其效率值介于 0—1 之间；相反，就是有效率的，其效率值为 1。其中 CCR 模型和 BCC 模型是 DEA 两个最常用的模型。

（一）CCR 模型

CCR 模型是基于规模收益不变的数据包络模型。CCR 是三位运筹学家查尼斯、库珀和罗德斯（Rhodes）于 1978 年首先提出的评价生产效率的重要的非参数方法，由三位学家名字的缩写获得模型名称。在此，我们用基于 CCR 模型的综合效率表示旅游产业资源配置和规模集聚的综合水平。其模型如下：

$$\min\Big[\,\theta - \varepsilon\big(\sum_{p=1}^{p} S^- + \sum_{q=1}^{Q} S^+\big)\,\Big]$$

$$\text{s.t.}\ \sum_{p=1}^{p} X_{pq}\lambda_p + S^- = \theta x_q^p \quad q = 1,2,3,\cdots,Q \tag{2.1}$$

$$\sum_{p=1}^{p} Y_{pl}\lambda_{jp} - S^+ = Y_l^p \qquad l = 1,2,3,\cdots,L$$

$$\lambda_p \geqslant 0,\ p = 1,\cdots,p$$

$$S^- \geqslant 0,\ S^+ \geqslant 0$$

其中，θ（$0 \leqslant \theta \leqslant 1$）为综合效率，$\theta$ 值越大，旅游产业综合效率越高，并且当 $\theta = 1$ 时，旅游产业综合效率达到最优。ε 为非阿基米德无穷小量；S^- 为松弛变量；S^+ 为剩余变量；由于存在 p 个区域，x_q^p 表示第 p 个区域第 q 种资源的投入，y_l^p 表示第 p 个区域第 l 种产出量；λ_p 为权重变量。

（二）BCC 模型

通过放弃规模收益不变的假设，即将约束条件 $\sum\limits_{p=1}^{p} \lambda_p = 1$ 引入模型（2.1）中，从而得到规模报酬可变的 BCC 模型。在此可将综合效率进一步分解为纯技术效率和规模效率。纯技术效率是指当规模收益可变时，决策单元与生产前沿之间的距离，距离越近则技术效率越高；规模效率是指规模收益不变的生产前沿与可变规模收益的生产前沿之间的距离，越靠近可变规模收益的生产前沿则规模经济性的发挥程度越高。用基于 BBC 模型的纯技术效率和规模效率分别表示行业要素资源配置利用水平和规模集聚水平。其表达式如下：

$$\min\Big[\,\theta - \varepsilon\big(\sum_{q=1}^{Q} S^- + \sum_{l=1}^{L} S^+\big)\,\Big]$$

$$\text{s.t.}\ \sum_{p=1}^{p} X_{pq}\lambda_p + S^- = \theta x_q^p \quad q = 1,2,3,\cdots,Q \tag{2.2}$$

$$\sum_{p=1}^{p} Y_{pl}\lambda_{jp} - S^+ = Y_l^p \qquad l = 1,2,3,\cdots,L$$

$$\sum_{p=1}^{p} \lambda_p \geqslant 0,\ p = 1,\cdots,p$$

$$S^- \geqslant 0,\ S^+ \geqslant 0$$

其中，$\theta = \theta_{PE} \times \theta_{SE}$，表示区域旅游产业的综合效率 θ 等于纯技术效率 θ_{PE} 与规模效率 θ_{SE} 的乘积。当两者皆为 1 时，表示该区域旅游产业的纯技术效率和规模效率均达到最优，越接近于 1 则越接近于最优。当 θ_{SE} 小于 1 时，此时应该区分规模无效率的原因，有可能是规模过大，也有可能是规模过小，即产业是处于规模报酬递减阶段还是规模报酬递增阶段。

二　组合赋权法

目前国内旅游产业效率研究在方法上多沿用 DEA 法，但是存在两个问题：一方面 DEA 模型要求决策单元个数要大于等于投入产出要素总和的两倍，这在一定程度上限制了投入产出要素的数量，而旅游产业由于关联性强、相关要素多等原因，很难将投入产出要素用很少的指标就能全面准确地表征出来；另一方面投入产出指标过多又可能会造成主次不分，从而不能很好地反映被评价地区的产业效率的真实情况，使之与地区产业发展的实际水平有较大差异。正是考虑到旅游产业其复杂性和综合性的产业特点，使投入产出指标难以全面准确地确定，因此，除对 DEA 模型本身进行改进之外，在中宏观尺度的旅游效率研究中，很多学者都尝试将其他方法与 DEA 方法相融合，对于旅游产业效率的判定主要是基于客观方法的评价研究，如因子分析法、熵权法、灰色关联度法等。可见，现有研究中存在的主要问题是定量方法较为单一，综合性不强，且采用比较"专业"的统计方法，评价结果差异较大，难以客观、准确地反映我国旅游产业发展的实际情况，缺乏能反映指标对比差异、综合考虑主客观信息的方法——组合赋权法。旅游产业综合性很强，一般以旅游吸引物为核心，相关产业提供配套服务和设施，以多个单一产品组合形式构成整体旅游产品网络，为旅游者提供完整的旅游经历和体验。另外，旅游产业自身所特有的季节性、网络性、信息性、产品特殊性、消费无形性和连贯性的特点，又使旅游产业不同于其他一般的服务业、制造业和高新技术产业，它显现出自身特有的特征和规律。因此，一般的单一的定量方法不能准确地反映旅游产业发展的实力和相互间力量强弱对比的变化。组合赋权法避免了客观赋权方法和主观赋权方法各自的弊端。主观赋权方法容易受主观因素干扰，尤其是当测量指标过多时，各指标之间关系的真实性问题往往会受到质疑。客观赋权方法因为完全按照数学方法进行严密的推理，缺乏灵活性。组合赋权方法将主观赋权法和客观赋权法进行集成或综合将更趋合理，在运用主观赋权法进行评价时，可以充分利用专家的知识；而在运用客观赋权法进行评价时，可以充分利用指标决策矩阵提供的信息，是适于进行旅游产业效率分析的综合性方法。因此，将主观赋权法和客观赋权法进行集成或综合的组合赋权法将更趋合理。本书采用组合赋权法和 DEA 方法相结合的研究思路，即将多种评价方法进行综合，实现两者的优势互补，以得到更合理、科学的评价结果。

国内采用组合赋权法的研究中，主观赋权法使用最多的是层次分析法、德尔菲法等；客观赋权法使用最多的是熵值法、因子分析法等。除此之外，使用到的还有 GL 法、三角模糊法、标准离差法、变异系数法、均方差法、范数关联度法等。鉴于此，为了解决评价方法的一致性和科学性问题，为了充分挖掘决策者主观信息的同时又不失客观逻辑性，本书针对各级指标特征选择熵值法和层次分析法分别赋权。具体思路如下：考虑到测量旅游产业效率测评体系中低层次指标种类较多，难以准确把握指标权重的关系，对最低层次指标层采用客观熵值法赋权；上级指标数量较少，指标之间的逻辑关系往往由经济发展规律、产业结构关系所决定，因此，通过专家打分的形式确定高级指标的相对重要性，通过层次分析法赋权，最终得到投入和产出要素的综合值，代入 DEA 模型中进行计算并最终得到旅游产业效率值。另外，在层次分析法的应用中，将群体决策引入其中，进一步提高其科学性和合理性。

（一）熵权法

熵权法是根据各项指标的观测值提供的信息量的大小来确定权重的大小。在进行多指标体系下的综合评价时，如果某个指标的熵值越小，则说明其指标值的变异程度越大，提供的信息量也就越大。相应地，指标所占的权重值也越大；反之亦然。因此，根据熵值得到的指标权重能够客观地反映指标间变异程度的差异性，从而对地区间的差异程度进行更为清晰的量化表达，使评价结果更具有客观性。其计算过程如下：

1. 原始数据的标准化

当各指标间的水平相差很大时，如果直接用原始指标值进行分析，就会突出数值较高的指标在综合分析中的作用，相对削弱数值水平较低指标的作用。原始数据的标准化是通过一定的数学变换来消除指标类型与量纲、数量级影响的过程，通过标准化可以将不同量纲和数量级的指标进行统一的综合评价。其中，指标类型的转换指的是指标同趋势化处理，即将逆向指标都转化为正向指标，即指标值均是越大越好。由于本书采用的所有的投入、产出数据均为正向数据，不存在逆向化的过程，即指标数值越大评价值也就越好，因此无须对指标进行类型处理，只需进行无量纲化处理。

无量纲化处理方法目前主要有极差正规化法，标准化法和均值化法等。本书选取极差标准化法进行原始数据的处理。设评价指标的原始数据矩阵 $A = (X_{ij})_{m \times n}$，矩阵 A 的第 i 行是第 i 个评价指标的指标值向量，记为：$X_i = (X_{i1}, X_{i2}, \cdots, X_{in})$，$(i = 1, 2, \cdots, m)$；第 j 列是第 j 个被评价区域的各个指标值向量，记为：$X_j = (X_{1j}, X_{2j}, \cdots, X_{nj})$，$(j = 1, 2, \cdots, n)$，$X_{ij}$ 是第 j 个被评价对象的第 i 项指标值。设 X_{minj} 和 X_{maxj} 分别为第 j 列的最小值和最大值（$j = 1, 2, \cdots, n$），将矩阵 A 的一个原始值 X 通过最大—最小（max - min）标准化映射成在区间 [0, 1] 中的值 X'_{ij}，其计算公式为：

$$X'_{ij} = (X_{ij} - X_{minj}) / (X_{maxj} - X_{minj}) \quad (j = 1, 2, \cdots, n) \quad (2.3)$$

2. 计算各指标的熵值

将矩阵 A 经标准化后形成的新的矩阵记为 A′，首先对经过标准化处理后的指标值做比重化变化，计算第 j 个地区的第 i 项指标值所占比重 V_{ij}，其计算公式为：

$$V_{ij} = \frac{X'_{ij}}{\sum_{j=1}^{n} X_{ij}} \quad (2.4)$$

其次，计算第 i 项指标的熵值 e_i，其计算公式为：

$$e_i = -k \sum_{j=1}^{n} V_{ij} \ln V_{ij} \qquad (2.5)$$

其中，$k = 1/\ln V_{ij}$；$0 \leqslant e_i \leqslant 1$；$k > 0$；$i = 1, 2, \cdots, m$；$j = 1, 2, \cdots, n$。对于给定的指标，$X'_{ij}$ 的差异性越小，e_i 越大；当指标值相差越大时，e_i 越小，该项指标所起的作用越大。

接下来，确定第 i 项指标的变异系数，其计算公式为：

$$B_i = 1 - e_i \qquad (2.6)$$

最后，确定第 i 项指标的权重 W_i，其计算公式为：

$$W_i = \frac{B_i}{\sum_{l-1}^{n} B_i} \qquad (2.7)$$

其中，$0 \leqslant W_i \leqslant 1$，$\sum_{i=1}^{m} = W_i = 1$；通过计算可以得到熵权系数向量 $w = (w_1, w_2, \cdots, w_n)$。

（二）基于群体决策的层次分析法

层次分析法是一种将定量与定性相结合的系统分析方法。但是这种方法的缺点是在建立判断矩阵时存在着一定的主观性。为了解决这个问题，在此将群体决策引入到层次分析法中。基于群体决策的层次分析法在处理不同专家给出的判断矩阵时，一般有两种常见的方法。

第一种方法是根据不同的专家给出的判断矩阵，利用几何平均法分别计算矩阵所对应元素的值，构造成平均判断矩阵，即群体决策判断矩阵，这种方法的优点是：只需进行简单的矩阵加总求和，不增加矩阵特征根的计算；缺点是：很难保持矩阵的一致性，如果一致性检验通不过，还需要与专家进行讨论和进行矩阵调整。

第二种方法是在最终结果中引入群体决策，即判断矩阵由单个专家做出后，进行一系列的计算并对最终结果进行加权求和。这样虽然需要对多个矩阵的特征根进行计算，工作量稍大，但更容易保证各判断矩阵的一致性。

本书选取第二种方法进行权重的计算。其计算过程如下：

1. 单一专家指标权重的确定

首先建立旅游产业效率投入产出模型的指标体系（具体见本章第

二节），然后根据每个专家的评判结果建立两两比较判断矩阵 A_k（$k = 1，2，\cdots，m$，代表专家数量）。在此采用 1—9 标度法获得判断矩阵。对判断矩阵进行计算，获得单一专家情况下的指标权重 W_i^k（$k = 1，2，\cdots，m$），并进行矩阵的一致性检验。由于层次分析法算法比较成熟，应用广泛，基于单一专家的指标权重的计算过程在此不再叙述，着重介绍群体决策时专家相对权重的确定以及最后综合权重的确定的计算过程。

2. 群体决策时专家相对权重的确定

由于专家的知识结构、知识水平及对要评价内容的认识程度不同，他们的判断矩阵的可信程度及真实程度具有一定的差异性，因此，需要对各专家赋予一定的权重。利用上一步得到的判断矩阵 A_k 及进行一致性检验得到的一致性比率 $C_R^k A$（$C_A^k = C_R^k C^k / 1 R_1^k$，其中，$R_1^k$ 来自同阶矩阵平均一致性表），通过计算可得专家的权重 P_k，其计算公式为：

$$P_k = \frac{1}{1 + a C_R^k}，\ a > 0，\ k = 1，2，\cdots，m \tag{2.8}$$

将 P_K 做归一化处理之后得到专家权重 P'_K：

$$P'_K = P_k \bigg/ \sum_{k=1}^{m} P_k \tag{2.9}$$

其中，参数 a 是为了起到调节器的作用，一般取值为 10。

3. 指标综合权重的确定

根据每位专家得出的指标权重 W_i^k 和专家的权重 P'_K，将两项相乘并求和就可得到这个指标的组合权重，所以第 i 个指标的权重为：

$$W_i = \sum_{k=1}^{m} W_i^k \times P'_k \tag{2.10}$$

归一化处理后得到的该指标的综合权重公式为：

$$W'_i = W_i \bigg/ \sum_{i=1}^{n} W_i \tag{2.11}$$

这种方法在计算过程中，首先将多个专家对指标的评价进行权重计算并进行检验，既避免了因为单一专家评判而产生的误差，又因在计算过程中为不同的专家赋予权重而使更专业、知识水平更高的专家的评判结果被更多地采纳，从而保证结果的真实性。

（三）组合权重的确定

利用群体决策的层次分析法得到的主观权重向量 $W'_j = (W'_1,$ $W'_2, \cdots, W'_n)$ 和熵权法得到的熵权系数向量 $w = (w_1, w_2, \cdots,$ $w_n)$，根据公式：

$$W_j^* = \alpha W_j^* + (1 - \alpha) W_j \qquad (2.12)$$

可以得到综合考虑主客观因素的各项评价指标组合熵权系数 $W_j^* =$ $(W_1^*, W_2^*, \cdots, W_n^*)$，其中，权重平衡系数为 α $(0 \leqslant \alpha \leqslant 1)$，可以根据实际情况和评价需要来确定 α 的值，在此选取 $\alpha = 0.5$。

三　重心坐标法

空间中心常用一对坐标值来表达，它是指一个空间分布整体在二维空间的相对位置。在此引入算术平均中心（也叫重心）来解决旅游效率的空间变迁问题，涉及旅游效率重心、旅游效率空间结构均衡测度等。用此方法来刻画空间属性的集聚特征及偏移轨迹。其计算公式为：

$$\overline{X_j} = \frac{\sum_{i=1}^{n} P_i X_i}{\sum_{i=1}^{n} P_i} \qquad (2.13)$$

$$\overline{Y_j} = \frac{\sum_{i=1}^{n} P_i Y_i}{\sum_{i=1}^{n} P_i} \qquad (2.14)$$

其中，X_i、Y_i 为第 i 个区域中心位置的经纬度坐标（为了便于统一，在此均用各区域的几何中心位置来表示），P_i 为该区域某行业旅游效率的分值，n 为被评价的区域个数，j 表示年份。利用该公式可以计算所有被评价区域的几何中心及使用旅游效率分值加权后得到的算术平均重心。

四　标准差椭圆

现实中，很多地理现象的空间分布在各个方向上的离散程度是不同的，使用标准差椭圆法可以反映我国旅游产业效率在空间分布上的方向性。标准差椭圆法有指向 tanθ、最大标准差距离和最小标准差距离三个主要要素。在此通过椭圆的长轴方向表示旅游产业效率高的区域的主要分布方向，短轴为要素空间分布最少的方向。另外，可以用标准差椭圆的长短轴之比来描述一个空间分布接近于圆的程度，椭圆的面积表征离散程度。其计算公式为：

$$\tan\theta = \frac{\left[\sum (a_i - \bar{a})^2 - \sum (b_i - \bar{b})^2 \right] + \sqrt{\left[\sum (a_i - a)^2 - \sum (b_i - \bar{b})^2 \right]^2 + 4\left[\sum (a_i - \bar{a})(b_i - \bar{b}) \right]^2}}{2 \sum (a_i - \bar{a})(b_i - \bar{b})} \tag{2.15}$$

$$\delta_{长} = \sqrt{\frac{\sum \left[(a_i - \bar{a})\cos\theta - (b_i - \bar{b})\sin\theta \right]^2}{n - 2}} \tag{2.16}$$

$$\delta_{短} = \sqrt{\frac{\sum \left[(a_i - \bar{a})\sin\theta - (b_i - \bar{b})\cos\theta \right]^2}{n - 2}} \tag{2.17}$$

其中，(a_i, b_i) 为第 i 个区域几何中心的坐标，$(\bar{a}, \bar{b})$ 表示整个研究区域的几何中心位置，$\delta_{长}$ 为标准差椭圆长轴，$\delta_{短}$ 为标准差椭圆短轴，通过长轴和短轴可以计算椭圆的面积为：

$$A = \frac{\pi \delta_{短} \delta_{长}}{4} \tag{2.18}$$

五　空间自相关分析

探索性空间数据分析方法（Exploratory Spatial Data Analysis, ES-DA），是一种将统计学和现代图形计算技术结合起来的分析方法。一般来说，事物之间是距离越近联系越强，区域经济活动也不同程度地表现了空间相关性或自相关性，ESDA 方法就是将这种空间集聚和空间异常量化表达出来，从而解释研究对象间的空间相互作用机制。本书用最主要的全局空间自相关来分析基于旅游产业效率的省域单元间的空间相互作用和分布规律。

（一）空间权重矩阵的确定

要进行空间自相关分析首先必须要确定空间权重，在此用空间权重矩阵来表示研究各区域单元间的邻近关系。地理单元间的相邻关系可以表示为鲁克（Rook）相邻、毕晓普（Bishop）相邻和奎恩（Queen）相邻三种。鲁克相邻是两个地理单元有共同边界；毕晓普相邻是顶点相邻，即两个地理单元有共同顶点；奎恩相邻是边界或顶点相邻，即两个地理单元有共同边界或相同的顶点。选定了邻近关系之后就可以建立空间权重矩阵，它是一个二维矩阵，表达了各空间单元间的邻近关系，表示如下：

$$W = \begin{bmatrix} W_{11} & W_{12}, & \cdots, & W_{1n} \\ W_{21} & W_{22}, & \cdots, & W_{2n} \\ & \cdots & \\ W_{n1} & W_{n2}, & \cdots, & W_{nn} \end{bmatrix} \qquad (2.19)$$

根据相邻标准，W 中的元素 W_{ij} 为：

$$W_{ij} = \begin{cases} 1 & \text{当区域 } i \text{ 和区域 } j \text{ 相邻} \\ 0 & \text{当区域 } i \text{ 和区域 } j \text{ 不相邻} \end{cases} \qquad (2.20)$$

除邻接关系外，空间权重矩阵的元素还可以根据各单元间的距离来确定。一种方式为根据门槛距离 d 来确定两单元之间是否相邻。区域之间的距离根据各区域间的质心距离来确定。当两区域间距离在 d 之内，则称为相邻；若距离超过 d，则称为不相邻。除此之外，还有一种方式为 K 个最近邻居空间权重矩阵，即将地理距离最近的 K 个单元设为自己的邻居，每个单元都有 K 个邻居。为了平衡邻近矩阵结构，本书选定 4 个最近邻居空间权重矩阵来表示区域单元间的空间关系。

（二）全域空间自相关

全域空间自相关用来表示整个研究区域上所有空间单元间的平均关联程度及其显著性，常用的方法有莫兰指数（Moran's I）、吉尔里（Geary）C 等方法，在此选用应用非常广泛的莫兰指数来反映空间关系，其计算公式如下：

$$I = \frac{m \sum\limits_{i=1}^{m} w_{ij} (a_i - \bar{a})(a_j - \bar{a})}{\sum\limits_{i=1}^{m} \sum\limits_{j=1}^{m} w_{ij} \sum\limits_{i=1}^{m} (a_i - \bar{a})^2} \qquad (2.21)$$

其中，$\bar{a} = \dfrac{1}{m} \sum\limits_{i=1}^{m} a_i$，$a_i$ 表示 i 地区的旅游产业效率值，m 为地区数，W

为空间权重矩阵。莫兰指数的取值范围在 -1—1 之间，越接近于 1，空间正相关越强；越接近于 -1，空间负相关性越强；接近于 0 表示不存在空间自相关性。

六　面板数据回归模型

对旅游产业效率影响因素问题的研究使用回归模型进行分析是合适的，也是必要的，而选取适用的回归模型是研究的关键。从时空维度来看，计量经济学中用于分析的数据可以分为横截面数据、时间序列数据和面板数据。其中，横截面数据是指在某一时点收集的关于对象的数据，突出对象的空间差异，其特点是离散性高；时间序列数据是指对同一对象在不同时间连续观测所得的数据，突出对象的历时发展规律，着眼于研究对象在时间序列上的变化；面板数据可以称为"时间序列—截面数据"，是截面数据与时间序列综合起来的数据资源，它既可以分析个体之间的差异，也可以描述个体的动态变化特征，即既有对象的空间差异，也有对象的历时发展变化规律。本书力图揭示我国旅游产业效率时空双维度上的演变规律及影响因素，因此，简单的横截面数据和时间序列数据均无法满足书研究的需要，面板数据则可综合反映时空双维度下旅游产业效率的变化规律及深层次的影响因素和驱动机制，因此，本书研究中选取了 2002—2013 年的面板数据作为研究数据。相应地，计量经济学中单一的时间序列模型和横截面数据模型无法满足本书研究的需要。单一的时间序列模型只能反映同质的非时变不可观测因素，不能揭示不可观测的非时变异质因素对模型参数的估计因素及对被解释变量的影响；单一的横截面模型忽略了不可观测的异质性因素，容易影响参数估计的有效性和异质性。因此，本书采用面板数据模型进行我国旅游产业效率的影响因素分析，既可体现时变不可观测的同质因素，又可体现非时变不可观测的异质因素，使参数估计更为准确。

（一）数据平稳性检验

根据进行面板数据模型分析的要求，在进行回归分析之前首先需要检验数据的平稳性。这主要是为了剔除虚假回归或伪回归，也就是一些非平稳的经济事件序列虽然会表现出共同的变化趋势，但不一定本身有直接的关联，对这些数据进行回归是没有意义的。要剔除这种情况就要进行平稳性检验，而检验平稳性最常用的办法就是单位根检验。

对于面板数据：

$$y_{it} = \rho_i y_{it-1} + X'_{it}\delta_i + \varepsilon_{it} \quad i=1, 2, \cdots N \quad t=1, 2, \cdots, T_i \quad (2.22)$$

其中，X_{it} 代表外生变量，包括截面成员的固定效应或者个体趋势；N 表示截面成员的个数，T_i 表示第 i 个截面成员的样本观测时期数，ρ_i 是自回归系数；假定随机误差项 ε_{it} 满足独立同分布的建设。如果假定各截面序列有相同的单位根过程，即 $\rho_i = \rho$，可以用 LLC 检验、Breitung 检验和 Hadri 检验，其中，LLC 检验的原假设是"各截面序列有一个相同的单位根"；如果假定各截面序列具有不同大单位根过程，即参数 ρ_i 跨截面自由地变化，可以用 IPS 检验、费希尔（Fisher）—ADF 检验和费希尔—PP 检验，这三种检验方法的基本原理都是先对不同的截面序列分别进行单位根检验，然后综合这些截面序列的检验结果构造面板数据的检验统计量。LLC 检验使用的是 ADF 检验形式：

$$\Delta y_{it} = \alpha y_{it-1} + \sum_{j=1}^{p_i}\beta_{ij}\Delta y_{it-1} + X'_{it}\delta_i + \varepsilon_{it} \quad i=1,2,\cdots,N \quad t=1,2,\cdots,T_i$$

$$(2.23)$$

其中，假定 $\alpha = \rho - 1$；P_i 是第 i 个截面成员滞后项的阶数，允许其在不同的截面成员上发生变化。原假设和备择假设写为：$\mathrm{H}_0: \alpha = 0$；$\mathrm{H}_1: \alpha < 0$，其检验统计量渐进地服从标准正态分布。

IPS、费希尔—ADF 和费希尔—PP 检验的原假设为：$\mathrm{H}_0: \alpha = 0$，对于所有的 i，备择假设为：

$$\mathrm{H}_1: \begin{cases} a_i = 0, & i=1, 2, \cdots, N_1 \\ a_i < 0 & i=N_1+1, N_1+2, \cdots, N \end{cases} \quad (2.24)$$

IPS 检验统计量渐进地服从标准正态分布。费希尔—ADF 和费希尔—PP 检验渐进地服从 χ^2 分布和标准正态分布。

在此，对我国旅游产业效率影响因素分析的相关面板数据同时进行相同根单位根检验 LLC 和不同根单位根检验 IPS、费希尔—ADF 和费希尔—PP 检验，在这几种检验中，如果均拒绝存在原单位根的原假设，则认为序列是平稳的；如果不能拒绝原假设，则认为序列不平稳，在此情况下，对序列进行一阶差分后继续检验，检验序列是否平稳。在此，记 I（0）为零阶单整，I（1）为一阶单整。

（二）数据协整检验

基于单位根检验的结果发现变量之间是同阶单整的，那么就可以进行面板数据的协整检验。协整检验是考察变量间长期均衡关系的方法。所谓协整，是指若两个或多个非平稳的变量序列，其某个线性组合后的序列呈平稳性，此时称这些变量序列间有协整关系存在。因此，协整的要求或前提是同阶单整。通过了协整检验，说明变量之间存在着长期稳定的均衡关系，其方程回归残差是平稳的。因此，可以在此基础上直接对原方程进行回归，此时的回归结果是较精确的。

协整关系的检验主要有两类：一类是建立在约翰森协整检验基础上的费希尔检验，通过联合单个截面个体 JJ 检验的结果获得对应于面板数据的检验统计量；另一类是建立在恩格尔和格兰杰（Engle and Granger）二步法检验基础上的 Pedroni 检验和 Kao 检验。在 2003 年的时候，Gutierrez 用蒙特卡洛模拟检验对 Kao 检验、Pedroni 检验和 larsson 检验三种方法进行了比较，得出如下结论：当 T 值比较大时，这三种检验的功效都很高；当 T 值比较小时，面板数据这三种的检验功效开始降低。他还发现，当 T 固定等于 10 时，随着 N 的变大，Kao 检验一直都会比拉森 Pedroni 检验功效高。但是，当 T 增大时，Pedroni 检验比 Kao 检验功效更好。它们两者的检验功效都会比拉森（Larsson）好。本书的时间跨度为 2002—2013 年共 11 年（不包括 2011 年），T 值刚刚大于 10，因此，采用 Kao 检验对相关面板数据间是否存在协整关系进行分析。Kao 检验过程如下：

对于面板回归模型：

$$y_{it} = X'_{it}\beta + Z'_{it}y + e_{it} \tag{2.25}$$

其中，e_{it} 是非协整的 I（1）过程。Z_{it} 是任何固定效应（可以取 0、1 固定效应 μ_i）或面板固定时间趋势的外生变量。对于 $Z_{it} = \{\mu_i\}$，Kao 利用 DF 和 ADF 型单位根检验，检验没有协整的零假设。DF 型统计量可以从固定效应模型的残差检验式计算得到：

$$\hat{e}_{it} = \rho\hat{e}_{i,t-1} + v_{it} \tag{2.26}$$

其中，$\hat{e}_{it} = \tilde{y}_{it} - \tilde{x}'_{it}\hat{\beta}$，$\tilde{y}_{it} = y_{it} - y_i$。

零假设写成 H_0：$\rho = 1$。ρ 的组内 OLS 估计和 t 统计量分别是：

$$\hat{\rho} = \frac{\sum_{i=1}^{N}\sum_{i=1}^{T}\partial_{it}\partial_{i,t-1}}{\sum_{i=1}^{N}\sum_{i=1}^{T}\partial_{it}^2} \qquad (2.27)$$

$$t_\rho = \frac{\partial - 1\sqrt{\sum_{i=1}^{N}\sum_{i=1}^{q}\partial_{i,t-1}^2}}{s_\epsilon} \qquad (2.28)$$

其中，$S_e^2 = (1/NT)\sum_{t=1}^{N}\sum_{t=1}^{T}(\hat{e}_{it}\hat{p}\hat{e}_{i,t-1})^2$，Kao 提出了下列四种 DF 型检验：

$$DF_\rho = \frac{\sqrt{NT}(\delta - 1) + 3\sqrt{N}}{\sqrt{10.2}} \qquad (2.29)$$

$$DF_t = \sqrt{1.25t_\rho} + \sqrt{1.785N} \qquad (2.30)$$

$$DF_\rho^* = \frac{\sqrt{NT}(\delta - 1) + \frac{\varepsilon\sqrt{N}\partial_v^2}{\partial_{0v}^2}}{\sqrt{3 + \frac{3\varepsilon\partial_v^4}{s\,\hat{\sigma}_{0v}^4}}} \qquad (2.31)$$

$$DF_t^* = \frac{t_\rho + \frac{\sqrt{6N}\partial_v}{2\,\hat{\sigma}_{0v}}}{\sqrt{\frac{\partial_{0v}^2}{2\partial_{0v}} + \frac{2\partial_v^2}{2\hat{\sigma}o_{0v}}}} \qquad (2.32)$$

其中，$\hat{\sigma}_v^2 = \hat{\sum}_{yy} - \hat{\sum}_{yx}\hat{\sum}_{xx}^{-1}$，$\hat{\sigma}_{ov}^2 = \hat{\Omega}_{yy} - \hat{\Omega}_{yx}\hat{\Omega}_{xx}^{-1}$。

DF_ρ 和 DF_t 检验适用于解释变量和误差项具有严外生性的情形；DF_ρ^* 和 DF_t^* 是为了检验解释变量和误差项具有内生关系的协整。

对于 ADF 检验，用下述回归：

$$\hat{e}_{it} = \rho\hat{e}_{i,t-1} + \sum_{j=1}^{p}\theta_j\Delta\hat{e}_{i,t-1} + v_{itp} \qquad (2.33)$$

构造检验没有协整零假设的 ADF 统计量：

$$ADF = \frac{t_{ADF} + \dfrac{\sqrt{6N}\partial_t}{2\hat{\sigma}_{0v}}}{\sqrt{\dfrac{\partial_{0v}^2}{2\hat{\sigma}_v^2} + \dfrac{2\partial_v^2}{20\partial_{0v}^2}}} \tag{2.34}$$

其中，t_{ADF} 是模型 Pedroni 检验中联合组内尺度四个统计量参数 ρ 的 t 统计量。DF_ρ、DF_t、DF_ρ^*、DF_t^* 和 ADF 依序贯极限收敛于标准正态分布 N（0，1）。

（三）面板数据模型选择

面板数据的一般形式为：

$$y_{it} = \alpha_i + \beta_{1i}x_{1it} + \beta_{2i}x_{2it} + \cdots + \beta_{ki}x_{kit} + u_{it} \tag{2.35}$$
$$i = 1, 2, \cdots, N \quad t = 1, 2, \cdots, T_i$$

其中，y_{it} 是因变量，x_{kit} 是 k 个揭示变量，N 是横截面个体成员的个数，T 表示样本观测时期数，参数 α_i 表示面板数据模型的截距项，β_{1i}，$\cdots$，β_{ki} 表示对应于 k 个解释变量的系数。通常假定随机误差项 u_{it} 之间相互独立，且满足均值为零、方差同为 δ_u^2 的假设。

根据对截距项和解释变量系数的不同限制，可以将面板数据模型分为混合回归模型、变截距模型和变系数模型三种类型。

1. 混合回归模型

混合回归模型（Pooled Regression Model）假设截距项 α_i 和解释变量系数 β_{1i}，$\cdots$，β_{ki} 对于所有的截面个体成员都是相同的，即假设在个体成员上既无个体影响，也无结构变化。混合回归模型可以写成如下形式：

$$y_{it} = \alpha_i + \beta_1 x_{1it} + \beta_{2i}x_{2it} + \cdots + \beta_{ki}x_{kit} + u_{it} \tag{2.36}$$
$$i = 1, 2, \cdots, N \quad t = 1, 2, \cdots, T_i$$

从时间上看，不同个体之间不存在显著差异；从截面上看，不同截面之间也不存在显著差异的话，就可以使用混合回归模型。在许多现实问题的研究中，由于混合回归模型限定条件较少以及数据样本很难没有个体差异，所以，混合回归模型适用的不多，而各省域旅游产业效率由于产业环境差异性较大，个体成员不可能没有结构变化，因此混合回归模型适用的可能性不大，在此不对混合回归模型做详细讨论。

2. 变截距模型

对于混合回归模型（2.36），可以将所有截面个体成员的时间序列数据混合在一起作为样本数据，然后使用 OLS 对模型参数进行估计，这就是变截距模型。变截距模型假定在截面个体成员上截距项 α_i 不同，解释变量系数，β_{1i}，…，β_{ki} 相同，即假设在个体成员上存在个体影响而结构系数变化，具有如下回归形式：

$$y_{it} = \alpha_i + \beta_1 x_{1it} + \beta_{2i} x_{2it} + \cdots + \beta_k x_{kit} + u_{it} \qquad (2.37)$$
$$i = 1, 2, \cdots, N \quad t = 1, 2, \cdots, T_i$$

根据个体影响的不同形式，变截距模型又可分为固定效应模型和随机效应模型。

（1）固定效应变截距模型。固定效应变截距模型假定截距项 $\alpha_i = \overline{\alpha}_i + \overline{\alpha}_1^*$，该模型具有如下形式：

$$y_{it} = \overline{\alpha}_i + \overline{\alpha}_i^* + \beta_1 x_{1it} + \beta_2 x_{2it} + \cdots + \beta_k x_{kit} + u_{it} \qquad (2.38)$$
$$i = 1, 2, \cdots, N \quad t = 1, 2, \cdots, T_i$$

其中，$\overline{\alpha}_i$ 表示均值截距项，其在各个截面成员方程中都是相同的；α_i^* 表示截面个体截距项，其在各截面成员方程中是不同的，表示截面成员对均值的偏离。对于所有的个体成员，它们对均值的偏离之和应该为零，即 $\displaystyle\sum_{i=1}^{N} \alpha_i^* = 0$。

其实，固定效应变截距模型是一个有参数约束限制的模型。若随机误差项 u_{it} 满足之间相互独立、方差同为 σ_u^2 的假设，则可以适用最小二乘虚拟变量（LSDV）估计方法得到上述模型各参数的最优线性无偏估计量。如果随机误差项 u_{it} 不满足独立或者同方差的假设，则需要使用 GLS 方法对模型进行估计。固定效应变截距模型的 GLS 估计主要考虑如下四种基本的方差结构：个体成员截面异方差、时期异方差、同期相关协方差和时期间相关协方差。对于前两种异方差结构，可以分别使用截面加权和时期加权的 GLS 估计；对于后两种异方差结构，可以分别使用截面加权和时期加权的 SUR 估计。若随机误差项之间既不存在异方差，也不存在同期相关，但是，随机误差项与解释变量存在相关时，则需要使用 TSLS 估计方法对模型进行估计，因为模型参数的 OLS 估计量或者 GLS 估计量都是有偏的且非一致的。

（2）随机效应变截距模型。随机效应变截距模型把变截距模型中用来反映个体差异的截距项 α_i 分解为常数项和随机变量项两部分。随机变量项表示模型中被忽略的、反映个体差异的解释变量的影响，该模型的形式如下：

$$y_{it} = \alpha_i + \beta_1 x_{1it} + \beta_2 x_{2it} + \cdots + \beta_k x_{kit} + v_i + u_{it} \qquad (2.39)$$
$$i = 1, 2, \cdots, N \quad t = 1, 2, v, \cdots, T_i$$

其中，α 是截距中的常数项部分，v_i 是截距中的随机变量部分，它代表了截面成员的随机影响。从上式可以看到，随机效应变截距模型的随机误差项是两种随机误差之和，即 $v_i + u_{it}$。

尽管可以假定上式中随机误差项与解释变量不相关，但是，在同一个截面成员、不同时期的随机误差项之间存在一定的相关性，它们之间的相关系数为：

$$\text{corr}(w_{it}, w_{is}) = \frac{\sigma_u^2}{\sigma_u^2 + \sigma_v^2} \quad (t \neq s) \qquad (2.40)$$

其中，$w_i t = v_i + u_{it}$，$E(u_{it}^2) = \sigma_u^2$，$E(v_i^2) = \sigma_v^2$，$E(w_{it}^2) = \sigma_v^2 + \sigma_u^2$。模型参数的 OLS 估计量虽然是无偏的和一致的，但其不再是最有效估计量。因此，对于随机效应变截距模型，一般是用 GLS 估计方法对其进行估计。同时，当随机效应变截距模型中随机误差项与解释变量相关时，则需要采用广义的 TSLS 估计方法对模型进行估计。

3. 变系数模型

若考虑经济结构参数随着截面成员个体的变化而改变时，则需要建立如下变系数模型：

$$y_{it} = \alpha_i + \beta_1 x_{1it} + \beta_2 x_{2it} + \cdots + \beta_k x_{kit} + u_{it} \qquad (2.41)$$
$$i = 1, 2, \cdots, N \quad t = 1, 2, v, \cdots, T_i$$

变系数模型假定截距项 α_t 和解释变量系数 $\beta_i, \cdots, \beta_k$ 在不同的截面个体上是不同的。一般来说，通常假定随机误差项 u_{it} 之间相互独立，且满足均值为零、同方差的假设。根据个体影响的不同，变系数模型也分为固定效应变系数模型和随机效应变系数模型。

（1）固定效应变系数模型。在固定效应变系数模型中，截距项 α_i 和解释变量系数 β_1，…，β_k 都是跨截面变化的常数。如果不同截面个体的随机误差项 u_{it} 之间不相关，则可以将变系数模型分成对应于截面个体的 N 个单方程，分别使用 OLS 方法估计这些单方程从而得到变系数模型的参数。如果不同截面个体的随机误差项 u_{it} 之间存在相关，则需要使用 GLS 方法估计变系数模型。

（2）随机效应变系数模型。在随机效应变系数模型中，截距项 α_i 和解释变量系数 β_1，…，β_k 都是跨截面变化的随机变量。该模型估计需要采用可行性的广义最小二乘估计方法，即先用各截面个体的 OLS 方法估计获得随机误差项方差的无偏估计，然后再进行 GLS 方法估计。

4. 模型的选择

在对面板数据模型进行估计时，需要对模型形式进行检验，即检验样本数据符合混合回归模型、变截距模型以及变系数模型中的哪一种。如果设定了错误的模型形式，则模型估计结果是有偏差的。模型形式设定检验使用协方差分析检验，即检验如下两个原假设：

H_0：面板数据模型中的解释变量系数对于所有的截面成员是相同的，但截距项不同即该模型形式是变截距模型；

H_1：模型中的解释变量系数和截距项对于所有的截面成员都是相同的，即该模型形式为混合回归模型。

模型形式检验有如下两个 F 检验统计量：

$$F_2: \frac{(S_3 - S_1)/[(N-1)(k+1)]}{S_1/[NT-N(k+1)]} \sim F[(N-1)(k+1),\ NT-N(k+1)]$$

(2.42)

$$F_1: \frac{(S_2 - S_1)/[(N-1)(k+1)]}{S_1/[NT-N(k+1)]} \sim F[(N-1)k,\ NT-N(k+1)]$$

(2.43)

其中，N 是截面成员个数，T 是每个截面成员的样本观测时期数，k 是非常数项解释变量的个数，S_1、S_2、S_3 分别是变系数模型、变截距模型和混合回归模型的回归残差平方和。在原假设 H_0、H_1 成立的条件下，检验统计量 F_2、F_2 分别服从特定自由度的 F 分布。

模型检验的过程是：先检验原假设 H_1，如果统计量小于某个检验水平（比如 5%）下 F_2 分布临界值，则不能拒绝原假设，且无须再检验 H_0，从而表明利用混合回归模型来拟合样本是合适的；否则，拒绝原假设 H_1，并继续检验假设 H_0。如果统计量小于某个检验水平下 F 分布临界值，则不能拒绝假设 H_0，从而表明利用变截距模型来拟合样本是合适的。否则，拒绝假设 H_0，并利用变系数模型。

采用 F 检验决定选用混合模型，变系数模型还是变截距模型之后，用豪斯曼检验确定应该建立随机效应模型还是固定效应模型。固定效应模型将反映个体和（或）时点异质性的系数设定为确定性的常数，这一常数对不同的个体和（或）时点不同；随机效应模型则将这种异质性设定为来自服从一特定分布的随机变量，其均值为零，方差为常数。豪斯曼检验基本原理如下：

其检验假设为：H_0：随机效应模型；H_1：固定效应模型。

设 b_1 为随机效应模型的参数估计，则在原假设 H_0 成立的条件下，b_1 是一致且有效的估计量，而在备选假设 H_1 条件下 b_1 不再是一致估计；设 b_2 为固定效应模型的参数估计，则在 H_0 和 H_1 条件下 b_2 均是一致的，但在 H_0 条件下不具有有效性。由此可知，在 H_0 条件下，b_1 与 b_2 没有系统差别。豪斯曼检验的核心结论就是，一个有效估计量与一个非有效估计量之差，同该有效估计量的协方差为零，此即意味着：

$$\text{Cov}((b_1, b_2), b_2) = \text{Cov}(b_1, b_2) - \text{var}(b_2) = 0 \qquad (2.44)$$

又因为 $\text{var}(b_1 - b_2) = \text{var}(b_1) + \text{var}(b_2) - \text{Cov}(b_1, b_2) - \text{Cov}(b_1, b_2)$，将其代入式（2.44）中，即可得到：

$$\text{var}(b_1 - b_2) - \text{var}(b_1) - \text{var}(b_2) = \Psi \qquad (2.45)$$

构造 Wald 统计量：

$$\text{Wald} = [b_1 - b_2]' \Psi^{-1} [b_1 - b_2] \sim x^2(K - 1) \qquad (2.46)$$

其中，Ψ 是采用固定效应回归模型中斜率估计量的协方差估计矩阵，与随机效应模型（不含常数项）中的协方差估计矩阵所估计得到的。统计量 Wald 服从自由度为（$K - 1$）的分布，据此可以对模型的固定效应或随机效应进行检验，从而确定模型的具体形式。

第三章　省域旅游产业效率时空演变

第一节　变量选取与数据来源

一　变量框架

　　经济学意义上说，土地、劳动和资本是最基本的三大生产要素。区域作为旅游产业的生产单元，最终目的是获得旅游产业发展带来的经济效益、社会效益和生态效益，这与旅游者对区域旅游服务的满意度有很大关系。因此，旅游要素投入产生的效益，应以它们是否提高游客的满意度为标准。旅游产业是典型的劳动密集型产业，旅游服务的各个环节均需要投入大量的人力资源。不仅如此，服务者的态度和水平等"软要素"对游客行程满意度的影响更为重要，因此，对劳动要素投入的衡量不仅要有"量"的考量，还要有"质"的体现。另外，区域旅游产业发展中，需要大量的资金来进行基础设施完善、旅游项目建设以及旅游环境打造等工作，完善的旅游服务设施、优美干净的市容市貌能够让游客建立起对区域旅游形象的良好印象，从而大大提升游客满意度，而这些工程的实施都需要大量的资本投入，因此，资本可以看作是影响游客满意度的外在条件保证因素。旅游服务设施和旅游项目的建设都需要土地要素的投入，但区域旅游生产能力受土地面积的约束较小，更重要的是旅游资源本身对游客的吸引力，土地面积较小的地区，只要旅游六要素配搭合理，资源吸引力强，同样可以获得很高的经济效益；另一方面，我国大部分地区目前都将旅游产业作为重点培育和发展的产业，多个省份将旅游产业列为未来国民经济的龙头产业或者第三产业的支柱产业，在土地政策上多给予优惠和优先，因此，在旅游产业发展中土地要素不是主要的基础要素，在此不作为区域旅游产业发展的投入变量予以考量，将资源要素引入投入产出变量框架中。

从产出角度来看，区域作为旅游活动的发生地，在满足游客旅行过程中各类需求的同时，也得到了一定的经济回报。对旅游产业效益的衡量，除传统的用收入要素来表征经济效益以外，还应有产业发展带来的地区知名度上升、旅游形象得到认可等社会效益，在此用市场要素来进行表征，旅游市场规模的扩张一定程度上可以反映区域旅游形象被认可的程度。

基于以上对区域旅游产业投入产出要素的分析，可以搭建一个基于投入和产出要素的区域旅游产业效率评价变量框架（见图 3 - 1）。

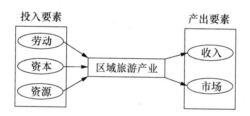

图 3 - 1　区域旅游产业的投入产出变量框架

二　指标体系构建

（一）指标体系设计原则

由于区域旅游产业构成的复杂性，对产业效率进行评定中涉及的投入、产出要素较多。为了旅游产业效率测定的准确性，本书在指标体系设计时遵循以下原则：

1. 综合性

由于区域旅游产业涉及的行业多，要素复杂，在投入、产出指标确定过程中要综合考量，在系统的基础上考虑指标的代表性和全面性，使之成为体系，从而客观科学地形成指标体系。

2. 针对性

采用的投入、产出指标要与区域旅游产业发展之间有一定的逻辑关系，即能够对区域旅游投入和产出的过程和结果给予表达。另外，投入、产出指标之间存在一定的因果关系，即投入能够在一定程度上导致产出。

3. 层次性

由于区域旅游产业的综合性和复杂性，本书在效率评价指标体系的构建中采用的是分层法，要求所包含的要素间存在层次性，从而建立多层次的指标体系，将它们由高到低排成若干层次。

（二）指标的选择与体系构建

在国内现有采用 DEA 方法对区域旅游产业效率进行测度的研究中，对旅游产业效率指标的选取上虽有所不同，但却表现出一定的相似性。表 3-1 列出了较有代表性的相关研究中指标选取情况。从表 3-1 中可以看出，在投入指标的选取上均以物质投入指标和人员投入指标为主，如旅游企业数量、旅游企业固定资产、从业人员数量等，这是对企业效率进行研究不可或缺的、代表劳动力和资本的两类指标。另有部分研究考虑了旅游资源、交通条件、文物保护等因素对旅游产业效率的影响，从而将它们纳入投入指标体系中；再有部分成果在对城市这一中小尺度范围的研究中，用城市第三产业相关指标代替旅游单一产业的投入指标，这主要是因为旅游产业关联度大而产生的数据剥离困难造成的，也是基于数据的可获得性考虑的。但整体来看，旅游产业效率投入指标的选择上均对劳动力要素"质"的投入体现不足，仅仅考量了旅游从业人员的总体数量，未考量旅游从业人员素质的高低对旅游产出的影响。从产出指标的选取上看，则主要分为两类：一类是反映收入规模状况的，如旅游产业营业收入、旅游总收入、国内旅游收入或国际旅游收入等；另一类是反映市场规模状况的，如旅游总人次、国内游客量、入境游客量等。但整体上看，对产出指标均是从总量上进行考虑和设计的，而对单位产出的高低未给予重视。实际上，旅游产业不应单以总量的提升作为唯一的标准，还应考虑单位产出效益的提高，因此，对产出效益的衡量也应从总量产出和单位产出综合来考量。

表 3 - 1　　　　　　　旅游产业效率研究指标选取汇总

已有研究	投入指标	产出指标	研究尺度
李艳双等（2001）	公路＋铁路、旅游从业人员＋宾馆饭店床位、文物保护＋景点开发＋接待设施建设费用	国际旅游收入、国内旅游收入	城市
王恩旭（2011）	旅行社数量、饭店数量、旅游企业固定资产、旅游从业人员	旅游总人次、旅游总收入	省域
张金华（2013）	旅游资源、旅行社总数、饭店总数、旅游从业人员	国内旅游收入、国际旅游收入	省域
林源源（2010）	旅游企业固定资产、从业人员数	营业收入	省域
马晓龙（2008）	城市第三产业从业人数、城市固定资产投资、城市资源吸引力、当年实际使用外资金额	城市星级饭店旅游收入	城市
陆相林等（2007）	旅行社数、旅行社职工数、涉外饭店数、星级旅游景点数	旅游总收入、海外游客量、国内旅游收入、国际旅游收入、国内游客量	城市
曹芳东等（2012）	城市第三产业从业人数、旅游景区（点）数量、星级饭店数量、旅行社数量	旅游者总人数、旅游总收入	城市
梁明珠等（2012）	旅行社数量、宾馆数量、景区数量、旅游从业人数	旅游收入、接待过夜游客人次	城市
盛旭东等（2010）	固定资产、基本单位数、从业人员	营业收入和旅游人次	省域
廖斌斌（2013）	星级饭店数、旅行社数、旅游从业人员、旅游企业固定资产	旅游总收入	省域
赵磊（2013）	旅游产业固定资产投资、旅游产业从业人员数	旅游产业总收入	省域
顾江等（2008）	地区旅游资源、旅游服务设施、基础交通条件接待服务质量、旅游管理水平	国际旅游外汇收入	省域
梁流涛等（2012）	星级酒店数量、旅行社数量	旅游产业营业收入、旅游接待人次	省域
陶卓民等（2010）	旅游资源、旅行社数量、星级酒店数量、旅游从业人员	国内旅游收入、国际旅游收入	省域

已有研究	投入指标	产出指标	研究尺度
苏志平等（2011）	旅游产业固定资产、旅游产业从业人数、旅游企业数	旅游产业营业收入、旅游产业税金、旅游外汇收入、入境旅游者人数	省域
吴旭晓（2013）	旅游产业从业人数、固定资产总额、接待入境过夜游客人次、旅游景区总数、星级饭店数、旅行社单位数、旅游院校学生数	旅游产业收入	省域

　　本书借鉴前人有关成果的基础上，对旅游产业效率的投入指标从产业发展规模和产业发展能力两个方面进行衡量；对产出指标从总产出能力和人均效益两个方面进行衡量。

　　1. 产业发展规模评价指标

　　旅游产业现有发展规模的大小是衡量地区对旅游产业投入的核心内容。对产业规模的衡量从旅游服务规模和旅游接待规模两个方面入手。旅游服务规模用旅行社数量来衡量。旅行社是游客在地区旅游的主要综合性服务机构，既是旅游活动的组织者，也是旅游者与地区之间的中介组织。作为旅游产业的三大支柱行业之一，其数量的多少能直接反映地区旅游产业的服务功能的强弱。旅游接待规模用星级酒店数量、星级酒店房间数和景区数量来衡量。星级酒店数量的多少能够反映地区旅游住宿餐饮接待规模的大小。另外，除酒店数量外，单体酒店的规模也直接影响旅游接待能力，因此，选用了星级酒店房间数量的多少对住宿接待能力进行补充表征。旅游资源是地区旅游产业赖以生存和发展的最基本条件，旅游资源越多，品质越高，对旅游者的吸引力就越大，地区在旅游产业的投入就能获得更高的收益。景区数量的多少能够反映地区旅游资源的丰富程度，在此选取景区数量表征地区旅游资源丰富程度，景区经营状况表征地区旅游资源开发能力的高低。

　　2. 产业发展能力评价指标

　　产业发展能力反映地区旅游产业的后续力和持久力，在此用资本能力和人力支持两个指标来衡量。投资是拉动中国经济增长的一个重要指标，在过去的十几年中投资对于旅游产业发展的带动作用极为明显，其规模的扩张对旅游产业发展的持续力有重要影响，在此用旅游产业固定资产总值来表征地区旅游投资规模的大小，它是衡量旅游产业投资的一个重要指标。由于旅游产业属于服务业中的劳动密集型产业，人力资本的投入是必不可少的重要因素。而且随着旅游产业的发展，所需的劳动力资本还会继续增加。因此，选取旅游产业从业人数这一指标来反映地区人力资本规模的大小。另外，考虑到服务者的态度和水平等"软要素"对游客行程满意度的影响同样重要，高层次人才对提高地区旅游管理能力也有重要影响，因此，对劳动要素投入的衡量要有"质"的体现，在此选用旅游院校学生数体现地区旅游从业人员素质的高低。

3. 总产出能力的评价指标

对总产出能力的衡量从经济效益和市场规模两方面考量。旅游产业整体经济效益的体现用国内旅游收入、国际旅游收入和旅游税金三个指标来表征。旅游收入是衡量旅游产业发展状况的一个重要指标，在国民经济中所占比重也越来越高，可以直接反映旅游产业在地区整体经济中的产业地位，是旅游产业通过投入而获得产出高低的重要衡量标准。其中，国际旅游收入的高低可以在一定程度上反映地区高端旅游市场的收益状况；随着国内大众旅游的蓬勃发展，国内旅游市场发展壮大的速度非常惊人，但是，人均消费与国际游客相比仍有一定差距，因此，国内旅游收入可在一定程度上反映地区中低端旅游市场的收益情况。旅游税金则可直接反映地区旅游企业的整体经营状况，是对旅游企业投入要素后得到回报情况的最直接体现。市场规模方面则采用国内旅游人次和入境旅游人次两个指标来衡量。我国旅游产业发展初期对入境旅游市场的依赖性较重，随着国内旅游市场的壮大，其在旅游产业中所占份额已远远超过入境旅游，因此，在市场规模方面，将这两个指标都纳入其中。没有采用旅游总人次是因为入境旅游市场更能反映出地区高端旅游市场的发展状况，而国内旅游人次对中低端旅游市场发展状况表征较多，因此，在指标体系中分别加以计算。

4. 人均效益的评价指标

在以往的研究中，对旅游产业效率产出指标的衡量很少采用相对指标，仅在酒店、旅行社等行业效率的测算中有所体现，本书将人均效益指标纳入产业效率产出效益的衡量中，是为了更细和更准确地反映地区单位旅游产出状况，从收入指标和消费指标两个方面反映这种比率概念下的效益。其中，收入指标包括旅游企业人均实现利润和旅游产业全员劳动生产率两个指标。旅游企业人均实现利润可以直接反映单位人力资本投入状况下地区旅游企业的盈利能力，而全员劳动生产率则是旅游企业生产技术水平、经营管理水平、从业人员技术熟练程度和劳动积极性的综合表现。

消费指标包括入境游客人均天消费和入境游客平均停留天数两项指标。这两项指标的高低均可反映入境游客对地区旅游产业发展的满意程度和被吸引程度，指标值越高，说明入境游客对地区旅游产业认同度越高，从而平均停留时间就会相对延长，旅游花费也会更高。该两项指标均对地区高端旅游市场发展状况做出表征，也从侧面反映出地区旅游产业发展的"质量"。

综上所述，对我国旅游产业效率投入和产出相关要素及评价指标进行整理后，得到从上到下分为目标层、分解层、要素层、准则层和指标层共五个层次的旅游产业效率投入产出指标体系，如表 3 - 2 所示。

三 数据来源与处理

（一）研究对象的选取及数据来源

本书选取我国 31 个省份（不包括香港特区、台湾地区和澳门特区）为研究对象，测算各省份 2002—2013 年旅游产业效率。其中由于 2010 年景区经营相关数据没有统计，在此为了保证数据的统一性，将 2010 年从研究中剔除。计算所需数据主要来源于 2003—2014 年《中国旅游统计年鉴》、2003—2014 年《中国旅游统计年鉴》副本、2002—2013 年各省份的国民经济和社会发展统计公报以及各省旅游局官方网站的旅游统计公报。

表 3 - 2   旅游产业效率投入产出指标体系构成

目标层	分解层	要素层	准则层	指标层
旅游产业效率评价（A）	投入（B₁）	产业发展规模（C₁）	旅游服务规模（D₁）	旅行社总数量（E₁）
			旅游接待规模（D₂）	星级饭店数量（E₂）、星级饭店房间数（E₃）、景区数量（E₄）
		产业发展能力（C₂）	资本能力（D₃）	旅游产业固定资产总值（E₅）
			人力支持（D₄）	旅游产业从业人员数（E₆）、旅游院校学生数（E₇）
	产出（B₂）	总产出能力（C₃）	收入指标（D₅）	国内旅游收入（E₈）、国外旅游收入（E₉）、旅游产业税金（E₁₀）
			市场指标（D₆）	国内游客总数（E₁₁）、入境游客总数（E₁₂）
		人均效益（C₄）	收入指标（D₇）	旅游产业人均实现利润（E₁₃）、旅游产业全员劳动生产率（E₁₄）
			消费指标（D₈）	入境游客人均天消费（E₁₅）、入境游客平均停留天数（E₁₆）

（二）数据处理

1. 原始数据的标准化

原始数据的标准化是指通过一定的数学变换消除指标量纲、数量级的影响，把评价指标的原始数据转换为可以综合评价值的过程。由于所有的投入、产出数据均为正向数据，在此不存在逆向化的过程。

2. 熵权法权重的计算

旅游产业效率投入产出指标体系中的最低层——指标层的权重计算方法采用熵权法。由于在 DEA 模型中，投入、产出要素要分别进入到模型计算中，因此，在熵权法计算权重中，也将投入要素和产出要素分为两大部分，分别进行权重的计算。无论是投入部分还是产出部分，其计算过程都是一样的，因此不分别进行说明。

对经标准化处理后的指标值做比重化变换后，计算每个年度第 i 项指标的熵值 e_i 并计算第 i 项指标的变异系数，最后确定每个年度第 i 项指标的权重 W_i（公式如本章第一节所述），计算结果见表 3 - 3。

表 3-3　指标层各指标熵权法所得权重

指标	2002 年	2003 年	2004 年	2005 年	2006 年	2007 年	2008 年	2009 年	2011 年	2012 年	2013 年
投入指标权重											
旅行社数	0.1304	0.1349	0.1204	0.1477	0.1288	0.1276	0.1321	0.1379	0.1574	0.1566	0.1594
饭店数量	0.1419	0.1275	0.1264	0.1588	0.1363	0.1425	0.1519	0.1486	0.1413	0.1381	0.1480
房间数量	0.1624	0.1513	0.1282	0.1458	0.1313	0.1452	0.1602	0.1696	0.1396	0.1359	0.1391
景区数量	0.1956	0.1938	0.1685	0.1134	0.1727	0.1726	0.1474	0.1450	0.1399	0.1362	0.1400
旅游固定资产原值	0.1526	0.1637	0.1625	0.1270	0.1846	0.1708	0.1760	0.1660	0.1580	0.1382	0.1487
旅游从业人数	0.0975	0.0961	0.1148	0.1476	0.1516	0.1450	0.1374	0.1256	0.1176	0.1339	0.1323
旅游院校人数	0.1196	0.1327	0.1793	0.1596	0.0947	0.0963	0.0948	0.1072	0.1462	0.1610	0.1325
产出指标权重											
国内旅游收入	0.1640	0.1685	0.1690	0.1593	0.1495	0.1353	0.1319	0.1382	0.1392	0.1354	0.1343
国际旅游收入	0.1091	0.1170	0.1175	0.1218	0.1186	0.1137	0.1212	0.1144	0.1114	0.1058	0.0967
旅游税金	0.0872	0.0992	0.1242	0.1043	0.0906	0.0886	0.1060	0.0978	0.1012	0.1444	0.1492
国内游客人次	0.1315	0.1401	0.1283	0.1309	0.1394	0.1341	0.1368	0.1522	0.1586	0.1579	0.1510
入境游客人次	0.0788	0.0898	0.0806	0.0843	0.0845	0.0792	0.0845	0.0851	0.0877	0.0868	0.0812
人均利润	0.0737	0.0639	0.0673	0.0881	0.0323	0.0938	0.0799	0.0974	0.0878	0.0715	0.0904
全员劳动生产率	0.1102	0.0770	0.0875	0.0552	0.1202	0.0904	0.0935	0.0943	0.1152	0.1051	0.0946
入境游客日均消费	0.1024	0.1120	0.1003	0.1068	0.1108	0.1167	0.1248	0.1180	0.1211	0.1129	0.1283
入境游客逗留天数	0.1431	0.1326	0.1254	0.1493	0.1542	0.1482	0.1215	0.1024	0.0778	0.0802	0.0742

3. 层次分析法权重的计算

旅游产业效率投入产出指标体系中的第四层——准则层的权重计算方法采用层次分析法。同样，由于投入、产出要素要分别进入到DEA 模型计算中，因此，在层次分析法计算权重过程中，也将投入要素和产出要素分为两大部分，分别进行权重的计算。无论是投入部分还是产出部分，其计算过程都是一样的，因此不分别进行说明。

将表 3 - 2 的评价体系设计为调查问卷，向 40 余位国内专家学者及相关旅游局工作人员进行调查，通过专家咨询法建立判断矩阵，准则层的各个因素的定量化标度采用的是九分位比率法，请专家针对上一层次中的某元素而言，评定该层次中各有关元素的相对比重，并采用 Yaahp 软件进行指标权重的计算。为了进一步保证这种方法的客观性，本书把群体决策引入层次分析法中，同时考虑到判断矩阵对一致性的要求，选择了在得到最终结果后引入群体决策，这样更容易保证各判断矩阵的一致性。而且因为各判断矩阵是单个专家做出的，所以，一致性达不到要求可以及时调整，过程也比多专家参与判断矩阵时简便。各专家评价结果形成的判断矩阵各层计算所得的 CR 均小于0.1，一致性检验均通过。最后进行归一化处理，得到各指标的综合权重，结果见图 3 - 2。

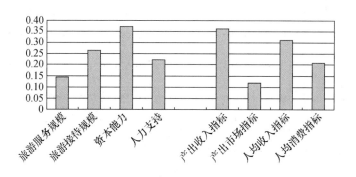

图 3 - 2　旅游产业效率评价四级指标权重

4. 组合权重的计算

将熵权法和层次分析法得到的第四、第五层各指标的权重，经过以上处理,就可得出每项指标值的具体权重。经过加权计算后将 16 个指标层值指标转变为 8 个准则层值,既满足了 DEA 方法的应用要求,把繁多的投入产出指标归并成若干个具有明确经济意义的新的指标,又提高了指标体系的合理性。将处理后的数据代入 DEA 模型后,经过计算即得到各个省份不同年度的旅游产业效率值。

第二节　计算结果

一　综合效率

(一) 计算结果

基于 2002—2013 年各项加权处理后的投入产出要素的数据,利用 DEA 的规模收益不变(CCR)模型,对我国各年度 31 个省份的旅游产业综合效率进行了测算,其结果如表 3 - 4 所示。

表 3 - 4　　　　　　　　我国旅游产业综合效率计算结果

省份	2002 年	2003 年	2004 年	2005 年	2006 年	2007 年	2008 年	2009 年	2011 年	2012 年	2013 年
北京	1	0.827	1	0.834	1	0.923	0.805	0.858	0.686	0.95	0.685
天津	1	1	1	1	1	1	1	1	1	1	1
河北	0.816	0.47	0.723	0.471	0.42	0.374	0.365	0.438	0.453	0.364	0.533
山西	0.986	0.452	0.803	0.696	0.919	0.763	0.595	0.588	0.505	0.655	0.79
内蒙古	1	1	0.86	0.605	0.639	0.744	0.575	0.481	0.413	0.346	1
辽宁	0.465	0.421	0.542	0.416	0.508	0.58	0.566	0.776	0.936	0.936	0.415
吉林	0.725	0.576	0.791	0.429	0.607	0.456	0.566	0.837	0.602	0.651	0.51
黑龙江	0.685	0.617	0.759	0.517	0.547	0.637	0.818	1	0.846	1	0.451
上海	1	1	1	1	1	1	1	0.924	1	0.795	0.74
江苏	0.638	0.631	0.86	0.608	0.734	0.723	0.691	0.763	0.632	0.608	0.572
浙江	0.748	0.641	0.578	0.536	0.654	0.603	0.498	0.65	0.579	0.528	0.782
安徽	0.678	0.483	0.473	0.591	0.677	0.491	0.753	1	0.428	0.644	0.89
福建	0.801	0.598	0.758	0.732	0.904	0.942	0.693	0.77	0.586	0.668	0.855

续表

省份	2002 年	2003 年	2004 年	2005 年	2006 年	2007 年	2008 年	2009 年	2011 年	2012 年	2013 年
江西	0.874	0.792	0.831	0.647	0.642	0.555	0.574	0.559	0.684	0.738	1
山东	0.634	0.494	0.71	0.412	0.595	0.575	0.442	0.737	0.488	0.522	0.578
河南	0.937	0.47	0.8	0.683	1	1	0.989	0.999	0.68	0.752	0.951
湖北	0.879	0.609	0.612	0.506	0.576	0.574	0.454	0.669	0.639	0.701	0.545
湖南	1	0.844	0.649	0.684	0.547	0.883	0.601	0.765	0.563	0.674	1
广东	1	1	1	1	1	1	1	1	1	0.914	0.797
广西	0.845	0.718	0.779	0.813	0.774	0.725	0.803	0.993	0.618	0.623	0.419
海南	0.408	0.463	0.44	0.378	0.445	0.395	0.957	0.66	0.4	0.499	0.332
重庆	1	1	1	1	1	1	1	1	1	1	1
四川	0.729	0.779	0.73	0.842	0.814	0.773	0.654	0.902	0.764	0.872	0.591
贵州	1	0.844	0.855	1	1	1	1	1	1	1	1
云南	0.785	0.697	0.716	0.759	0.698	0.695	0.585	0.936	0.503	0.555	0.53
陕西	0.779	0.634	0.791	0.714	0.707	0.711	0.716	0.921	0.681	0.758	0.629
西藏	1	1	1	1	1	1	1	1	1	1	1
甘肃	0.597	0.375	0.324	0.32	0.286	0.317	0.26	0.312	0.316	0.369	0.621
青海	1	1	1	1	0.884	0.992	1	1	1	1	1
宁夏	1	1	1	1	1	1	1	1	1	1	0.947
新疆	0.477	0.482	0.509	0.289	0.223	0.298	0.244	0.492	0.267	0.541	0.768

（二）统计学特征

从结果可见，2002 年，31 个省份中，综合效率有效的省份为 11 个，占省份总数的 35.48%，其他 20 个省份总效率无效，占总数的 64.52%，也就是说，在 2002 年，有超过半数的省份旅游综合效率处于无效的状态，尽管如此，在测评年度中，2002 年达到有效的省份个数仍是最多的，其后各年份中，有效的省份一直在 8—10 个徘徊，所占比例也多在 30% 左右，意味着多达 2/3 左右的省份综合效率处于无效状态，这反映出我国旅游产业整体效率并不高，各省份所获得的实际产出与理想产出相比，仍有较大差距，具体见表 3-5。

从各年的最小值来看，2006 年新疆的综合效率值仅有 0.223，为历年最低，仅是有效省份效率值的 20%，反映出我国不同省份间的综合效率水平存在较大差距。各年最小值多集中在新疆、甘肃和海南 3 个省份，尤其是新疆，有 5 年的效率值为当年最小值，成为我国旅游产业综合效率的低谷峰端。

从标准差来看，2002—2013 年，标准差值一直在 0.2 左右，说明省份之间总效率值分布并不均匀，虽有少数省份在给定旅游产业投入条件下获得的实际产出位于生产的最佳前沿面上，但很多地区所获得的实际产出与最佳前沿面尚存在一定距离，甚至有些地区生产的边界与最佳前沿面间的差距是很大的。

表 3 – 5   我国各省份旅游产业综合效率统计

指标	2002 年	2003 年	2004 年	2005 年	2006 年	2007 年
有效省份个数	11	8	9	8	10	8
有效省份比例	35.48	25.81	29.03	25.81	32.26	25.81
最小值	0.408	0.375	0.324	0.289	0.223	0.298
平均值	0.822	0.707	0.771	0.693	0.735	0.733
标准差	0.183	0.215	0.188	0.232	0.230	0.232
指标	2008 年	2009 年	2011 年	2012 年	2013 年	
有效省份个数	8	9	8	7	8	
有效省份比例	25.81	29.03	25.81	22.58	25.81	
最小值	0.244	0.312	0.267	0.346	0.332	
平均值	0.716	0.807	0.686	0.731	0.740	
标准差	0.237	0.203	0.233	0.211	0.217	

为了对我国各省份的综合效率实际发育状况进行分析，本书以 0.2 的效率值作为步长，对各省份效率值在各年不同区间的分布特征进行描述，结果见表 3 – 6。

在综合效率的分组中，2002—2013 年，效率值在 0.4 以下的省份数量一直在 4 个以下，所占比例在 12.9% 以下，说明距离最佳前沿面差距很大的省份数量并不多；效率值介于 0.6—0.79 的省份数量一直在 10 个左右，占总数的 1/3 左右，与效率值处于有效状态的省份个数基本相当，说明在这两个范围内形成了综合效率的高发区，并基于这两个高发区形成了总效率的"双峰"分布结构特征。受"双峰"分布值区间特征影响，我国旅游产业综合效率各年平均值均在0.7左右。

表3－6　　　　　我国各省份旅游产业综合效率分组统计描述

效率步长	2002 年	2003 年	2004 年	2005 年	2006 年	2007 年
1	11	8	9	8	10	8
0.8—0.99	7	3	6	3	4	4
0.6—0.79	9	9	11	9	8	9
0.4—0.59	4	10	4	8	7	6
0.4 以下	0	1	1	3	2	4
效率步长	2008 年	2009 年	2011 年	2012 年	2013 年	
1	8	9	8	7	8	
0.8—0.99	5	8	2	4	4	
0.6—0.79	6	8	9	12	8	
0.4—0.59	9	5	10	5	10	
0.4 以下	3	1	2	3	1	

　　基于以上对我国旅游产业综合效率的统计学特征分析，可以看出，由于各省份旅游产业投入产出存在较大差别的原因，在综合效率上这种差异性表现也很明显，北京、天津、上海、广东等东部发达地区的省份已经进入"高投入、高产出"阶段，成为最佳生产前沿面的主要来源；青海、宁夏、贵州、西藏等省份虽然旅游产业规模总量不大，但有限的资源得到了较为充分的利用，在产出上容易获得较高的效益，形成"低投入、高产出"类型；而新疆、甘肃、海南等省份由于仍需要背负很多基础设施建设，旅游开发整体上属于"高投入、低产出"的状态，表现出很低的资源利用效率。综上所述，这些省份在旅游产业综合效率上形成了"高投入、高产出""低投入、高产出"和"高投入、低产出"的典型"双峰一谷"三类发展类型。

二　纯技术效率

（一）计算结果

基于 2002—2013 年各项加权处理后的投入产出要素的数据，利用 DEA 的规模收益可变（BCC）模型，对我国各年度 31 个省份的旅游产业综合效率进行了分解，得到了纯技术效率，其结果如表 3 - 7 所示。

表 3 - 7　　　　　　我国旅游产业纯技术效率计算结果

省份	2002 年	2003 年	2004 年	2005 年	2006 年	2007 年	2008 年	2009 年	2011 年	2012 年	2013 年
北京	1	1	1	1	1	1	1	1	1	1	1
天津	1	1	1	1	1	1	1	1	1	1	1
河北	1	0.691	0.927	0.73	0.55	0.527	0.452	0.52	0.48	0.406	0.599
山西	1	0.62	0.986	0.891		0.817	0.728	0.675	0.578	0.772	0.845
内蒙古	1	1	0.873	0.607	0.776	1	0.595	0.498	0.458	0.382	1
辽宁	0.613	1	0.626	0.628	0.783	1	0.863	1	1	1	0.773
吉林	0.731	0.626	0.799	1	0.628	0.46	0.611	1	0.663	0.76	0.515
黑龙江	0.708	0.726	0.767	0.966	0.551	0.637	0.932	1	1	1	0.582
上海	1	1	1	1	1	1	1	1	1	1	1
江苏	1	1	1	1	1	1	1	1	1	1	1
浙江	1	1	0.812	0.868	0.988	0.938	0.831	0.859	1	0.874	1
安徽	0.692	1	1	0.7	0.746	1	1	1	0.997	0.924	0.895
福建	1	1	0.948	1	1	1	0.942	1	1	0.737	1
江西	1	1	0.856	0.788	0.651	0.629	0.688	0.695	0.93	1	1
山东	1	0.808	0.819	0.884	0.94	0.95	0.692	1	0.995	0.908	1
河南	1	0.611	1	1	1	1	1	1	1	1	1
湖北	1	0.762	0.718	0.669	0.616	0.621	0.626	0.844	1	1	1
湖南	1	1	0.903	0.931	0.663		0.781	0.875	0.953	1	1
广东	1	1	1	1	1	1	1	1	1	1	1
广西	0.977	0.779	1	0.933	0.848	0.954	0.896	1	0.728	0.868	0.468
海南	0.409	0.464	1	1	0.674	0.721	1	1	1	1	1

续表

省份	2002 年	2003 年	2004 年	2005 年	2006 年	2007 年	2008 年	2009 年	2011 年	2012 年	2013 年
重庆	1	1	1	1	1	1	1	1	1	1	1
四川	1	1	0.979	1	0.97	0.957	0.727	1	1	1	1
贵州	1	1	0.865	1	1	1	1	1	1	1	1
云南	1	0.931	0.826	0.975	0.814	0.863	0.747	0.966	0.723	0.614	0.805
陕西	0.786	0.912	0.838	0.832	0.781	0.771	0.721	0.971	0.736	0.804	0.902
西藏	1	1	1	1	1	1	1	1	1	1	1
甘肃	0.597	0.383	0.324	0.503	0.29	0.691	0.269	0.336	0.363	0.39	0.628
青海	1	1	1	1	1	1	1	1	1	1	1
宁夏	1	1	1	1	1	1	1	1	1	1	1
新疆	0.523	0.498	0.854	0.895	0.223	0.374	0.244	0.939	0.406	0.541	0.84

（二）统计学特征

2002 年，纯技术效率有效的省份为 22 个，占省份总数的 70.97%，仅有 9 个省份纯技术效率无效，占总数的 29.03%，也就是说，在 2002 年，仅有近 1/3 的省份旅游纯技术效率处于无效的状态，说明我国各省份当年旅游生产对技术的利用能力较强。随后几年纯技术效率达到有效状态的省份数量有所下降，到 2009 年以后有效省份的数量在 20 个左右，回到 70% 左右的比例，旅游生产技术利用能力重新回到一个较好水平（见表 3-8）。

从每年的最小值来看，2006 年新疆的纯技术效率值仅有 0.223，为历年最低，仅是有效省份效率值的 1/5 左右，反映出我国不同省份间的技术利用能力存在较大差距。从最小值分布的省份来看，甘肃有 5 年效率值在当年最小，成为我国旅游纯技术效率的低谷峰端，反映出该省份对现有技术水平的发挥程度尚有很大提升空间；其次是新疆，有 3 年效率值在当年为全国最低。另外，海南、广西和内蒙古各有 1 年，这些省份均位于我国中西部地区，反映出在技术利用能力方面东中西部的差距还是很明显。

从标准差来看，有 7 年的时间标准差值在 0.15—0.2，另外 4 年在 0.2 左右，说明省份之间纯技术效率值分布虽然也不均匀，但与综合效率相比，这种差距略小一些。

表 3-8　　　　　　　我国各省份旅游产业纯技术效率统计

	2002 年	2003 年	2004 年	2005 年	2006 年	2007 年
有效省份个数	22	18	13	15	13	16
有效省份比例	70.97	58.06	41.94	48.39	41.94	51.61
最小值	0.409	0.383	0.324	0.503	0.223	0.374
平均值	0.904	0.865	0.894	0.897	0.822	0.868
标准差	0.174	0.193	0.146	0.144	0.219	0.189
	2008 年	2009 年	2011 年	2012 年	2013 年	
有效省份个数	13	20	18	18	20	
有效省份比例	41.94	64.52	58.06	58.06	64.52	
最小值	0.244	0.336	0.363	0.382	0.468	
平均值	0.818	0.909	0.871	0.870	0.898	
标准差	0.218	0.176	0.210	0.201	0.167	

在纯技术效率的分组中，2002—2013 年，效率值在 0.4 以下的省份数量一直在 3 个以下（见表 3-9），所占比例在 10% 以下，说明在各年间各省份技术利用能力很差的省份并不多；除 2008 年外，效率值介于 0.4—0.59 的省份数量一直在 4 个以下，占总数的 12.9% 左右，说明整体上我国旅游产业技术利用能力还是处于一个较好水平的。从平均值上也反映出同样的特征。2002 年，各省份旅游纯技术效率平均值为 0.904，达到了 90% 的有效率，为测评各年中最高数；2008 年，纯技术效率平均值为 0.818，虽然在测评年份中为最低的，也意味着在当年技术能力发挥了 80% 的效力，处于一个较好的水平。

表 3-9　　　　我国各省份旅游产业纯技术效率分组统计描述

效率步长	2002 年	2003 年	2004 年	2005 年	2006 年	2007 年
1	22	18	13	15	13	16
0.8—0.99	1	3	13	9	5	5
0.6—0.79	5	7	4	6	9	6

续表

效率步长	2002 年	2003 年	2004 年	2005 年	2006 年	2007 年
0.4—0.59	3	2	0	1	2	3
0.4 以下	0	1	1	0	2	1

效率步长	2008 年	2009 年	2011 年	2012 年	2013 年	
1	13	20	18	18	20	
0.8—0.99	5	6	4	5	5	
0.6—0.79	6	2	4	4	2	
0.4—0.59	9	2	4	2	4	
0.4 以下	3	1	1	2	0	

　　从以上对纯技术效率统计学特征的分析可得，目前国内很多省份旅游生产的技术水平都处于一个较好的状态，对现有技术的应用能力较强。但也有部分省份如新疆、甘肃等旅游生产的技术利用能力仍然很差，这种状况的产生与地区旅游产业发展所处阶段有较大关系，处于不同发展阶段的地区，对投入产生的反馈和利用会产出不同的结果，最终导致效率水平的二元差异。以上地区旅游产业处于初级发展阶段，对发达地区技术的辐射需要一个适应和接受的过程，因此，技术手段的提高较为缓慢。另外，海南省虽然产业综合效率值很低，但纯技术效率水平从 2004 年以后就基本维持在有效的状态，说明该省份总效率低下的限制并不是来自技术水平的不足，而主要是由于在地区大力发展旅游产业的政策下，对基础设施的完善和旅游环境的建设占用了大量的资金，从而造成"低投入、高产出"的状态。

三　规模效率

（一）计算结果

　　基于 2002—2013 年各项加权处理后的投入产出要素的数据，利用 DEA 的规模收益可变（BCC）模型，对我国各年度 31 个省份的旅游产业综合效率进行了分解，得到了各省份规模效率，其结果如表3－10 所示。

表 3 - 10   我国旅游产业规模技术效率计算结果

省份	2002 年	2003 年	2004 年	2005 年	2006 年	2007 年	2008 年	2009 年	2011 年	2012 年	2013 年
北京	1	0.827	1	0.834	1	0.923	0.805	0.858	0.686	0.95	0.685
天津	1	1	1	1	1	1	1	1	1	1	1
河北	0.816	0.681	0.78	0.646	0.764	0.71	0.807	0.843	0.942	0.897	0.889
山西	0.986	0.729	0.814	0.781	0.919	0.934	0.818	0.871	0.874	0.848	0.934
内蒙古	1	1	0.985	0.997	0.824	0.744	0.965	0.966	0.902	0.908	1
辽宁	0.758	0.421	0.865	0.663	0.649	0.58	0.656	0.776	0.936	0.936	0.536
吉林	0.993	0.921	0.99	0.429	0.965	0.99	0.926	0.837	0.909	0.856	0.99
黑龙江	0.967	0.849	0.989	0.535	0.993	0.999	0.878	1	0.846	1	0.776
上海	1	1	1	1	1	1	1	0.924	1	0.795	0.74
江苏	0.638	0.631	0.86	0.608	0.734	0.723	0.691	0.763	0.632	0.608	0.572
浙江	0.748	0.641	0.711	0.617	0.662	0.643	0.6	0.757	0.579	0.604	0.782
安徽	0.981	0.483	0.473	0.844	0.908	0.491	0.753	1	0.429	0.698	0.995
福建	0.801	0.598	0.799	0.732	0.904	0.942	0.736	0.77	0.586	0.907	0.855
江西	0.874	0.792	0.972	0.82	0.986	0.883	0.833	0.805	0.735	0.738	1
山东	0.634	0.611	0.866	0.466	0.633	0.605	0.638	0.737	0.491	0.575	0.578
河南	0.937	0.769	0.8	0.683	1	1	0.989	0.999	0.68	0.752	0.951
湖北	0.879	0.799	0.852	0.756	0.935	0.924	0.726	0.792	0.639	0.701	0.545
湖南	1	0.844	0.719	0.735	0.825	0.883	0.77	0.874	0.591	0.674	1
广东	1	1	1	1	1	1	1	1	0.914	0.797	
广西	0.865	0.922	0.779	0.872	0.914	0.76	0.896	0.993	0.849	0.718	0.896
海南	0.999	0.999	0.44	0.378	0.66	0.547	0.957	0.66	0.4	0.499	0.332
重庆	1	1	1	1	1	1	1	1	1	1	1
四川	0.729	0.779	0.746	0.842	0.84	0.808	0.9	0.902	0.764	0.872	0.591
贵州	1	0.844	0.989	1	1	1	1	1	1	1	1
云南	0.785	0.748	0.867	0.779	0.857	0.806	0.783	0.969	0.695	0.904	0.658
陕西	0.992	0.695	0.943	0.858	0.905	0.921	0.992	0.949	0.924	0.942	0.698
西藏	1	1	1	1	1	1	1	1	1	1	1
甘肃	0.999	0.98	1	0.637	0.985	0.458	0.966	0.927	0.872	0.947	0.989
青海	1	1	1	1	0.884	0.992	1	1	1	1	1

续表

省份	2002 年	2003 年	2004 年	2005 年	2006 年	2007 年	2008 年	2009 年	2011 年	2012 年	2013 年
宁夏	1	1	1	1	1	1	1	1	1	1	0.947
新疆	0.911	0.968	0.596	0.323	1	0.795	0.999	0.525	0.658	1	0.915

（二）统计学特征

2002 年，规模效率有效的省份为 11 个，占省份总数的 35.48%，有将近 2/3 的省份规模效率处于无效的状态。随后几年规模效率有效的省份数量虽略有下降，但一直在 8—10 个，可见，我国大多数省份在资源利用上一直没有达到最优状态，旅游生产过程中的资源投入与最佳前沿之间存在一定的差距和提升空间，具体见表 3 - 11。

从每年的最小值来看，2005 年新疆的规模效率值仅有 0.323，为历年最低，仅是有效省份效率值的 1/3 左右，说明在该年新疆旅游生产的资源投入仅仅发挥了 32.3% 的水平，如果将这些资源的效益全部发挥出来，该省份的产业效益将提高 2.13 倍；另外，2013 年海南的规模效率值为 0.332，有效率也很低。其余年份的最小值则分布在 0.4—0.6，其中，2002 年和 2006 年的最小值超过 0.6，规模不经济略有缓解。从最小值分布的省份来看，与综合效率和纯技术效率不同，规模效率最小值的省份空间分布状况较为多变，海南有 4 年效率值在当年为最小，成为我国规模效率的低谷峰端，说明该省份资源利用状况较差，规模不经济现象非常突出。除此之外，新疆、山东、甘肃、江苏和辽宁分别有个别年份的效率值为当年最小值，在我国东部、中部和西部地区皆有分布，说明在规模投入产生的效益方面，省份间的差异与其所处地带关系不大，更多的是自身因素带来的影响。因此，如何提高资源要素的有效利用能力，使区域旅游要素的投入规模、产业布局、产业结构更加合理，是各省份要努力解决的问题。

从标准差来看（见表 3 - 11），有 5 年的时间标准差值在 0.15 以下，另外 5 年在 0.15—0.2 之间，说明省份之间规模效率值的分布虽然也不均匀，但与综合效率和纯技术效率相比，这种差距更小一些，反映出在资源利用能力方面各省份表现出趋同的趋势。尤其是 2002

年，标准差仅为 0.116。

表 3 – 11 我国各省份旅游产业规模效率统计

	2002 年	2003 年	2004 年	2005 年	2006 年	2007 年
有效省份个数	11	8	9	8	10	8
有效省份比例	35.48	25.81	29.03	25.81	32.26	25.81
最小值	0.634	0.421	0.44	0.323	0.633	0.458
平均值	0.913	0.824	0.866	0.769	0.895	0.841
标准差	0.116	0.168	0.156	0.203	0.121	0.172
	2008 年	2009 年	2011 年	2012 年	2013 年	
有效省份个数	8	9	8	8	8	
有效省份比例	25.81	29.03	25.81	25.81	25.81	
最小值	0.6	0.525	0.4	0.499	0.332	
平均值	0.874	0.887	0.794	0.847	0.827	
标准差	0.129	0.122	0.188	0.149	0.187	

在规模效率的分组中（见表 3 – 12），有 9 个年份各省份效率值均在 0.4 以上，仅有 3 个省份在 2005 年和 2013 年效率值在 0.4 以下；效率值介于 0.8—0.99 的省份个数在各年中基本都是最多的，其中 2006 年达到了 15 个，这说明各省份整体的资源利用能力较好。另外，从平均值上也反映出同样的特征。2002 年，各省份旅游规模效率平均值为 0.91，超过了 90% 的有效率，为测评各年中数值最高的；2008 年，规模效率平均值为 0.77，虽然在各个年份中是最低的，但也意味着在当年资源投入发挥了约 80% 的效力，处于一个较好的水平。

表 3 – 12 我国各省份旅游产业规模效率分组统计

效率步长	2002 年	2003 年	2004 年	2005 年	2006 年	2007 年
1	11	8	9	8	10	8
0.8—0.99	14	9	13	7	15	12
0.6—0.79	6	11	6	11	6	7
0.4—0.59	0	3	3	3	0	4

效率步长	2002 年	2003 年	2004 年	2005 年	2006 年	2007 年
0.4 以下	0	0	0	2	0	0

效率步长	2008 年	2009 年	2011 年	2012 年	2013 年	
1	8	9	8	8	8	
0.8—0.99	14	14	9	12	10	
0.6—0.79	9	7	8	9	7	
0.4—0.59	0	1	6	2	5	
0.4 以下	0	0	0	0	1	

从以上对规模效率的统计学特征分析可知，相比于纯技术效率，虽然规模有效率均值较高，但达到有效的省份并不多，大多数省份处于中上等水平，有少数省份规模不经济较为典型，极个别省份在个别年份处于极度规模不经济状态。

第三节　时序演变

一　在时序上呈现波动性变化特征

从图 3-3 可以看出，无论是总的综合效率还是分解后的纯技术效率和规模效率，在 2002—2013 年，其效率值均处在增减不断变化中，因此，波动性变化是我国旅游产业总体效率时序变化的基本特征。随着我国旅游产业的不断发展和壮大，旅游产业效率却没有一定的提高，综合效率和分解后的效率都是在 2002 年达到最高值，其后十几年中在升升降降中起伏不定，这反映出我国旅游产业规模的扩大并没有带来效益的相应提高，资源的投入和技术手段的利用没有完全发挥其效力。尤其是近几年来各省旅游开发遍地开花，旅游项目投资动辄几十亿元甚至上百亿元，但资本的大幅度投入还没有起到相应的作用，规模报酬递减现象普遍存在，业界呼唤理性的投资和独具创意的项目设计。

　　另外，12 年间我国旅游产业综合效率的平均值为 0.74，规模效率为 0.85，纯技术效率为 0.87，三者呈递增顺序排列，但规模效率和纯技术效率差别并不大，两者对旅游总效率的影响力基本相当。从图 3 - 3 看，在 2006 年之前，纯技术效率值一直高于规模效率值；2006—2009 年间，两者交替往复；在 2009 年以后纯技术效率值再次高于规模效率值，这种较为频繁的变更反映了旅游产业波动性变化的过程，规模集聚引致的效率提升和技术创新引致的效益提高交替相互作用，反映了我国旅游产业效益获得过程中背后动因的转变。未来新技术的使用与旅游产品的个性化创新还将为旅游产业发展带来更大提升。

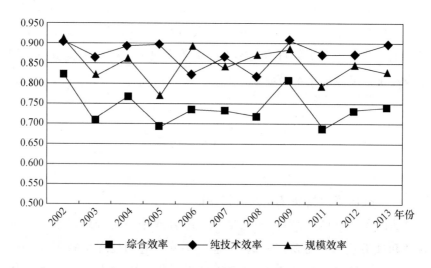

图 3 - 3　2002—2013 年旅游产业总体效率变化趋势

二　纯技术效率表现出不同的变化趋势

　　从规模效率测算来看，其结果与总的综合效率发展态势基本相同。综合效率和规模效率都是在 2002 年达到峰值（分别是 0.82 和 0.91），随后在 2003 年出现下降，2004 年有所恢复；到 2005 年，两个效率值再次下降，其中规模效率值达到 12 年间的最低值，为 0.77，并且该年所有没有达到有效规模效率的省份都处于规模报酬递减状态，随后 3 年的综合效率值则小幅上升。而纯技术效率的年际变化与

综合效率和规模效率有所不同。2004 年以前，三大效率变化趋势基本
相同。从 2005 年开始，纯技术效率值的变化开始与综合效率和规模
效率不同，该年纯技术效率值比 2004 年小幅上升，其后 4 年纯技术
效率值一直是降升交替，直到 2011 年后达到一个暂时稳定的状态，
2013 年效率值小幅上升。从中可见，我国旅游产业技术能力的运用具
有一定的不稳定性，这种特征在 2011 年以前尤为突出。旅游产业不
属于技术含量高的服务性行业，并且技术容易被同类企业模仿和复
制，旅游企业对追求附加值高的新技术动力并不强，由于技术的非排
他性和专有性，使得技术创新带来的效益提升维持时间不长，产业技
术应用能力就在波动中向前发展。2011 年以后，以电子商务、智慧旅
游、个性化产品创新为代表的、较强依赖于信息技术的旅游产业新型技
术应用在技术含量上有很大提升，在应用中对旅游企业从内至外都提出
了更高的要求，在这种情况下，高新技术所代表的先进生产力的效力将
大大发挥出来，技术能力在旅游产业效率的提升中所占的地位将越来越
重要。

三 规模效率对综合效率的影响略强

由于综合效率可以被分解为纯技术效率和规模效率，前者必然受
到后两者的影响和制约，因此，可以运用三者之间的关系来判断分解
效率对综合效率的影响情况，并在一定程度上解释综合效率高低的成
因。图 3 - 4 显示了 2002 年、2007 年和 2013 年这三个年份我国旅游综合
效率与纯技术和规模效率的散点图（综合效率与纯技术效率、综合效率
与规模效率的二维有序坐标散点图），通过各散点的位置可以判断分解效
率与综合效率之间的关系。其中，横坐标为综合效率，纵坐标为纯技术
效率或者规模效率。若散点图中的点接近于 45°对角线，则说明该分解效
率对综合效率的影响较强；反之则说明影响较弱。

从 2002 年对应的两幅散点图来看，部分散点分布在对角线附近，
而部分散点远离对角线，说明技术应用和规模集聚对该年的综合效率
都有一定的影响性。就两幅图的比较而言，由于纯技术效率有效的省
份个数较多，因此有更多的散点位于散点图的顶部区域，使它们距离
对角线更远一些，而规模效率有效的省份相对少一些，散点图中的点

相对更接近于对角线，说明规模效率对综合效率的制约和影响能力略
强于纯技术效率。从两幅图位于对角线上的散点位置来看，纯技术效
率—综合效率构成的散点多位于对角线中段位置，而规模效率多位于
对角线上端，这说明对综合效率值居中的地区而言，技术利用能力对
它们的制约和影响能力更强，而对于综合效率值较高的地区而言，规
模集聚效应的影响更强。到 2007 年，从对应的两幅图来看，两者位
于对角线附近散点的数量更加接近，位于对角线上散点的位置也比较
相似，说明两者对综合效率的影响力在接近，差别不大。到 2013 年，
规模效率—综合效率散点图对角线上的散点数量比 2007 年明显增多，
其他散点与对角线的距离也有所靠近，说明规模集聚效应对该年的综
合效率的影响能力再次增强；反之，纯技术效率—综合效率图上的散
点则离对角线更远，说明技术应用能力对综合效率的影响在减小。因
此，整体来说，虽然技术应用和规模效应对综合效率的高低都有影
响，但相对而言，规模效应的影响和制约更大一些，并且随着时间的
变迁，这种影响还会继续存在一段时间。对地区而言，要素的合理投
入和产业结构的合理布局对提高效益有更大的作用。

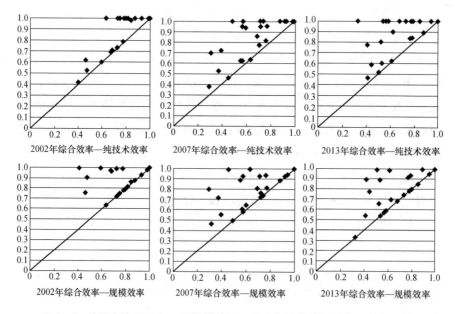

图 3-4 旅游产业 2002 年、2007 年和 2013 年分解效率对综合效率的贡献分析

四　各省份效率时序变化表现出一定的复杂性

变异系数是标准差与平均值之比，它能够反映各省份在年份间旅游产业效率的变动情况，从而对地区产业效率的稳定性做出评价。为了反映各个省份在 12 年间的旅游产业效率波动变化的情况，引入效率变异系数的概念加以衡量，其计算公式为：

$$Q_i = \sqrt{\frac{\sum_p^n = 1(E_{ip} - \overline{E}_i)}{n}} \tag{3.1}$$

式中，Q_i 表示第 i 个省份的旅游产业效率变异系数，E_{ip} 表示第 i 个省份 p 时期的效率值，$\overline{E}_i$ 表示第 i 个省份 2002—2013 年效率的平均值，n 表示年份总数。Q_i 值越大说明该省份在 12 年间旅游效率波动也越大。

从综合效率来看（见图 3-5），变异系数超过 0.3 的有 5 个省份，分别是新疆、海南、内蒙古、辽宁和甘肃，这 5 个省份属于效率变动剧烈型，年际变化很大，如新疆在 2002 年综合效率为 0.48，到 2006 年，仅有 0.22，到 2013 年上升至 0.77，产业发展并不稳定；变异系数在 0.2—0.3 的省份有 7 个，分别是河北、安徽、黑龙江、山西、湖南、吉林和河南，这些省份综合效率变动较为剧烈，从各省份综合效率平均值来看，基本位于中下水平。另外，陕西、上海、广东、贵州、青海和宁夏变异系数均在 0.1 以下，属于产业效率变动较小型，产

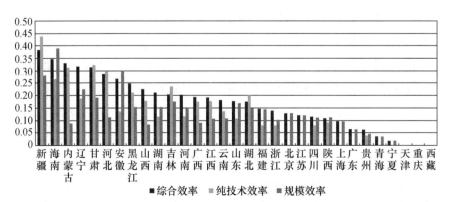

图 3-5　各省份旅游产业效率变异系数

业发展态势较为稳定；天津、重庆和西藏 3 个省份由于各年综合效率均为 1，一直处于最佳生产前沿面上，所以变动系数为 0，产业发展态势良好；其他 10 个省份变异系数在 0.1—0.2，效率波动情况居中。

从纯技术效率来看，新疆的变异系数最高，为 0.44，是 31 个省份中唯一超过 0.4 的省份，技术利用能力年际变化极大，其中最高年份为 2009 年，达到了 0.94，而 2006 年效率值仅为 0.22，这种剧烈的变动是因为新疆旅游产业发展还处于初级阶段，产业基础还很薄弱，技术变革带来的效益提升并不稳定，且持续时间短，导致纯技术效率值在年际波动剧烈；甘肃、内蒙古、河北、海南、辽宁、吉林和黑龙江 7 个省份的变异系数在 0.2—0.4，属于技术利用能力波动剧烈型，技术创新带来的产业发展同样持续时间短，相对而言，效率值普遍不高，影响了这些地区旅游产业的持续发展，尤其是东北地区均在这个分段之内，表明东北地区整体技术能力较低，创新力不足；陕西、四川、浙江、福建和贵州 5 省份的变异系数在 0.1 以下，属于技术应用效率较为稳定型，技术的应用和效力的发挥比较具有持续性；北京、江苏、上海、广东、天津、重庆、青海、宁夏和西藏 9 个省份的纯技术效率变动值均为 0，因为这些省份的各年效率值皆为 1，一直处于最佳前沿面上，因此，技术应用能力非常稳定；其余省份变异系数则在 0.1—0.2。在变动系数为 0 的省份中，可以根据旅游产业实际发展状况分为两类：一类是以北京、上海、广东等省份为代表的技术先进型，此类省份旅游产业起步早，产业基础雄厚，发展态势良好，一般是我国各类新技术应用的前沿阵地，代表了先进的生产力和雄厚的技术力量；另一类是以青海、宁夏、西藏等省份为代表的投入适宜型，此类省份虽然旅游产业处于开发初级阶段，总规模不大，但由于已开发旅游产品多属于以自然风光为主的观光型旅游产品，对新技术要求不高，因此，一般的技术投入即可满足其需求，这些省份以较少的投入获得了适宜的回报，也同样处于最佳前沿面上，所以属于投入适宜型。

从规模效率的变异系数来看，海南的系数最高，为 0.39，属于剧烈变动型，从海南省各年份规模效率值来看，有两个峰值区：一个是 2002—2003 年，规模效率值为 0.99，与最佳前沿面的距离很小；另

一个是 2008 年，为 0.96，也基本达到了有效状态。低谷区也同样有
两个，分别为 2005 年的 0.38 和 2013 年的 0.33，峰值区和低谷区的
值差了 0.6 之多，出现了极大的变化。这与海南省走过的旅游发展道
路有很大的关系。2002 年，博鳌亚洲论坛在海南开幕，海南迎来一个
发展的小高峰期，规模经济性显现；随后海南进入旅游投资建设兴旺
期，由于原有的基础设施不完善，需要大量的资本用于旅游环境的打
造，产业效益回收期长，因此，规模效率值进入一个低谷期；到 2008
年，由于北京奥运会的举办，给海南带来了较多的客源，该年规模集
聚效益有所体现；随后海南提出"国际旅游岛"的建设构想，2010
年 1 月正式获得批复，新一轮旅游投资热潮显现，由于效益实现的滞
后性，海南规模效率值再次进入低值区。安徽、新疆和辽宁 3 个省份
规模效率的变动系数在 0.2—0.3，属于变动较为剧烈型，这些省份旅
游产业效益在规模集聚和规模不集聚之间变动，产业结构和布局变化
较为频繁；上海、广西、内蒙古、山西、广东、贵州、青海和宁夏 8
个省份的变动系数在 0.1 以下，属于较为稳定型，规模集聚效应有较
稳定的状态；天津、重庆和西藏则由于各年份规模效率值皆为 1，一
直处于最佳前沿面上，变动系数为 0，规模集聚效应凸显，产业布局
和产业结构较为合理，资源要素得到了充分的利用。

五 各省份综合效率演变呈现不同的类型

为更深入地分析我国各省份旅游产业效率的时序变化，根据
2002—2013 年各省份综合效率的平均值与全国效率平均值的高低，以
及各省份综合效率变异系数与全国效率平均变异系数的高低，将我国
各省份综合效率水平划分为 4 个类型，即高效率—高稳定型、高效率
—低稳定型、低效率—高稳定型和低效率—低稳定性类型（见表 3 -
13）。高效率—高稳定型包括北京、四川、陕西、上海、广东、贵州、
青海、宁夏、天津、重庆、西藏和福建 12 个省份，占总体的
38.71%，该类型中的省份具有高效率的优势，年际变化稳定，始终
位于各省份前列，未来可以继续保持这种优势；高效率—低稳定型包
括湖南、河南和广西，占全部省份的 9.68%，效率平均值较高，但
是，波动起伏比较大，未来能否继续保持高效率的优势具有一定的不

确定性；低效率—高稳定型包括浙江和江苏，占总数的6.45%，效率低于全国平均值，但是波动性较小；最后一类是低效率—低稳定型，包括新疆、海南、内蒙古、辽宁、甘肃、河北、安徽、黑龙江、山西、吉林、江西、云南、山东和湖北14个省份，占全部省份的45.16%，该类省份没有高的综合效率，并且波动起伏较大。从分析结果可知，我国各省份旅游综合效率的两极分化较为典型，高效率—高稳定型和低效率—低稳定型集合了大部分省份，稳定性和产业效率之间有着较强的联系，效率高的省份旅游产业发展状态良好，要素投入能有较好的回报，因此稳定性也较强；反之，效率低的省份往往旅游产业发展不够稳定，要素投入获得的效益也在高低之间来回变换，产业变动性较强。

表3-13　　　　　　　中国旅游产业综合效率水平类型

	高稳定	低稳定
高效率	北京、四川、陕西、上海、广东、贵州、青海、宁夏、天津、重庆、西藏、福建	湖南、河南、广西
低效率	浙江、江苏	新疆、海南、内蒙古、辽宁、甘肃、河北、安徽、黑龙江、山西、吉林、江西、云南、山东、湖北

第四节　空间演变

一　整体性空间特征

（一）综合效率

旅游产业综合效率的重心可以反映产业合理化效益在空间上的分布中心，不同年份的重心位置的变化则可反映效益在空间上中心的转移情况。从重心所处位置来看，其变动范围在110.67°—111.39°E，

33.18°—33.95°N，大致位于陕西与河南交界的周边。在各年份中，有 8 个年份的重心位于河南省境内，剩下 3 个年份的重心位于陕西省境内。为了更好地对效率分布中心的特征进行总结和分析，在此计算不以效率值加权的各省份重心以做比较，其位置在 111.31°E，33.88°N。经过加权的各年重心多位于其南部，仅有 2004 年和 2012 年的重心在其北部，这说明我国旅游综合效率的中心位置偏向南部，南方地区的旅游效率值更高一些。从东西方向来看，有 6 个年份的重心在其西部，并且距离较远，另外 5 个年份在其东边，距离较近，这反映出，整体来说，综合效率的中心向中西部偏离，中西部的综合效率与东部地区相比，平均效益情况反而较好。从历年变化情况来看，同标准差椭圆相同，重心轨迹表现出的也是循环往复的过程，走过一个向"西南—东北—西南—东—北—西"移动这样一个过程，其中，从 2006—2011 年一直处于偏东的位置，发生变化的仅是南北方向的移动，说明在这段时间我国东部地区的旅游产业效益情况较好，从 2012 年以后中西部地区有较大提高，重心接连向西偏移。

为了进一步对我国旅游产业综合效率空间集聚特征及相互作用机制进行描述，在此用全局莫兰指数（global Moran's I）来描述产业效率在总的空间格局中对空间依赖的程度。本书分别计算 2002—2013 年旅游产业综合效率的全局莫兰指数值及其显著性（见表 3 - 14）。结果显示，这 12 年间莫兰指数值在 -0.2—0.1 之间徘徊，均很接近于零，并且检验值 P 值均远远高于 0.05，没有一年通过检验，说明综合效率的空间分布上不存在空间集聚性，相邻省份在综合效率值上不存在互相影响、互相制约的关系，空间随机性很强，因此各省份旅游效率的变化更多地受自身其他因素的影响和制约，与省份所处的地理位置关系不大。

表 3 - 14　　　　2002—2013 年旅游产业综合效率莫兰指数值

年份	2002	2003	2004	2005	2006	2007
莫兰指数	- 0.0283	0.0012	- 0.1277	0.0539	- 0.0749	- 0.0810

续表

年份	2002	2003	2004	2005	2006	2007
E（I）	－0.0333	－0.0333	－0.0333	－0.0333	－0.0333	－0.0333
Z（I）	0.0435	0.2938	－0.8156	0.7434	－0.3572	－0.4064
P	0.9653	0.7689	0.4148	0.4572	0.7210	0.6845
年份	2008	2009	2011	2012	2013	
莫兰指数	－0.1332	－0.0531	－0.1873	－0.1531	－0.0281	
E（I）	－0.0333	－0.0333	－0.0333	－0.0333	－0.0333	
Z（I）	－0.8549	－0.1704	－1.3124	－1.0226	0.0441	
P	0.3926	0.8647	0.1894	0.3065	0.9648	

（二）纯技术效率

从空间重心的变化范围来看，在 111.12°—111.90°E、33.20°—33.61°N 之间，大致位于河南省的西南部，与综合效率相比，纯技术效率的重心更为偏东，说明我国东部地区的技术优势更为突出，在南北范围内纯技术效率的变动远小于综合效率，说明南北之间的技术差距在各年份间更为稳定。与不加权的各省份重心（111.31°E，33.88°N）相比，各年重心均在其南部位置，说明南方的技术利用情况优于北方。从历年变化情况来看，纯技术效率的空间重心轨迹比综合效率更为复杂多变。以 2002 年为基准，2003 年的重心向东偏移，说明东部地区的技术利用能力有所提高。随后 2004 年和 2005 年连续两年向西发生偏转，中西部地区在技术效率方面有一个提高的过程。从 2006 年开始，纯技术效率的重心偏移较为剧烈和不稳定，在双数年份重心都是向东南方向发生较大偏转，在单数年份则向西北方向发生偏转，说明这几年东部、中部、西部地区技术能力交替上升的变革是较为剧烈的，东南部地区占有技术优势和较强的产品创新能力，纯技术效率值优先提升，而由于旅游产业技术扩散门槛较低，技术和创新比较容易被模仿和学习，西北部地区接受新技术应用的能力较强，在第二年纯技术效率值有一个跟风式增长，重心又向西发生偏移。这种情况一直持续到 2011 年。随后两年重心接连向西北方向偏转，在 2013 年又达到最西端位置。

（三）规模效率

规模效率的空间重心变化范围在 110.53°—111.40°E，33.503°—34.44°N 之间，大致位于陕西省和河南省的交界处，其东西跨度要小于纯技术效率，而南北跨度大于纯技术效率。与未加权的重心相比，除 2004 年以外，其他各年份重心均处在以西的位置，说明中西部地区规模集聚效益优于东部地区。这反映出我国旅游产业发展过程中资金因素已经不是制约地区效率提高的主要成因，而产业结构、产业构成等才是决定投资利用效率和整体产业效率高低的关键。从历年变化情况看，2003 年的重心向西南发生偏移，说明中西部地区的规模集聚情况比东部更好。2004 年重心向东北方向偏移，我国东北部省份的规模效率有所提高。2005 年重心再次向西南方向偏移，规模集聚状况的空间分布情况发生相反变化。2006 年和 2007 年重心向东北偏转，说明东北部地区规模集聚效应显现。2008 年和 2009 年重心在东西方向来回偏移，东西部之间的差距扩大后又缩小。2011 年和 2012 年重心接连向北偏转，北方地区规模集聚效应提升。2013 年重心向东南发生偏转，但幅度不大。通过重心轨迹的变动可见，规模效率差异变动在循环往复中波动发展，周期为 1—2 年，但整体幅度不大，西部地区优于东部地区。

二　省际空间演变

（一）综合效率

通过年际省际综合效率的变动情况可以显现出在空间格局上的变动情况。在此使用自然间断点分级法（Jenks）将各省历年的综合效率分为高值区、次高值区、次低值区和低值区 4 级。

2002 年，综合效率值在高值区的有西藏、青海、宁夏、内蒙古、北京、天津、上海、山西、河南、重庆、贵州、湖南和广东共 13 个省份，形成一个横贯我国中部和西部地区的"T"形格局。2003 年，各省份综合效率值都有一定下降，进入到高值区的省份只有西藏、青海、宁夏、内蒙古、上海、重庆和广东，形成"一"字形格局，北京、四川、湖南、贵州和江西位于次高区，与高值区省份一起构成的

"T"形格局向中西部发生偏移；2004年，东部地区多数省份从低值区回复到次低值区，位于高值区的省份个数并没有太大变化，在地理空间上的格局保持"T"形态势；随后的2005年、2006年和2007年这3年，处于高值区的省份在空间上向省份群化趋势发展，基本形成青海、西藏和重庆、贵州、湖南、广州、福建两大省份群；2008年多个省份的综合效率值进入效率次低值区和低值区，使得高值区的分布再次呈现零散分布格局，而海南在该年出现大幅增长，首次进入高值区这一层次；2009年，我国西南部地区省份综合效率有了显著提高，四川、云南、广西等省份均进入高值区梯队，使进入第一梯队的省份个数达到了15个，为测评年份中最多的一年，在空间分布上也形成"V"形结构；2011年基本延续了"V"形空间结构，只是东部沿海地区多个省份效率值下降，"V"形西移；2012年，东北地区旅游产业综合效率状况达到一个较优态势，中部地区各省份大多处于次高值区，"V"形结构贯穿国内；2013年，中部多个省份综合效率值有所下降，河南、安徽等省份则有所提高，在我国形成一个"J"形的空间分布格局，并且与2002年表现出一定的相似性，反映出空间格局上的一种回归。

（二）纯技术效率

2002年，我国各省份纯技术效率水平都较高，仅有海南省位于低值区，新疆、甘肃和辽宁位于次低值区，从空间格局上来说，除东北和西北地区有两个非高值区省份群之外，其他地区均为效率较佳区；2003年，多个省份纯技术效率值有所降低，低值区和次低值区省份群范围有所扩大，形成"V"形分布；2004年，高值区省份在空间上形成"U"形格局，低值区和次低值区的省份个数比2003年有所减少，各省份旅游产业技术利用能力得到恢复；2005年，效率低值区向东北和中东部地区移动，高值区在空间上则呈点状分布态势；2006年，高值区向东部沿海地区转移，再次显出"U"形格局，与2004年相比，向东部发生偏移，说明东部地区的技术优势开始显现；2007年，各省份技术利用能力有了大幅提高，高值区在空间上形成环形格局，仅有中部少数省份和东北地区效率值较低，东部地区的技术优势向其他省份扩散；2008 年，高值区分布再次呈现分散态势，总数仅有 15 个，中部和东北地区多个省份纯技术效率值下降；2009 年，各省份效益值普遍提高，进入高值区的省份为 23 个，在我国北部和中部省份群形成两个效率较低区省份群；2011 年，北部低值区省份范围扩大，中部省份群则向南部移动变为次高值区省份，其余省份仍为高值区；2012 年北部低值区范围缩小，南部的次高值区省份范围扩大，说明北部地区的省份纯技术效率有所提高，南部地区略有下降，在这种变化下高值区省份在空间上形成 "V" 形格局，方向上向东部偏移；2013 年省份间差异有所缩小，高值区在空间上形成东西向和西北—东南向的两条带状轴，包含 21 个省份，技术利用能力有了较大提高。

（三）规模效率

2002 年，位于高值区的省份有 18 个，在空间上呈 "T" 形格局，东部地区多个省份规模效率值都较低；2003 年，虽然贵州、陕西等省份从高值区进入到次高值区和次低值区，但总体来说 "T" 形格局没有太大改变，仅从分布范围上有所收缩；2004 年，我国各省份规模效率比上一年有所提升，基本回到 2002 年的水平，空间格局也仍旧维持 "T" 形格局；2005 年、2006 年和 2007 年，由于旅游产业的高关联性和高乘数效应逐渐被充分认识，旅游产业获得的投资越来越多，但是，由于存在结构性投资过剩等问题，很多省份的规模效率都有所下降，位于高值区省份的个数也一直在 15 个以下，而低值区和次低值区省份的个数则有所增长，在空间上由 "T" 形向 "一" 字形折线格局转变，高效率值的省份多在中西部和南部地区，而东部地区的规模效率状况一直欠佳；进入 2008 年，我国西部和中部地区的省份规模集聚状况有所提升，空间分布格局上再次回到 "T" 字形格局。而东部地区在旅游项目和基础设施建设方面投入较大，由于效益显现的滞后性，很多省份的规模集聚状况更低；2009 年，进入到高值区的省份数量明显增多，在空间格局上形成了横贯我国西南和中部地区的两大轴线，形成 "V" 形格局；2011 年，规模效率再次发生下降，进入到高值区的省份仅有 8 个，由高值区和次高值区共同组成的 "T" 形格局主要居于中西部地区；2012 年，虽然东南部地区的规模集聚状况仍然较低，但西北部地区的产业规模效率有所提升，形成了"一"形格局；2013 年，由于中南部的湖南、安徽、江西等省份规模效益状况提升较大，与原有的高值区一起在我国西北和中南部地区构成倒"二"字形格局。

本章小结

基于对区域旅游产业投入、产出要素的分析，本章建立了旅游产业效率投入产出指标体系，并运用组合赋权法和 DEA 模型相结合的方法，计算得到各个省份 2002—2013 年的旅游产业效率值，通过分析得到如下结论：

一 我国旅游产业效率在时序上呈现波动性变化特征

从测算结果来看，2002—2013 年，我国旅游产业综合效率值和分解后的纯技术效率值和规模效率值均处在增减不断变化中，波动性变化是其基本特征。这反映出我国旅游产业规模的扩大并没有带来效益的相应提高，资源的投入和技术手段的利用没有完全发挥其效力。另外，从各个省得分来看，有效的省份一直在 8—10 个徘徊，所占比例也多在30%左右，意味着多达 2/3 左右的省份综合效率处于无效状态，这反映出我国旅游产业整体效率并不高，各省份所获得的实际产出与理想产出相比，仍有较大差距。

二 纯技术效率值高于规模效率值，但规模效率对综合效率的影响更强

各年纯技术效率有效的省份数量多在 20 个左右，约占 70%，旅游生产的技术水平处于一个较好的状态。相比于纯技术效率，只有1/3左右的省份资源投入达到规模经济的有效率。说明各省份技术利用状况好于资源利用状况，技术已经不是制约很多省份旅游效率提高的主要因素。通过旅游综合效率与纯技术和规模效率的散点图也反映出同样的规律，虽然技术应用和规模效应对综合效率的高低都有影响，但规模效应的影响和制约更大一些，并且随着时间的变迁，这种影响还会继续存在一段时间。对地区而言，要素的合理投入和产业结构的合理布局对提高效益有更大的作用。

三　纯技术效率空间差异性最大

从整体性空间特征来看，综合效率空间分布上集聚性不强，相邻省份在综合效率值上不存在互相影响、互相制约的关系，因此，各省份旅游效率的变化更多地受自身其他因素的影响和制约，与省份所处的地带关系不大。从年际变化上看，表现出循环往复的特点，高效率集中区先是向西南偏移，随后向东北偏移，接着向南发生偏移，最后移向北方。纯技术效率在空间分布上最为集中，地区差异性大。相比而言，我国东部地区的技术优势更为突出。而规模效率在空间分布上最为松散，但西部略优于东部地区，其年际变化大同样是循环往复的特点，周期为1—2年，但整体幅度不大。

四　旅游产业效率空间格局由"T"形向"V"形演变

从空间格局演变上看，规模效率空间格局多个年份都呈"T"形，相对来说较为稳定，东部地区的规模集聚效益一直不高；纯技术效率的空间格局演变较为多变，年际变化显著，东部地区在技术利用方面的优势有所显现，比西部纯技术效率要高。由于规模效率对综合效率的影响略强，很多省份规模效率值又低于纯技术效率值，规模报酬递减现象普遍存在，因此，要素的合理投入和产业结构的合理布局对提高各省份旅游产业效率有很大作用。在规模效率和纯技术效率共同影响下，综合效率空间格局年际变化较为明显，空间集聚性不强，相邻省份在综合效率值上不存在互相影响、互相制约的关系，空间格局由"T"形向"V"形格局演变。

综上所述，目前国内很多省份旅游生产的技术水平都处于一个较好的状态，对现有技术的应用能力较强，这与旅游产业其服务业特性有关，旅游生产本身的技术含量相对较低，对相关技术运用得适当就很容易获得技术效率的有效，这些技术手段被复制的成本不高，因此，省份之间相互学习借鉴的壁垒很低，技术创新的扩散较为容易。未来一段时间，各个省份旅游产业效率的提高重点应放在规模效率的提升上。通过测算发现，大多数省份都处于规模报酬递减阶段，也就是说，投入不合理在我国是普遍存在的现象，形成了在产业布局上的"局部过剩"或者产业结构上的"部分过剩"。因此，要合理进行要素投入，从而使资源真正产生相应效益。对已经开发的旅游产品，应努力做好市场营销，挖掘地方特色并提升服务质量；对没有开发的潜在旅游资源，应该严格控制低水平重复建设，避免造成旅游资源的浪费。就东部、中部和西部三个地区而言，东部地区应注重旅游资源文化内涵提升，延长旅游产业链，提高规模效应；中西部地区应加大对旅游基础设施及相关配套设施的建设，借鉴先进地区以电子商务为代表的新型技术应用，提升自身技术水平。

另外，就省份来看，北京、天津、上海、广东等东部发达地区的省份，由于基础设施建设已经比较完善，加上拥有较多数量的高素质的劳动者，旅游产业整体上已经进入"低投入、高产出"阶段，未来可集中于高端休闲度假型旅游产品的开发与建设；青海、宁夏、贵州、西藏等西部省份，虽然旅游产业规模总量不大，但是，一方面因为这些地区资源较为集中，旅游开发属于"集中打力"型，使有限的资源得到较为充分的利用；另一方面也与地区发展政策有很大关系，地区对旅游产业在政策上的倾斜和扶持创造了良好的投资建设环境，因此，在产出上容易获得较高的效益，形成另一类"低投入、高产出"类型，未来可加大旅游资源开发力度，建设特色化和个性化旅游产品；新疆、甘肃、海南等省份，由于仍需要担负很多基础设施建设，表现出很低的资源利用效率，未来可通过借鉴东部先进的技术提高现有资本利用率，更加有效地利用资源；吉林、内蒙古、云南等省份现处于规模报酬递增阶段，可通过增大资源投入获得更多收益。

第四章 省域旅游产业效率时空演变

从产业供给出发，旅游产业是以旅游产业生产力六要素即食、住、行、游、购、娱为核心，以旅行社为产业龙头，由一系列行业部门组成的社会、经济、文化、环境的整合产业，是一个开放的复杂系统，其中，最基础和最密切的是旅行社业、酒店业和景区业这三大行业。因此，在本书中，将从旅行社、酒店和景区三大行业入手，分别研究其综合效率和分解后的纯技术效率与规模效率，从差异性角度分析三个行业效率上的时空演变特征及其不同。

第一节 变量选取与数据来源

一 变量选取

运用 DEA 模型进行效率研究的关键是选取合适的投入和产出指标。在之前的研究中，对旅游行业效率指标的选取各有不同，表 4 - 1 报告了以往较有代表性的相关研究中指标选取情况。从表中可以看出，以往的研究对酒店业给予高度关注，旅行社次之，景区则最少。三大行业中，投入指标的选取上均以物质投入指标和人员投入指标为主，如固定资产、企业数量、营业支出、从业人员数量等，这是对企业效率进行研究不可或缺的、代表劳动力和资本的两类指标。从产出指标的选取上看，则主要分为两类：一类是反映总体规模状况的，如营业收入、税金、接待游客数量等；另一类是比率类指标，如客房出租率、人均实现利润、全员生产率等，分别从总量和比率方面对产出进行度量。

表 4 – 1   三大行业旅游效率指标选取汇总

行业	已有研究	投入指标	产出指标
酒店	Ching – Fu Chen 等（2007）	劳动力成本、燃料和能源、材料、外部服务	房间入住率、单位餐饮空间产值
	陈凤丽（2009）	饭店数、床位数、固定资产	客房出租率、营业收入、营业税金
	郭妍菲（2009）	客房数、固定资产、从业人员	客房出租率、餐饮收入、其他收入、人均实现利润
	张秀玲（2011）	营业支出、员工数、客房数	营业总收入、员工忠诚度
	Jie Wu 等（2011）	员工总数、客房总数、餐饮部分总面积、营业总成本	房间收入、餐饮收入、其他收入
	阮程（2012）	房间数、从业人员、固定资产	营业收入、客房出租率、人均实现利润
	魏素宝（2012）	年末从业人员数、固定资产、床位数	营业收入、客房出租率
	孙景荣等（2012）	酒店数量和旅行社数量、固定资产、从业人员数量	营业收入、全员生产率
	戴莉（2013）	星级饭店数、固定资产原值、从业人员平均数	营业收入总额、实缴税金
	何玉荣等（2013）	固定资产、从业人员、酒店客房数	营业收入、人均创造利润、客房出租率
	刘玲玉等（2014）	客房数、平均房价	营业收入、客房出租率
	Wei – Wen Wu 等（2013）	房间数、客房部门和餐饮部门员工数	房间占用数量、客房部门和餐饮部门收入
旅行社	卢明强等（2010）	旅行社固定资产、从业人员数、企业数	营业收入、利润、税金
	郭峦等（2013）	固定资产投资、从业人数、企业数量	营业收入、营业税金及附加
	武瑞杰（2013）	就业人员数、资产总额	营业收入、接待游客数
	孙景荣等（2014）	旅行社数量、固定资产、从业人员数量	接待人次、全员劳动生产率

续表

行业	已有研究	投入指标	产出指标
景区	曹芳东等（2012）	土地面积、固定资产投资、景区从业人数、经营支出	旅游收入、游客人数
	徐波等（2012）	从业人员、景区个数、固定资产投入	营业收入
	霍守花（2013）	总资产、总费用、员工数	营业收入、经营活动现金流入

　　另外，虽然 DEA 方法可以选取多个指标，但仍有所限制。一方面要求各指标为非负值，并且投入产出之间要有联系性；另一方面的要求是不能引入过多的指标因素，一般情况下 DMU 的个数应大于投入产出指标个数之和的两倍。因此，基于前人的研究基础和 DEA 方法应用的限制方面，考虑到指标的代表性、可获得性和行业间的可比性，进行投入产出指标的确定。在投入方面，劳动力、资本和土地一直被认为是最根本的生产要素，但考虑到旅行社受土地要素制约较小，而且本书主要着眼于三大行业的效率比较分析，所以，仅考虑对三大行业影响均很显著的劳动力和资本两大要素来进行投入指标的选取。在劳动力方面，从业人员数量是最直接的表征指标；在资本方面，通过行业规模和设施完善程度来表征对旅游行业投入的多少，在此选取企业数量和固定资产总额来表征；在产出方面，则选取最为直接的营业收入进行效率分析。

二　数据来源

　　本书选取我国 31 个省份为研究对象，测算 2002—2013 年旅游三大行业效率。数据主要来源于 2003—2014 年《中国旅游统计年鉴》。其中，由于 2010 年景区经营相关数据没有统计数据，为了保证数据的统一性，将 2010 年从本书研究中剔除。

第二节　旅行社行业效率时空演变

一　时序演变

（一）规模效率高于纯技术效率和综合效率

2002—2013 年，旅行社行业综合效率的平均值为 0.60，纯技术效率为 0.68，规模效率为 0.88，旅行社行业的规模效率高于纯技术效率和综合效率，这说明规模集聚引致的回报一直高于技术创新引致的回报，也表明一直到现阶段我国旅行社行业的发展仍然靠规模扩张为主要动力。从图 4-1 旅行社行业综合效率及其分解的历年变化趋势图也可以直观地看出，在 12 年间，规模效率一直最高，纯技术效率其次，而综合效率一直在较低态势徘徊。

（二）效率值先上升后下降

图 4-1 可见，旅行社行业三大效率均呈先升后降的态势，大体可分为三个阶段。

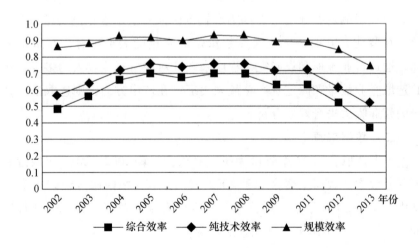

图 4-1　2002—2013 年旅行社行业效率变化趋势

第一阶段为 2002—2005 年，为三大效率上升阶段，综合效率从

0.49 上升到 0.69，纯技术效率从 0.57 上升到 0.76，规模效率从
0.86 变为 0.92，效率值有了明显提升。从旅行社单个行业来看，"非
典"虽然对当年旅行社业的营业收入造成了重大影响（从 2002 年的
710.67 亿元降到 2003 年的 65.29 亿元），但由于行业反应迅速，广
告营销等投入果断减少，使运营成本得到了很好的控制，加之下半年
很多旅行社都推出了"健康游""生态游"等主题旅游线路，周边短
途旅游的兴盛使旅行社仍然保持一定的获利，所以"非典"对行业效
率的冲击并不大，在 2003 年仍然保持了增长的态势。

第二阶段为 2006—2008 年，为三大效率值高位徘徊阶段，2007
年和 2008 年三大效率均达到历年的最高值，分别为 0.70、0.76
和 0.93。

第三阶段为 2009 年至今，为三大效率值下滑阶段，到 2013 年均
达到历年的最低点，分别为 0.37、0.51 和 0.75。从全国旅行社营业
收入来看，除 2003 年外一直保持逐渐增长的态势，但旅行社总量的
持续增长并没有带来行业效率的逐步提高，近年反而是逐年下降，相
应的投入并没有得到完全的回报。这其中规模效率和纯技术效率均起
到了一定的作用，反映出近年来我国旅行社行业规模集聚带来的效益
提高优势不在，技术创新能力也有所不足，导致了综合效率的下降。
今后应以大力推动技术革新为主，促使各旅行社从单纯的价格战竞争
走向品牌竞争、个性化线路竞争，提高行业效率。

（三）效率时序变化区域差异显著

从计算结果来看（见图 4-2），各省份旅行社行业效率在时序变
化方面表现出一定的复杂性和波动性。从综合效率来看，2002—2013
年，各省份平均变异系数为 0.09，系数较大的是青海、西藏和吉林
等，变异系数超过了 0.25，其中吉林省最高为 0.38，可见，以上地
区综合效率极为不稳定；贵州、甘肃、宁夏、天津、内蒙古、河南和
新疆的变异系数在 0.1—0.2，较为不稳定；变异系数最小的地区有北
京、云南、山东、辽宁、福建、湖北、安徽、陕西、广西、江西、河
北和浙江，变异系数在 0.05 以下，行业效率极为稳定；其他省份变
异系数在 0.05—0.1，综合效率较为稳定。从分解后的纯技术效率来

看，整体变动性要远远高于综合效率，是三大效率中变动最大的，历
年各省份变异系数平均值为 0.20。其中吉林省的变异系数最大，为
0.44；另外，上海、北京、西藏和宁夏 4 省份的变异系数均为 0，表
现出很高的稳定性。从规模效率来看，历年各省份变异系数平均值为
0.06，介于综合效率和纯技术效率之间，表现出了非常高的稳定性。

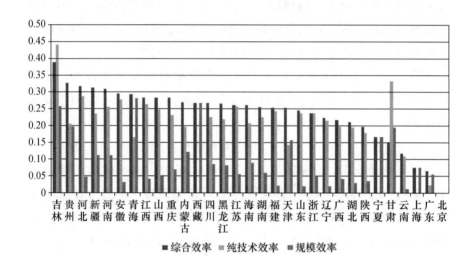

图 4 - 2　各省份旅行社行业效率变异系数

　　为更深入分析我国各省份旅行社行业效率的时序变化，根据各省
份旅行社行业综合效率的平均值与全国效率平均值的高低，以及各省
份旅行社行业综合效率变异系数与全国旅行社效率平均变异系数的高
低，划分为四个类型，即高效率—高稳定型、高效率—低稳定型、低
效率—高稳定型和低效率—低稳定型（见表 4 - 2）。高效率—高稳定
型包括北京、辽宁、上海、广东、广西、云南、陕西、浙江和宁夏 9
个省份，占总体的 25.8%，该类型中的省份具有高效率的优势，并且
年际变化稳定，未来可以继续保持优势；高效率—低稳定型包括江
苏、安徽、福建、湖南、海南和重庆 6 个省份，占全部省份的
22.6%，综合效率平均值较高，但是波动起伏比较大，未来能否继续
保持优势具有一定的不确定性；低效率—高稳定型包括山东、湖北、

天津、甘肃4个省份，旅行社行业效率一直较低，并且波动性较小，但是，从总的趋势来看，表现出一定的增长趋势，只是步伐比较缓慢；低效率—低稳定型包括河北、山西、内蒙古、吉林、黑龙江、江西、河南、四川、贵州、西藏、青海和新疆12个省份，占全部省份的1/3，该类省份综合效率低且波动起伏大，基本位于中西部地区和东北地区，与东部地区相比差距较大。

表 4 - 2　　　　　　　　　中国旅行社行业效率水平类型

	高稳定	低稳定
高效率	北京、辽宁、上海、广东、广西、云南、陕西、浙江、宁夏	江苏、安徽、福建、湖南、海南、重庆
低效率	山东、湖北、天津、甘肃	河北、山西、内蒙古、吉林、黑龙江、江西、河南、四川、贵州、西藏、青海、新疆

（四）规模效率对综合效率的影响在增强

在散点图中，横坐标为旅行社综合效率，纵坐标分别对应纯技术效率和规模效率。各省份的散点越接近45°对角线，说明综合效率越受到其中一个分解效率的作用与影响；散点越远离45°对角线，说明综合效率同时受到两个分解效率的作用和影响。图 4 - 3 显示了2002年、2007年和2013年三个年份的散点图，2002年，综合效率—纯技术效率图的绝大多数散点都在45°对角线附近，而综合效率—规模效率图的绝大多数散点都在散点图的顶端和偏上部，说明纯技术效率对综合效率表现出较强的影响性，其制约能力远远大于规模效率。2007年，从综合效率—纯技术效率图来看，各散点开始出现移向45°对角线上方的趋势，说明纯技术效率对综合效率的影响制约能力略有下降。两幅图上的各个散点都向图的顶端和上部发生了偏移，说明各省份综合效率及分解后的效率比2002年都有一定提升，向有效状态发生了偏移。2013年，综合效率—纯技术效率图上的散点再次表现出偏移45°对角线上方的趋势，而综合效率—规模效率图上的各个散点则向45°对角线偏近，说明规模效率对综合效率的影响进一步加深，而纯技术效率的制约力进一步下降。两幅图上的散点均向图的左下方发生了偏移，说明很多省份效率值比 2007 年有所下降，尤其是规模效率下降更多。

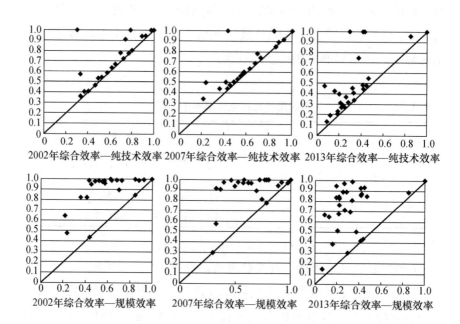

2002年综合效率—纯技术效率　2007年综合效率—纯技术效率　2013年综合效率—纯技术效率

2002年综合效率—规模效率　2007年综合效率—规模效率　2013年综合效率—规模效率

图 4－3　旅行社行业 2002 年、2007 年和 2013 年分解效率对综合效率的贡献分析

二　空间演变

（一）整体空间特征

1. 综合效率高值区沿东北—西南方向分布

标准差椭圆可以反映我国旅行社行业综合效率在空间分布上的方向性。从整体上看，多数椭圆长轴呈东北—西南走向分布，并且明显偏向东部地区，说明旅行社行业综合效率较高的省份多在东部地区。从历年变化来看，2003 年，标准差椭圆向南发生偏移，说明该年旅行社行业效率较高的省份在南方居多。随后几年标准差椭圆又基本回复到 2002 年水平，到 2006 年发生明显西偏，中西部地区的旅行社行业综合效率有一定提高，东西部差异有所缩小，但是，2007 年，标准差椭圆又回到平均水平。2009 年和 2011 年，标准差椭圆面积明显收缩，说明这两年旅行社行业效率各省份差距最大，效率高值区最为集中，东部和中西部的差距进一步扩大，到 2012 年又再次回复到平均水平。2013 年，标准差椭圆向东北—西南方向发生进一步偏转，说明在此方向的综合效率较高的省份集聚现象明显。

从重心偏移情况来看，旅行社行业综合效率的重心基本分布在河南与湖北的交界位置，其历年轨迹走过了一个类似螺旋状轨迹之后重新回到了中心位置，说明旅行社行业的综合效率经过一系列的发展变化，最终空间分布格局仍然回归到原有水平。从发展历程来看，除 2003 年外，2005 年以前基本都处于靠北的位置，仅每年向东稍有偏移，说明旅行社行业综合效率空间分布上东西部差距稍有扩大，长江以北地区行业效率较高；2006 年、2007 年和 2008 年重心开始向南发生偏移，东西部之间的差距时小时大，但起伏波动不大；2009 年和 2011 年重心向东南发生偏移，两年重心基本重合；2012 年和 2013 年又移回 2007 年和 2008 年附近，表明南方地区旅行社行业综合效率先有较大的提升，随后北方地区迎头赶上，这种差距不复存在。

为了进一步对旅行社行业综合效率空间集聚特征及相互作用机制进行描述，在此用全局莫兰指数来描述旅行社行业效率在总的空间格局中对空间依赖的程度。本书分别计算 2002—2013 年旅行社行业综合效率的全局莫兰指数值及其显著性（见表 4 - 3）。结果显示，除 2012 年、2013 年外，其他年份的全局莫兰指数估计值均为正且通过检验，并且莫兰指数逐渐增大，说明旅行社行业综合效率的空间正相关性在增强，即效率较高的省份和较低的省份在空间上呈集中分布的态势在增强。但从 2012 年开始，这种空间集聚态势不复存在，2013 年，莫兰指数值首次出现负值，效率较高的省份和较低的省份在空间分布上呈随机分布态势。综上所述，在 12 年间，旅行社综合效率的空间相关性呈现出先增强后减弱的总体特征，这反映出近几年旅行社行业效率的区域影响性在降低，各省份行业发展动态受自身因素影响更多。

表 4 - 3　　　　2002—2013 年旅行社行业综合效率莫兰指数值

	2002 年	2003 年	2004 年	2005 年	2006 年	2007 年
莫兰指数	0.136	0.2274	0.2938	0.2476	0.3233	0.3157
E(I)	-0.0333	-0.0333	-0.0333	-0.0333	-0.0333	-0.0333
Z(I)	2.1184	2.248	2.8138	2.4017	3.0446	2.9805
P	0.034	0.0246	0.0051	0.0163	0.0023	0.0029
	2008 年	2009 年	2011 年	2012 年	2013 年	
莫兰指数	0.3157	0.3172	0.3172	0.0612	-0.0797	
E(I)	-0.0333	-0.0333	-0.0333	-0.0333	-0.0333	
Z(I)	2.9805	2.9842	2.9842	0.8194	-0.4155	
P	0.0029	0.0028	0.0028	0.4125	0.6778	

2. 纯技术效率各地区差异性较小

从旅行社行业纯技术效率看，历年标准差椭圆面积远远小于综合效率，可见，与综合效率相比，纯技术效率的差异更小。从历年变化来看，2002—2007 年，椭圆基本重合，说明这几年间纯技术效率空间分布格局基本没有变动。2008—2011 年间，椭圆稍有收缩，省际纯技术效率差异稍有扩大。2012 年，标准差椭圆向西发生较大偏移，中西部纯技术效率有较大提升，与东部的差距有所缩小。2013 年，椭圆转角向东北—西南方向发生偏转，说明东北和西南地区效率有所提高，各省份之间差距也进一步缩小。

从重心移动轨迹来看，2002—2009 年，重心一直在河南与湖北交界处附近，大概呈圆形轨迹在较小范围内移动，变化不大，其中，2007 年、2008 年、2009 年与 2011 年重心基本重合，说明旅行社行业纯技术效率的空间布局变化并不显著，但到了 2012 年，重心明显向西，2013 年，在 2012 年的基础上又向北发生偏移，说明东西部纯技术效率差距明显缩小，中西部地区技术创新能力有所增强。

3. 规模效率空间格局变化最小

从标准差椭圆来看，旅行社行业规模效率的空间分布格局变化较小，历年标准差椭圆重合性较高，反映出行业具有较高的稳定性。从历年变化情况看，2002—2004 年，椭圆基本重合；2005 年和 2006 年，椭圆有所收缩，说明各省份效率差距有所扩大；2007 年和 2008 年，椭圆向西外扩，中西部地区规模效率值有所升高；2009 年以后，椭圆再次向东收缩，尤其是 2013 年椭圆面积为历年最小，说明近几年东西部之间的差距在逐渐扩大，规模报酬递增现象在东部地区更为明显，集聚效应仍然远远好于中西部地区。

从重心轨迹来看，规模效率各年重心分布范围均集中在河南省境内，比综合效率和纯技术效率的重心更偏北，反映出北方集聚效应更加突出。从历年变化情况看，2002—2004 年，规模效率重心轨迹变化不大，2005 年和 2006 年，向东稍有偏移，说明东部地区集聚效应有所提升；到 2007 年和 2008 年，则向北发生偏转，这一定程度上受到北京奥运会的影响，使得以北京为代表的华北地区旅行社行业规模报酬递增更为明显。2009 年以后，重心向东南方向偏转，南方地区表现出较强的规模集聚效应，而北方地区则呈现规模报酬递减的特征。

（二）省际空间演变

1. 综合效率

使用自然间断点分级法将各个年份的旅行社综合效率分为高值区、次高值区、次低值区和低值区四级。我国旅行社综合效率存在省际空间差异，南方地区省份的投入产出状况要好于北方地区各省份，表现在多个年份中效率较优的省份多集中于南方地区。2002 年，位于高值区的省份在我国中南部形成"川"字形格局，而西北部和东北部地区则形成效率值的低谷区，南北部之间的差异是很显著的；2003 年，"川"字形格局在空间上向南发生一定程度的紧缩，所占范围大大减小；2004 年，除南部地区仍保持一定的效率优势之外，在中部地区出现以北京为中心的高值和次高值聚集区域；2005 年，空间格局再次形成"川"字形，位置在我国中部和南部地区；2006 年、2007 年和 2008 年，表现出一定的相似性，位于高值区省份在东南部地区形成"山"字形格局，三年的不同之处在于处于次高值区省份个数依次递增，说明多个省份综合效率值有所下降；2009 年和 2011 年，在效率值的空间分布上也表现出一定的相似性，同样形成向东北部地区延伸的"山"字形格局。与此同时，这两年是我国东南部和西北部地区之间空间差异性最强的两年，位于高值区和次高值区省份绝大多数处于东南部，而低值区省份全部位于北部地区，说明南方旅行社行业的投入产出能力在向优化方向发展，而北部地区则有所恶化；2012 年和 2013 年，空间格局变化又走向了相反的态势，南部地区位于高值区省份个数有所减少，北部地区则有多个省份从低值区进入次高值区，南北部之间的差异有所减小，位于南部的"山"字形格局虽然仍然存在，但仅有云南、广东、北京和上海 4 个省份位于高值区，成为旅行社行业发展的龙头和中心。

通过进一步的综合分析和汇总，可以将旅行社行业综合效率省际空间格局的演变过程分为三个阶段：第一阶段为 2002—2004 年，从空间格局上看，我国东南部地区的优势是非常明显的，可以说是行业效率格局初步形成期；第二阶段为 2005—2011 年，东南部地区的效率优势更加突出，"山"字形格局基本占据主导地位，而西北部地区多个省份的行业投入产出能力持续下降，多在低值区徘徊，东南和西北地区的差异性在增强；第三阶段为 2012 年以后，西部和中部地区的省份综合效率开始提升，而东南部地区的优势在减弱，在这两年间差异性转而减小，但总格局仍呈"山"字形。

2. 纯技术效率

2002 年，进入高值区的省份有 10 个，分别是西藏、云南、广东、湖南、重庆、宁夏、浙江、上海、江苏和北京，在空间格局上形成自北向南的三条纵带型"川"字形格局，分布在我国中南部地区，而东北部地区则形成效率值的一个低谷区；2003 年，高值区省份在空间分布上向南紧缩，"川"字形格局所占的范围也有所缩小；2004 年，旅行社行业整体经营状况有所恢复，次高值区与高值区一起构成"山"字形格局，分布在我国南方地区，而东北地区的纯技术效率值仍然很低；2005 年，东部沿海部分省份的纯技术效率值有所降低，在这种变化的影响下，高值区的空间分布呈现"V"字形格局，在位置上主要在我国西南部地区；2006—2008 年，空间格局变化不大，由于南部和东部省份的技术利用能力得到一定提升，在空间格局上形成"山"字形格局，我国西南部地区表现出较好的技术利用能力；2009 年和 2011 年，在空间分布上也有一定的相似性，效率值处于低值区省份基本都在北部和中部地区，形成一个较大的低谷区，高值区省份在空间上由西向东形成三条南北纵向带状分布，但长度较短；2012 年和 2013 年，进入到高值区省份在空间分布上向西部地区发生偏移，在中部和西部形成"V"字形格局，反映出技术扩散效应在空间上的转移和扩散。

通过综合分析和概括，可以发现，我国旅行社行业的纯技术效率较优省份在空间上的分布基本呈"山"字形格局，随着时间的演进，东部地区高值省份越来越少，尤其是 2011 年以后这种趋势更加明显。

3. 规模效率

从规模效率来看，各省份之间的变化明显小于纯技术效率，说明省际规模效率空间分布格局相对稳定。另外，我国东南部地区的规模效率状况要明显好于西北部地区，这种态势与综合效率相同。从各年变化情况看，2002 年，全国分为规模效率较优区和规模效率较差区两大部分，较优区集中于东南部地区，较差区基本在西北部地区，空间差异非常明显；2003 年，东南部多个省份的规模效率发生下滑，仅有辽宁、北京、山东、四川、广西、湖南、江西和福建 8 个省份位于高值区，在空间分布上形成东南省份群和东北省份群两个高值区；2004 年，旅行社行业的规模集聚效应差别很小，仅有西藏和青海两个省份处于低值区；2005 年，低值区的空间范围稍有扩大，新疆和甘肃进入该区；2006 年基本保持了 2005 年的空间分布格局，只是我国东北部地区的规模集聚效应有所下滑，进入到低值区范围；2007 年和 2008 年两年的规模效率空间分布格局是相同的，东北地区因为效率提升重新进入到高值区范围，仅有西藏位于低值区范围，青海位于次低值区范围；2009 年和 2011 年的空间分布格局相同，仍然是东南地区规模集聚效应较好而西北地区较差，东北地区的效率值稍有下降而进入次高值区；2012 年，除新疆进入到次高值区之外，西北部其他省份的效率值仍处于低值区和次低值区，西南部地区部分的省份规模效率值也有所降低，高值区在空间分布上形成"S"形格局，其位置从我国中部地区蜿蜒至东南沿海地区；2013 年，规模集聚效应再次下降，表现在更多的省份从高值区进入到次高值区，仅有我国东部沿海地区的省份外加云南省还处于高值区，在空间格局上表现出"V"字形的格局态势。

通过综合规模效率空间格局的年际变化来看，我国旅行社行业规模效率空间分异明显，东南部地区的规模集聚效益较为突出，一直是全国的中心，效率高值区多集聚于此，而西部地区基本一直处于效率较低区，西藏和青海成为低值区的中心，但是，随着时间的推进东西部这种差异性有所减弱。

第三节　酒店行业效率时空演变

一　时序演变

（一）规模效率略高于纯技术效率和综合效率

2002—2013 年，酒店行业综合效率的平均值为 0.67，纯技术效率为 0.74，规模效率为 0.90，三者呈递增顺序排列，可见，酒店行业规模集聚引致的回报高于技术创新引致的回报。从图 4-4 可见，2005 年、2011 年规模效率和纯技术效率值的差距最小，尤其是 2011 年纯技术效率值基本与规模效率值重合；2007 年两者差距最大，反映出规模集聚引致的效率提升和技术创新导致的效益提高交替相互作用。另外，酒店行业综合效率平均值为 0.67，旅行社为 0.60，可见，酒店行业的综合效率略高于旅行社行业。据阿萨夫（Assaf）等对国外先进国家酒店行业效率测度发现，平均值多在 0.8—0.9，旅行社行业多在 0.8 左右，可见，我国酒店行业旅游效率略高于旅行社行业效率的情况基本与国际总体趋势相同，也反映出我国旅游产业整体效率仍然偏低的态势。

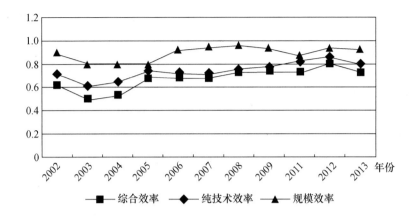

图4－4　2002—2013年酒店行业效率变化趋势

（二）规模效率与综合效率、纯技术效率表现出不同的变化趋势

从图4－4可见，12年间纯技术效率与综合效率变化态势相同，这种同步性一定程度上反映纯技术效率对综合效率有着较高的影响性和制约性。从变化过程来看，2003年综合效率和纯技术效率都有较大的下降，2004年这种态势仍然持续，2005年效率值恢复到2002年水平；此后综合效率和纯技术效率值小幅下滑，到2008年开始逐步上升，到2012年达到高峰值，分别为0.80和0.86；2013年这两大效率出现小幅下滑，分别为0.73和0.79。从规模效率的时序变化情况看，基本可以分为三个阶段：2002—2005年为下降阶段，一直在0.8左右徘徊；2006—2008年为上升阶段，2006年规模效率值为0.93，随后小幅上升，2008年达到峰值0.96，规模集聚效应接近最优；2009—2013年为震荡阶段，2009年和2011年出现小幅下滑，2012年有所恢复，2013年又小幅下降，回到0.928的水平。从中可见，2008年北京奥运会前后是我国酒店业规模效率达到最优的一段时间，大型赛事使中高档酒店入住率增高，酒店规模结构更加合理化。

（三）省际三大效率时序变化呈现出一定复杂性

变异系数可反映各省份酒店行业在2002—2013年效率值的变动情况。从综合效率来看（见图4－5），变动最大的是西藏、海南、宁夏和云南，变异系数均超过了0.3，表明这些省份综合效率极不稳定，在高低之间不断波动；陕西、青海、黑龙江、山东、江西、吉林、四川、福建、山西、天津、河南、广东和甘肃 13 个省份的变异系数在 0.2—0.3 徘徊，综合效率较为不稳定；其他省份的变异系数小于 0.2，效率值较为稳定；上海因历年效率值均为 1，所以变异系数为 0。从纯技术效率来看，7 个省份纯技术效率变动较大，在 0.2—0.3，分别是云南、海南、陕西、山东、黑龙江、福建和四川；上海、宁夏和青海的变异系数最小，为 0，其他省份的变异系数均处于 0.1—0.2；从规模效率变异系数来看，宁夏、青海和西藏的变动值超过了 0.3，其中，宁夏最高，为 0.333；上海、江苏、山东、福建、浙江、湖北、辽宁、河南和广西的变动情况很稳定，变动值在 0.05 以下，说明这些省份规模集聚效应变动不大。

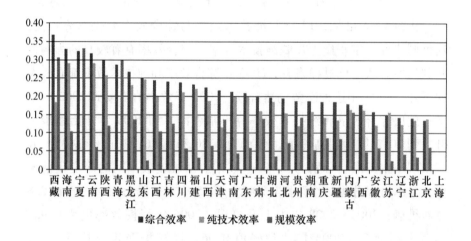

图 4-5　各省份酒店行业效率变异系数

为更深入分析我国各省份酒店行业效率的时序变化，根据各省份酒店行业综合效率的平均值与全国效率平均值的高低，以及各省份酒店行业综合效率变异系数与全国效率平均变异系数的高低，将我国各省份综合效率变动划分为 4 个类型，即高效率—高稳定型、高效率—低稳定型、低效率—高稳定型和低效率—低稳定型（见表 4-4）。高效率—高稳定型包括北京、上海、江苏、浙江、安徽、湖南、广东、重庆和贵州 9 个省份，占全部省份的 25.8%，该类省份具有高效率的优势，并且年际变化稳定，未来可以继续保持这种优势；高效率—低稳定型包括山西、福建、山东、河南、青海和天津 6 个省份，占全部省份的 19.4%，平均值较高，但波动起伏较大，未来能否继续保持优势具有一定的不确定性；低效率—低稳定型包括河北、内蒙古、辽宁、湖北、广西、甘肃和新疆 7 个省份，占总数的 22.6%，这些省份酒店行业效率一直较低，波动性较小，从总的趋势来看，河北、辽宁和广西表现出一定的增长趋势，只是步伐比较缓慢，而其他 4 个省份前期表现出一定的增长性，近几年有所下降；低效率—高稳定型包括吉林、黑龙江、江西、海南、四川、云南、陕西、西藏和宁夏 9 个省份，占 25.8%，该类省份综合效率最低并且波动起伏较大，多位于西部和东北地区，可见，西部和东北地区的酒店行业综合效率与东部相比仍有差距。

表 4-4　　　　　　　　　　中国酒店行业效率水平类型

	高稳定	低稳定
高效率	北京、上海、江苏、浙江、安徽、湖南、广东、重庆、贵州	天津、山西、福建、山东、河南、青海
低效率	吉林、黑龙江、江西、海南、四川、云南、陕西、西藏、宁夏	河北、内蒙古、辽宁、湖北、广西、甘肃、新疆

（四）纯技术效率对综合效率的影响始终占据主导地位

图 4-6 显示了 2002 年、2007 年和 2013 年三个年份酒店行业综合效率及分解后的纯技术效率和规模效率的散点图。可以看出，2002 年，综合效率—纯技术效率图的绝大多数散点都在 45°对角线附近，而综合效率—规模效率图的绝大多数散点都在散点图的顶端和偏上部，说明纯技术效率对综合效率表现出较强的影响性，其制约能力远远大于规模效率。到 2007 年，从综合效率—纯技术效率图来看，各散点开始出现与 45°对角线更加重合的趋势，说明纯技术效率对综合效率的影响制约能力有所上升。两幅图上的各个散点都向图的顶端和

上部发生偏移，说明各省份效率比 2002 年有提升。到 2013 年，综合效率—纯技术效率图上的散点有部分表现出偏移 45°对角线上方的趋势，而综合效率—规模效率图上的部分散点则向 45°对角线靠近，说明纯技术效率对综合效率的影响略有下降，而规模效率的制约力有所上升，但纯技术效率仍占主导。另外，两幅图上的散点均向图的右上方和顶端发生偏移，说明很多省份三大效率值有所上升，尤其是规模效率上升更加明显。

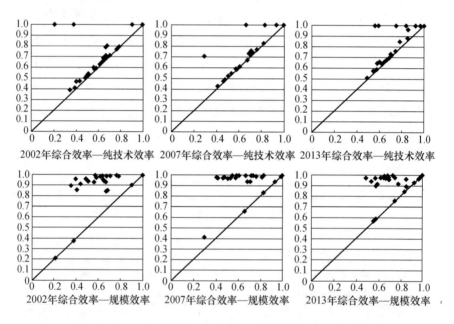

图 4-6 酒店行业 2002 年、2007 年和 2013 年分解效率对综合效率的贡献分析

二 空间演变

（一）三大效率空间演变

1. 综合效率空间变动呈现循环往复的特点

从标准差椭圆来看，酒店行业多数年份的椭圆类似于正圆形，反映东西部行业效率差距较小，椭圆没有产生太大的转向倾角。从历年变化上看，2003 年、2004 年比 2002 年的椭圆向东收缩，说明 2002 年东西部酒店综合效率差异较小，2003 年、2004 年综合效率差异加大，高值区在东部更为集中。2005—2007 年椭圆移回 2002 年水平。

2008 年椭圆再次向西发生较大偏移，转角从 71.65°变为 73.64°，方向为东西方向，反映出中西部综合效率有较大提升。这与北京奥运会的举办带动了华北及周边地区的旅游产业兴盛，从而使得酒店入住率提高有一定关系，可见大型赛事的举办对酒店行业效率的提升有很大促进作用。2009 年，由于赛事影响的结束，椭圆重新回到 2007 年的水平，东西部差异恢复到以往水平。2011 年和 2012 年向东收缩至 2003 年水平，东西部差异扩大。2013 年再次外扩至 2007 年水平，差异再次缩小。由此可见，我国酒店综合效率的空间分布格局基本是一个循环往复的过程，除去 2008 年重大赛事的影响之外，东西部差异一直在"扩大—缩小—扩大—缩小"中循环，但每次的变动差别不大，综合效率较为稳定。

从重心来看，历年重心均位于河南省境内，比旅行社行业综合效率重心偏向东北，说明东部地区酒店行业综合效率整体状况更优。从历年变化情况看，酒店行业各年度综合效率重心分布更为集中，说明历年间空间格局变化相对较小。以 2002 年重心为起点，其轨迹走过了一个向东—向南—向西北—向南—向北的变动过程，2011 年以后，重心又回归到 2002 年附近，这一往复的过程与标准差椭圆同样反映出酒店行业的综合效率在空间分布格局上经过多年变化后又回归到原有格局，总量上的高速增长率使中西部地区旅游规模与东部地区差距有所缩小，但在投入产出的效率方面与东部地区间的差距没有太大改进。

为了进一步对酒店行业综合效率空间集聚特征及相互作用机制进行描述，在此用全局莫兰指数分析酒店行业综合效率的空间相关性。本书分别计算 2002—2013 年酒店行业综合效率的全局莫兰指数值及其显著性（见表 4 - 5）。结果显示，2002—2004 年，全局莫兰指数值在 0.2 左右，检验值通过检验，综合效率高值省份和低值省份在空间上呈现集聚分布态势，但由于全局莫兰指数值与 1 差距较大，说明这种相关性并不强；2005 年全局莫兰指数检验值 P 值高于 0.05，未通过检验，说明当年综合效率空间分布上没有相关性；2006 年全局莫兰指数重回 0.2，空间格局上呈现弱集聚；2007—2008 年，由于检验值未通过检验，综合效率空间相关性不存在；2011—2013 年，莫兰指数值在 0.4—0.5 之间徘徊，P 值接近于 0，说明空间分布上的集聚性明显增强，由弱相关变为强相关，空间差异性更加显著。可见，酒店行业综合效率的空间相关性经过了先减弱后增强的变化过程。

表 4 - 5 　　　　2002—2013 年酒店行业综合效率莫兰指数值

	2002 年	2003 年	2004 年	2005 年	2006 年	2007 年
莫兰指数	0.213	0.212	0.2065	0.1787	0.2025	0.1026
E(I)	- 0.0333	- 0.0333	- 0.0333	- 0.0333	- 0.0333	- 0.0333
Z(I)	2.1337	2.1998	2.1217	1.8278	2.0345	1.1706
P	0.0033	0.0278	0.0339	0.0676	0.0419	0.2417
	2008 年	2009 年	2011 年	2012 年	2013 年	
莫兰指数	0.1278	0.0837	0.5003	0.446	0.4435	
E(I)	- 0.0333	- 0.0333	- 0.0333	- 0.0333	- 0.0333	
Z(I)	1.3942	1.014	4.6151	4.2677	4.119	
P	0.1633	0.3106	0.000	0.000	0.000	

2. 纯技术效率南北间差异较大

与综合效率相比，酒店行业纯技术效率的标准差椭圆长短半径之比更大，转角从综合效率的 59.49°变为纯技术效率的 86.63°，方向基本为东西方向，说明纯技术效率南北间差距大。从历年变化情况看，以 2002 年为基准，2003 年椭圆向东北发生小规模偏移，这是因为，在"非典"的影响下酒店总体效益受到重创，以休闲度假为目的的游客数量大幅度减少，而以北京、上海为首的经济发达地区商务客人所占比例较高，受"非典"的影响相对较小，另外发达地

区酒店完善的服务设施和通达的信息渠道也为减小这种重大事件产生的负面影响起到了积极作用。2004 年"非典"的影响结束之后椭圆基本又回到 2002 年的位置，此后几年基本没有大的变化，纯技术效率的空间分布保持在比较均衡的状态。

从空间重心的变化轨迹来看，纯技术效率表现出与综合效率基本相似的变化态势，同样，经过"东南—西北—东北—东南—西北"后回归到 2002 年附近位置过程，这表明在技术创新能力方面，东部地

区引领全国酒店行业技术改革创新，随后中西部地区接受技术扩散，从而使纯技术效率重心表现出在空间分布上来回变动的态势，不断达到一种新的动态平衡。这种变化一定程度上既反映了酒店行业的成熟性和稳定性，也反映出酒店行业技术能力的提升与外在经济环境的高低有一定关系。

3. 规模效率东西差异显著

纯技术效率历年平均标准差椭圆的转角为 86.63°，而规模效率历年平均标准差椭圆的转角为 42.18°，其椭圆长半径方向为偏东北—西南方向，效率高值区在东部地区分布较多，东西差异比纯技术效率更加明显。从历年变化情况来看，规模效率空间格局变动并不剧烈，以 2002 年为基准，2003—2005 年间，椭圆有所收缩，说明东部与中西部的集聚效应差异有所扩大。2006 年椭圆外扩至 2002 年水平，空间差异有所缩小。2009 年以前，这种空间分布格局基本保持同样的态势。2011 年标准差椭圆再次收缩至 2005 年水平，说明东西部差异又有所扩大。到 2012 年和 2013 年，椭圆再次外扩，东西差异再次缩小，其中 2013 年椭圆位置最偏西，中西部地区的规模集聚能力在提升，而东部地区有所下降。

从空间重心移动轨迹来看，规模效率空间分布变化不大，2005 年以前处于较南的位置，2006 年以后处于偏西北方向，说明空间重心向西北方向发生变化，中西部和北部地区规模效率高的省份所占比重有所上升。其中较为特别的就是 2008 年，因为北京奥运会的影响使得重心向北发生了较大偏移，这与以北京为代表的华北地区在奥运会前后规模集聚效应突出有关。

（二）省际空间演变

1. 综合效率

通过 2002—2013 年各省份综合效率的变动可以分析其空间格局上的变动特征。2002 年，高值区省份只有青海、北京、上海、浙江和广东，进入次高值区的有 12 个省份，在空间上共同构成倒"几"字形格局，这些省份主要位于我国中部和东部地区，尤其是东南部地区省份综合效率普遍较高，西北和东北部地区则形成两个低谷区；2003

年的空间分布格局与 2002 年较为相似，同样呈倒"几"字形格局，只是高值区和次高值区省份个数减少，在空间范围上有所收缩，并向东南部偏移；2004 年处于高值区省份仅有上海、河南和广东，次高值区省份也减少，沿东部沿海呈"S"形分布；2005 年，酒店行业的整体投入产出能力有所改善，次高区和高值区省份个数增加，在我国东南部地区形成高值区省份群，成为酒店行业的效益提升发展中心；2006 年空间格局回到 2002 年的状况，再次呈现"几"字形格局，但整体产业效益盈利状况比 2002 年有所下降；随后的 2007 年行业赢利能力有所恢复，尤其是西北部地区产出状况有较大好转，效率较高的省份在空间分布上呈现出三条高值带，分别在西北部、东南部和中部地区，形成"品"字形格局；2008 年酒店行业效率空间分布状况发生较大改变，由于北京奥运会的辐射带动作用，围绕北京周边的省份酒店行业综合效率都有较大提升，北京、上海、天津、山西、河南、山东、江苏和浙江都进入到高值区。此外，青海和宁夏进入到高值区，在我国中部和东部沿海地区形成一条自西向东南的高值区集聚带，次高值区省份在空间上则形成一条东北—西南向的集聚带，两带相交于长三角地区，该区成为行业效率的最优中心；2009 年，进入高值区和次高值区省份均有所增加，形成一个较大的高效率省份群，占据了大多数省份，仅在西北地区和东北地区形成两个低谷省份群；2011 年伴随着西部部分省份的效率值降低和南部部分省份的效率值升高，这个省份群在空间范围上向东部收缩，尤其是高值区省份基本分布在东南沿海地带，成为高效率集聚中心；2012 年这个省份群再次向南发生收缩，集中分布在我国东南部地区，东南沿海的中心作用进一步增强。此外，新疆的效率值有所增高，进入到次高值区，成为西北地区的中心；2013 年，这种两极分化格局再次增强，东南地区的高效率省份群在范围上进一步收缩，仅在东南沿海地区有所保留，而新疆省的次高值省份群随着青海省的加入在空间上有所扩大，成为两个中心，其他地区的投入产出能力则有所恶化，尤其是东北和西南地区多个省份进入低值区。

通过进一步的综合分析和汇总可以看出，2008 年以前，酒店行业的综合效率高值和次高值区的分布基本呈倒"几"字形格局,从中部地区跨至东南沿海地区;2008 年以后,这种格局发生了变化,东部地区的投入产出能力逐年提高,尤其是东南沿海地区优势突出,而中西部地区则有所下降;2013 年则形成东南沿海和西部地区双核心格局,未来这种格局的走向和变化还需进一步印证。

2. 纯技术效率

从空间格局变化情况来看,2002 年,效率高值区和次高值区在空间上形成一团一环结构,西藏和青海组成西部地区纯技术效率的最优区,以宁夏、北京、广东和浙江四个高值区省份为顶点的次高值区环状分布于我国中部和东部地区,西南部和东北部两个对角区则成为纯技术效率的两个低谷区;2003 年在空间格局上发生了较大变化,原来的一团一环结构衍变为"J"字形结构,位于高值区省份多位于北部地区,形成了"J"字形的一横,而横亘中部和东南沿海地区的次高值区省份形成了"J"字形的其余结构,西南和东北地区仍为低谷区;2004 年空间格局与 2002 年较为相似,但是由于高值区和次高值区的省份有所减少,导致一环结构不够完整;2005 年多个省份的技术利用能力有所提高,空间格局上表现为在西部和东南部地区形成倒"V"形带状格局,北部地区的省份则效率值普遍不高;2006 年开始在空间格局上发生分化,次高值区和高值区省份增多,在空间上形成西南部、东南部和东北部三大省份群;2007 年在格局上继续维持三大省份群结构,但西南省份群向北扩展而东北部省份群面积缩小;从 2008 年开始三大省份群结构衍变为双省份群结构,一个位于我国西南部地区,另一个集中于长三角和环渤海地区,其余地区的效率值明显下降,空间差异性较强;2009 年基本维持了双省份群结构,但位于西南部的省份群面积有所收缩,空间差异性进一步增强;2011 年由于多个省份的技术利用能力发生较大提升,高值区省份基本沿东南沿海地带和西南地区分布,次高值区省份多在中部地区分布,在空间上形成"T"字形结构,面积上远超过全国的 1/2,是测评年份中各省份平均技术利用能力最好的一年,空间差异也较小;2012 年由于北部地区效率值有所下降,"T"字形格局仅保留了南部部分,在形态上也向带状结构转变，在空间上则东西向分布在南部地区，其中，高值区在东部沿海呈现"V"字形格局；2013年，由于西部地区省份的效率值提升和中部地区的下降，在空间上变为一团一"V"字形结构，其中，西部省份群由新疆、青海和西藏构成，反映出西部地区的技术利用能力大大提升，而"V"字形结构则分布在东部沿海地区，技术优势持续发挥作用。

通过进一步的综合分析可以发现，虽然酒店行业纯技术效率省际空间格局的年际变化较大，但整体而言，2005年以后，纯技术效率较优省份的空间分布，以位于东部沿海和西部地区的双省份群型格局占主导模式，并且随着时间的推进这种格局越来越典型。东部沿海地区经济发达，旅游产业整体水平高，酒店行业竞争激烈，技术创新能力和对新技术的利用水平均较高，自然成为技术利用的中心；而西部地区虽然整体旅游产业水平较低，但由于酒店总体数量较少，高星级酒店所占比例相对较高，因而在平均水平上也较高。

3. 规模效率

与综合效率和纯技术效率相比，规模效率的空间分布格局变化更为剧烈。2002年是规模效率较好的一年，低值区仅有西藏和宁夏两个省份，次低值区有贵州、海南和天津，高值区省份主要分布在东部和中部地区，在空间上形成变形的"个"字形结构，成为规模效益集聚的集中地带；2003年和2004年在空间分布上表现出相同的态势，西北部和东北部地区除新疆之外其他省份的效率值较低，东部和西南部地区效率值较高，其中高值区省份基本沿东部沿海地带分布，加上中部的湖北省在空间上形成弓箭形格局；2005年由于规模效率高值区域面积缩减，在东部沿海地带的分布范围变成"J"字形格局，空间集聚效应进一步增强；随后的2006年和2007年规模集聚效应逐年有所提高，高值区的分布格局由"J"字形格局依次变为倒"Y"字形和倒"Ψ"字形，在位置上仍是以东部和中南部为主。另外，西部地区的新疆也进入到高值区；2008年高值区的分布范围向南发生收缩，呈现倒"Y"字形格局，新疆则仍为西北部地区的中心；2009年是较为特殊的一年，效率值较高省份都集中在西北和东北地区，东南部地区效率值则普遍进入低值区和次低值区，规模效应有较大下滑，空间格局上与其他年份呈现出完全相反的布局；2011年恢复到以往的空间分布格局上，西北和东北地区效率值较低，东部地区效率值开始上升，高值区在东部沿海和西南地区形成"V"字形格局；2012年东南部地区的规模集聚效应继续凸显，形成高值区的集中分布态势，而西北和东北地区持续低迷；2013年东南部的高值区集聚范围再次有所扩大，大约占据1/3的国土面积，西北地区也随着规模集聚效应的显现进入高值区成为第二个集聚区，仅有西藏和青海的规模效率值仍然较低，成为低谷区。

通过综合分析可以发现，2005年以前，酒店行业规模效率值较高省份在空间上呈现出弓箭形格局，2006—2008年则呈现出类似"V"字形格局，2009年是较为特殊的一年，西部和北部地区效率值明显上升，随后的几年中东南地区逐渐成为中心，规模集聚效应显著。从12年间的变化可以看出，空间分布格局从集中走向分散又重新走向集中。

第四节　景区行业效率时空演变

一　时序演变

（一）规模效率高于纯技术效率和综合效率

2002—2013年，景区行业综合效率平均值为0.48，纯技术效率为0.60，规模效率为0.82，可见，景区行业的规模效率远远高于纯技术效率和综合效率，说明规模集聚引致的回报一直高于技术创新带来的回报，也表明一直以来我国景区行业的发展以规模扩张为主要动力。从图4－7也可以看出，在12年间规模效率始终最高，纯技术效率其次，而综合效率最低。另外，酒店行业综合效率平均值为0.67，旅行社为0.60，景区仅有0.48，可见，景区的综合效率平均值最低。

（二）纯技术效率提升较快

2002—2013 年，景区行业综合效率从 0.49 变为 0.62，纯技术效率从 0.57 变为 0.74，而规模效率从 2002 年的 0.86 变为 2013 年的 0.85，效率值变化不大，始终在 0.85 徘徊（见图 4-7）。从变化趋势来看，2007 年以前，三大效率均是升降起伏不定，自 2008 年以后，规模效率进入平稳期，各年变化平缓，纯技术效率和综合效率则提升较快，效率值稳步增长。

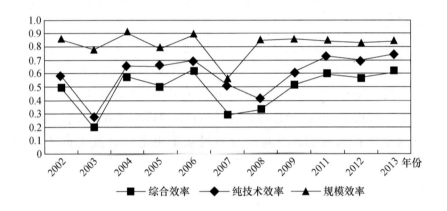

图 4-7 2002—2013 年景区行业效率变化趋势

（三）省际效率时序变化差异显著

从计算结果来看（见图 4-8），各省份景区行业效率在时序变化方面表现出极大的复杂性和不稳定性。从综合效率来看，2002—2013 年间，各省份平均变异系数为 0.30，青海、天津、云南、吉林、湖南和西藏 6 个省份的变异系数均超过了 0.60，其中，青海省高达 0.90，年际变化显著；变异系数较小的有山东、北京和江西 3 个省份，变异系数在 0.4 以下，行业效率较为稳定。从纯技术效率来看，其整体变动小于综合效率，历年各省份平均值为 0.25。天津市的变异系数最大，为 0.67；变异系数在 0.5 以下的有 17 个省份，其中，北京、西藏、青海和江西 4 个省份的变异系数均为 0.3 以下，表现出较高的稳定性。从规模效率来看，历年各省份平均值为 0.11，在三大效率中最稳定。青海和西藏的变异系数最大，分别为 0.80 和 0.68；其余省份变异系数均在 0.4 以下，有 16 个省份的变异系数在 0.2 以下，其中，广西和江西的变异系数最低，在 0.1 以下，规模效益表现出高的稳定性。

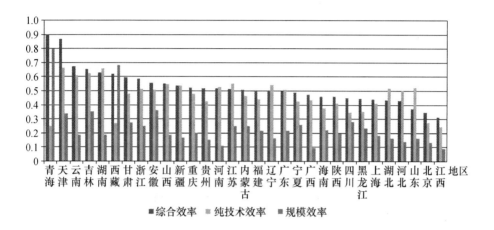

图 4－8　各省份景区行业效率变异系数

为更深入分析我国各省份景区行业效率的时序变化，根据各省份行业综合效率的平均值与全国效率平均值的高低，以及各省份行业综合效率变异系数与全国效率平均变异系数的高低，将我国各省份综合效率水平划分为 4 个类型，即高效率—高稳定型、高效率—低稳定型、低效率—高稳定型和低效率—低稳定型（见表 4－6）。高效率—高稳定型包括北京、辽宁、上海、江苏、福建、江西、河南、广东、海南、四川、贵州和宁夏 12 个省份，该类具有高效率的优势，年际变化稳定，未来可以继续保持优势；高效率—低稳定型包括河北、安徽、湖南、西藏和新疆 5 个省份，综合效率平均值较高，但是波动起伏比较大，未来能否继续保持优势具有一定的不确定性；低效率—高稳定型包括内蒙古、黑龙江、山东、湖北、广西、重庆和陕西 7 个省份，综合效率一直较低且波动性较小，从发展趋势来看，表现出一定的增长，只是步伐比较缓慢；低效率—低稳定型包括山西、吉林、浙江、云南、甘肃、青海和天津 7 个省份，该类型不仅综合效率低，并且波动起伏较大。

表4-6　　　　　　　　　中国景区行业效率水平类型

	高稳定	低稳定
高效率	北京、辽宁、上海、江苏、福建、江西、河南、广东、海南、四川、贵州、宁夏	河北、安徽、湖南、西藏、新疆
低效率	内蒙古、黑龙江、山东、湖北、广西、重庆、陕西	山西、吉林、浙江、云南、甘肃、青海、天津

（四）纯技术效率对综合效率的影响在增强

图4-9显示，2002年、2007年和2013年三个年份的综合效率—纯技术效率和综合效率—规模效率散点图，从图中可以看出，2002年，综合效率—纯技术效率图的散点呈一种无规则的混乱分布，

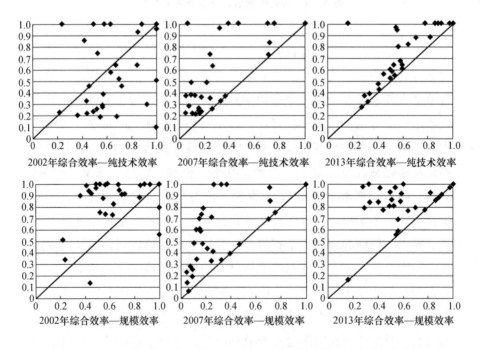

图4-9　景区2002年、2007年和2013年分解效率对综合效率的贡献分析

而综合效率—规模效率图上的各散点多位于45°对角线的上方，两幅图中位于对角线的点都很少，说明综合效率同时受两种效率的共同影响和制约。2007年，从综合效率—纯技术效率图来看，各散点开始出现沿45°对角线聚集的趋势，说明纯技术效率对综合效率的影响制约能力略有上升，但很多省份的散点都集中于图的左下端，说明达到有效状态的省份不多。2013年，综合效率—纯技术效率图上的散点再次表现出向45°对角线集中的趋势，说明纯技术效率的影响力在进一步加强。另外，各散点多向图的右上端移动，说明达到有效状态的省份在增多。

二　空间演变

（一）三大效率空间演变

1. 综合效率空间格局变动剧烈·

从景区行业综合效率的历年标准差椭圆来看，其变化远远大于酒店和旅行社行业，说明景区行业在空间分布格局上变动很大，行业稳定性较低。旅行社行业的标准差椭圆长轴方向多为东北—西南方向，酒店多为东西走向，而景区既有东西走向，也有南北走向，变动剧烈。从历年变化情况看，2002年，椭圆呈东北—西南走向，形状接近正圆形。2003年，椭圆走向变动不大，但是，形状变得极为扁平，空间位置也向东北方向发生较大偏转，东西部差异变大。2004年、2005年，标准差椭圆转成东西走向，东西部效率差异减小，高值区主要集中于长江中游地区。2006年、2007年，标准差椭圆回到2002年左右的位置，形状再次接近正圆形。2008年，标准差椭圆走向转向南北方向，但是，与2003年不同的是其位置向南移动，意味着中东南部地区的景区行业综合效率有较大的提升，中西部与东部地区的效率差值再次增大。2009年，东西部效率差异缩小，椭圆长轴转回东西方向分布。2011—2013年，景区行业综合效率的空间分布格局相似，与2009年相比，面积有所收缩，东西部差异没有大的变动。

从空间重心变化情况看，综合效率重心变动范围横跨陕西、河南和湖北三省，远远大于酒店和旅行社行业，再次说明景区行业综合效率空间演变的剧烈变动性。从历年变化轨迹来看，2003年，重心向东北偏移，移于河南省北部，反映中西部地区和南方地区综合效率的大幅度下滑。2004年，重心移入陕西省境内，向西南偏移。2005年重心向东北方向变化。2006—2007年，略有东移，变化不大。2008年，重心向东南方向发生很大偏移，表明东西部效率差距再次扩大，但与2003年不同的是，南方地区的效率值提升比北方地区要高。2009年，重心重回2004年位置，在以后的几年间重心略有南移，变动不再剧烈。

为了进一步对景区行业综合效率空间集聚特征及相互作用机制进行描述，在此用全局莫兰指数来分析景区行业效率空间相关性。本书分别计算2002—2013年景区行业综合效率的莫兰指数值及其显著性（见表4-7）。结果显示，只有2002年和2009年的莫兰指数值通过检验，其余年份均未通过检验，说明整体而言景区行业综合效率空间分布上不存在显著的空间相关性，综合效率高值区和低值区并没有在空间上集聚分布，效率的高低受各省份自身发展影响更多，受周边地区的影响并不大。另外，通过检验的2002年和2009年两个特殊年份也表现出截然不同的特征。2002年，莫兰指数值为0.2138，为正值，说明景区行业效率在空间分布上存在较弱的空间正相关；2009年，莫兰指数值变为负值（-0.3033），说明景区行业效率在空间分布上变为空间负相关，效率高的省份周围地区效率值反而低，效率低的省份周围效率值反而高，表明在该年综合效率在空间分布上具有空间极化的特性。这种往返起伏的变化反映出景区行业还处于成长期，年际变化较为剧烈，行业成熟度较低。

表4-7　　　　　　2002—2013年景区行业综合效率莫兰指数值

	2002 年	2003 年	2004 年	2005 年	2006 年	2007 年
莫兰指数	0.2138	-0.0676	-0.0488	-0.1582	-0.0687	-0.0094
E(I)	-0.0333	-0.0333	-0.0333	-0.0333	-0.0333	-0.0333
Z(I)	2.1184	-0.3447	-0.1326	-1.0823	-0.0333	0.2125
P	0.0341	0.7303	0.8946	0.2791	0.7628	0.8317

	2008 年	2009 年	2011 年	2012 年	2013 年	
莫兰指数	0.1522	− 0.3011	0.0506	0.1186	0.1033	
E(I)	− 0.0333	− 0.0333	− 0.0333	− 0.0333	− 0.0333	
Z(I)	1.645	− 2.313	0.7309	1.3137	1.1691	
P	0.0999	0.0207	0.4649	0.189	0.2423	

2. 纯技术效率东西部差异小于综合效率

从景区行业纯技术效率的历年标准差椭圆来看，其变动性要小于综合效率，说明纯技术效率空间格局的分布态势比综合效率稳定得多。从变化情况来看，2002 年，标准差椭圆面积最小，形状接近于正圆形，说明纯技术效率高值区分布最为集中，多在我国东部地区，这些地区成为我国景区技术创新的中心。2003 年，椭圆向东北—西南方向发生偏转，略呈横向扁平形，其位置也向北发生偏移，北部地区的技术优势有所凸显。2004 年，椭圆恢复东西走向，面积有所增大。2005 年延续 2004 年的空间分布态势，椭圆变化不大。2006 年，椭圆再次偏向东北—西南方向，东部地区技术优势凸显，主要与电子商务等新兴信息技术手段的使用有一定关系，这期间山东、浙江、江苏等省份旅游电子目的地系统的建设为景区信息化水平提升提供了助力。2007 年，随着景区信息化建设的普及，中西部地区技术效率有所提升，椭圆恢复到 2005 年的位置。2008 年，以上海、广州为代表的长三角地区和珠三角地区技术创新能力有较大提升，使得椭圆向南发生较大偏移。2009 年椭圆再次移回 2007 年附近，并且向西发生一定偏移。2011—2013 年，椭圆面积向东有所收缩，东西部技术差距有所加大。从历年纯技术效率重心的分布来看，重心在陕西、河南和湖北三省境内移动，与综合效率重心相比移动范围偏西，更多年份重心位于陕西省境内，说明在技术能力方面东西部差异稍小于综合效率。从变化轨迹来看，2003 年，向西北发生较大偏移，说明在整体效益下滑的情况下东西部技术差异也在减弱。2004 年，重心向南发生偏移，南方地区技术优势开始显现。2005—2007 年，重心维持在比较稳定的状态,进入一个技术革新稳定期。2008 年,重心向南发生较大偏移,表明南方地区的技术创新能力再次增强,优势显现。2009 年,再次移回 2004 年位置,中西部与东部差异变小。2011—2013 年,进入稳定期,重心变动不大。

3. 规模效率空间格局变动较为平缓

从景区行业规模效率的标准差椭圆来看,与纯技术效率相比,其变动相对平稳,但年际仍然表现出一些不同。2002 年,标准差椭圆基本为南北走向,2003 年椭圆面积向东有所收缩,说明东西部差异稍有扩大。2004 年,椭圆向西有较大的外扩,形状上接近于正圆形,说明东西部差异大大缩小,且在空间分布上不存在明显的偏向性。2005 年,标准差椭圆面积与 2004 年类似,方向上则向东北—西南发生偏转。2006 年椭圆面积再次收缩,这种变化持续到 2007 年,说明在这两年中规模集聚产生效率提升,到 2007 年,椭圆基本呈正圆形。2008 年,椭圆呈现南北走向的格局,并且向北偏移,规模效率高值区在东部地区集聚,华北地区提升显著。2009 年,椭圆向南发生偏移,而在 2011 年向西发生偏移,随后规模效率的空间分布格局进入稳定期,2012 年和 2013 年变化不大。

从规模效率重心的分布情况看,其变动范围基本在河南省境内,变动幅度远小于综合效率和纯技术效率,说明其空间格局变动平缓。从重心移动轨迹看,以 2002 年为基准,2003 年向东南方向发生小幅移动,东南地区规模效应小幅提升。2004 年重心向西发生偏移,中西部地区规模报酬递增现象有所加强。2005 年则向北发生偏移,北部地区有所增强。2007 年,重心向东南方向发生较大偏移,2008 年又移回北部位置。2009 年,重心变化不大,2011 年则向西发生偏转,说明中西部地区的规模集聚效应有所提高。2012 年和 2013 年,重心基本在 2011 年附近,景区行业规模效率的空间格局进入相对稳定期。

(二)省际空间演变

1. 综合效率

通过年际省份综合效率的变动可以分析其在空间格局上的变动。2002 年,我国南方地区明显优于北方地区,在东部沿海、中部地区和西南部地区形成三条高值区和次高区的集聚带；2003 年，各个省份的综合效率有较大幅度下滑，高值区仅包括北京和辽宁两个省份，次高值区包括山东、贵州和海南 3 个省份，在空间分布上呈点状分布，仅在环渤海区域形成一个小的效率较优区集聚圈；2004 年，各个省份景区行业的投入产出能力有了一定的恢复，西部地区由于原生态环境保留较好，受到市场的追捧，景区行业效率迅速上升，形成效率高值区省份群，与南部的次高值区省份群和东部的高值区省份群在空间上形成一个横向的"6"字形格局；2005 年南部地区效率值普遍下降，在空间上仅保留了西部省份群和东部省份群两条纵带；2006 年南部省份的效率值有所升高，与西部和东部地区原有的效率较优省份共同在空间上构成东部沿海和西部地区两条集聚带，形成一横一纵的空间格局；2007 年西部的集聚带向西南地区偏移，由西北—东南走向变成东西走向，东部沿海地区的集聚带长度缩短，北部和西南地区多个省份进入低值区，成为两个低谷区；2008 年在空间上形成以北京为中心和以广东为中心的两大效率高值区省份群；2009 年的空间结构则与2008 年相比发生相反的变化，在中西部旅游需求旺盛的态势下，西北部和西南部多个省份的综合效率得到提升，高值区和次高值区省份在以上地区形成变形的倒"Y"字形格局，东部地区则有所下降；2011年西部地区的景区行业仍然保持较好的发展态势，效率较优的省份在空间上形成环状格局，东部地区的景区行业效率也得到了恢复，较优省份沿东部沿海一带呈带状分布，从全国范围来看，形成一环一带格局；2012 年这种态势基本得到了保持，只是东部沿海地区行业效率继续提升，西部略有下降，从环状缩小为半环型格局；随后的 2013 年我国中部地区省份与东部地区差距有所缩小，西部地区有明显优化，加上东南部省份投入产出效应也有较大的进步，在空间格局上出现了与2004 年较为相似的斜向"6"字形格局，仅有东北地区行业效率仍然欠佳。

　　通过进一步的分析可以看出，景区行业的综合效率空间格局变动情况较为频繁和复杂，大致仍可分为三个阶段：2002—2004 年，景区行业投入产出能力变动较为频繁，效率高值区和次高值区在东南沿海、环渤海、西部和东部省份群间变动，行业稳定性较低；2005—2008 年，其格局逐渐演变为东部南北向集聚带和西部东西向集聚带，空间分布上向集聚态势演变；2009—2013 年为第三个阶段，西部和东南部两大核心逐渐形成，而东北地区一直为低谷区，南北间的差异较为显著。

2. 纯技术效率

2002 年，处于高值区和次高值区的省份主要位于东部沿海地区和中部地区，在空间上形成"V"字形格局，而东北地区为低谷区，4 个省份全部处于低值区；2003 年，纯技术效率值较高的省份在空间上收缩，东部沿海地带保留了带状分布，西部以青海、西藏为核心形成团状省份群；2004 年，纯技术效率大幅提升，东部沿海的带状省份群和西部团状省份群面积有所扩大，次高值区省份在空间上以南方的带状分布和从东北

延至西南地区的中部纵向带状分布为主，包括全国大部分省份；2005 年，西部的高值区省份群和东部沿海纵向带仍存在，中部地区的纵向带缩短，共同构成近似"H"形格局；2006 年的格局与 2005 年相比变化不大，但有部分省份效率值降低，原有的"H"形格局变成了两条带状省份群，分布在东部沿海和西部地区；2007 年，高值区和次高值区的省份继续减少，两条带状省份群范围收缩，尤其是东部沿海带收缩较为明显；2008 年，景区行业的技术利用能力有所提升，在空间上两条带状省份群所占的范围有所扩张，并向南部地区偏移，说明该年景区行业技术创新的中心向南部转移；2009 年属于特殊年份，高值区省份分布在西部地区，而东部沿海地区的技术优势消失；2011 年的空间格局再次形成两条带状省份群的空间格局，一条分布于东部沿海，另一条位于西部地区；2012 年和 2013 年基本保持两条带状格局，只是在范围上有些变化，2012 年东部沿海带和西部带状省份群面积有所缩小，2013 年西部省份群面积扩大，东部沿海带向南收缩，中部地区和东北地区一直处于效率值的低谷区。

3. 规模效率

2002 年，我国东中部地区在规模集聚效应方面占有优势，高值区

在空间上形成近"J"字形结构，其中，"J"字形的一横斜穿过我国中部地区，其他部分穿过东部地区，西部地区形成低谷区；2003 年，高值区省份沿东部沿海和西南地区分布，形成两条纵带；2004 年，景区行业的规模集聚效应有了大幅提高，在我国西部和东部地区形成两个高值区省份群；2005 年，格局发生较大变化，东北地区全部进入高值区，西部只有西藏效率值较高，东部沿海有少数省份留在高值区；2006 年，中部和东部地区的省份效率值再次升高，在空间上形成两横两纵交叉的格局；2007 年，景区行业的规模效应再次下滑，只有东部地区保留了纵向的高值和次高值带，东北和西南地区省份退出高值区；2008 年，景区行业规模效率有所提高，高值区域在空间上形成两横一纵格局，其中纵向聚集带主要在东部沿海省份，两横向聚集带则分别穿过北部和南部地区，只有西南地区出现规模效率值的低谷区；2009 年，东部纵带和南部横带扩散相连为一个整体，占据东部沿海大部分省份。除此之外，西北的新疆也进入高值区范围；2011 年，两大省份群继续向西北扩散，高值区域范围占据绝大部分省份，仅在西南部形成一个低谷区；2012 年，效率高值区发生收缩，北部和南部区域收缩为东西向纵带，中部地区收缩为南北向纵带，在空间上形成"工"字形结构，东部地区多数省份位于次高值区；2013 年则基本保持了 2012 年的格局，在空间分布上仍呈现"工"字形结构，与前一年相比，由于位于高值区省份的个数增多，"工"字形结构有横向延展趋势，所占面积增大。

综上所述，虽然景区行业的规模效率在各年度空间分布上均有变动，但仍表现出一定的规律性，即"工"字形格局占有较为重要的地位，北部和南部地区各有一条高效率集聚带，而"工"字形中的纵向集聚带则在中部和东部间变动，表现出一定的变化性。

本章小结

本章通过 2002—2013 年的旅行社、酒店和景区三大行业效率分析，得到如下结论：

一　景区行业综合效率和纯技术效率均最低，旅行社规模效率最低

整体上看，景区行业综合效率和纯技术效率均最低，尤其是综合效率比酒店和旅行社行业低很多，并且受整体旅游环境的影响最强，波动性较强；相比于综合效率和纯技术效率，三大行业规模效率差别较小，旅行社行业规模效率在三大行业中最低；酒店行业实际产出状况最好，效率值最高，并且最为稳定。

二　景区行业综合效率省际空间格局变动最为频繁

从综合效率空间分布看，旅行社行业空间格局始终以"山"字形格局为主导，但 2011 年以后，随着西部和中部地区的省份综合效率开始提升，东南部地区的优势在减弱，差异性转而减小。酒店行业作为纯粹的服务性行业，技术改革和创新对提高企业的效率有很重要的作用；2008 年以前，整个行业技术条件不突出，空间格局分布呈倒"几"字形，从中部地区跨至东南沿海地区；2008 年以后，这种格局发生了变化，东部地区的投入产出能力逐年提高，尤其是东南沿海地区优势突出，形成东南核心区，而中西部地区则有所下降。景区行业的综合效率空间格局变动较为频繁和复杂，效率较优区在东南沿海、环渤海、西部和东部省份群间变动。反映出景区行业的稳定性较弱，省份间差异变化剧烈。另外，旅行社行业和酒店行业的综合效率高值中心在东南部地区，两大行业的投入产出能力有一定的关联性，而景区行业由于波动性较强，未显现出与另外两大行业在空间格局上有相似性。

三　旅行社行业纯技术效率省际空间格局最为稳定

从纯技术效率看，旅行社行业主要以"山"字形结构为主，年际间空间格局变化相对较小，稳定性较强；酒店行业的空间格局年际变化则较大，以位于东部沿海和西部地区的双省份群型格局占主导，并且随着时间的推进这种格局越来越典型。景区行业在 2002 年是"山"字形格局，之后逐渐向两带格局演变，其中一条位于东部沿海地区，另一条则位于西部地区，空间格局的年际变化大于旅行社行业。因此，在三大行业中，旅行社行业纯技术效率的省际空间格局最为稳定，各省份在技术利用能力的地位变化较为平缓。

四　酒店行业规模效率省际空间差异最小

从规模效率看，旅行社行业的东、西部差异较大，效率较优的省份多在我国东南部地区集聚，而西部地区的效率值则较低，尤其是西藏和青海两个省份，其效率值一直都在低值区，东西部间的差异性较大；景区行业各省份规模效率值变动较为剧烈，多个省份的效率值在低值区、次低值区、次高值区和高值区之间来回变动，没有一个省份在12年间一直处于同一区内，从空间格局上看，以呈现"工"字形格局年份较多。酒店行业在2005年以前效率较优省份在空间分布上以弓箭格局为主，2006—2008年则以"V"字形格局为主，从2011年开始，东南部地区的规模集聚效益显著提升，成为全国的中心，但从每年的情况看，东西部间的差异性要小于旅行社行业和景区行业，空间差异略小。

综上所述，由于景区行业的效率值要远低于酒店和旅行社，未来各地区要提高旅游产业整体效益，应对景区行业投入更多的关注。景区行业占地面积大、前期基础设施投资额较高，投入产出回报不稳定，有一定的投资风险性。因此，更应注意规避投资风险，切实做好投资效益分析等前期工作。另外，三大行业目前规模效率均远远好于各自的纯技术效率，说明我国旅游产业的整体技术水平还不高，技术创新带来的效益还小于规模集聚带来的效益提升，"抱团"式发展依然是主流，但是，由于近几年规模效率出现下滑的趋势，以信息技术为代表的技术革新与应用对中国未来旅游产业的发展至关重要。尤其是对酒店和景区行业而言，纯技术效率对综合效率的影响要强于规模效率，因此，更应注重技术创新带来的行业发展动力，通过新技术应用来提高行业效率。早期旅行社行业纯技术效率对综合效率表现出较强的影响性，但随后规模效率的影响力一直在增强，因此，有效利用资源对提升旅行社行业效率来说重要性越来越强。随着电子商务的兴起，在线旅游产品的销售越来越火爆，对传统旅行社业务带来很大的冲击。因此，应大力提高旅行社的核心竞争力，淘汰一批竞争力不强的中小旅行社，提高旅行社行业的集中度，催生若干旅行社行业的"巨无霸"旅行社，切实提升现有资源的有效利用率。

第五章　省域旅游要素效率时空演变

基于投入角度的 DEA 模型可以测算在产出不变时投入要素的最优（最小）使用量，以实现旅游产业最佳的投入产出效益。对旅游产业来说，在不影响总体产出的情况下，以最小的投入获得实际值具有积极意义。在旅游效率 DEA 模型测算中，将每种投入要素的目标投入量和实际投入量之比定义为要素利用效率。由于旅游产业效率的测算为多种指标的加权集合，无法分解为单一的要素投入，用旅行社、酒店和景区三大行业效率 DEA 模型中的要素投入比来进行要素效率的计算。在投入方面，从劳动力和资本两大要素来进行投入指标的选取。其中，从业人员数量是劳动力最直接的表征指标，行业规模和设施完善程度表征资本对旅游行业投入的多少，在此选取企业数量和固定资产总额来表征。因此，综合之后，本书所说的要素是指物质资本要素、人力资本要素和企业规模要素三大要素，分别由固定资产总额、从业人员数量和企业数量投入之比来表示，要素效率计算公式为：

$Re = PVI/OVI$

其中，Re 代表投入要素的利用效率；PVI 代表要素的目标投入量，即在当前技术条件下，为实现既定产出所需要的最优要素投入数量；OVI 代表要素的实际投入量。

Re 值可以衡量在既定技术条件和产出情况下相对于投入产出前沿的要素投入的实际利用状况，$Re = 1$，说明地区投入的该项要素得到了充分利用；$0 < Re < 1$，表明该项要素投入存在一定的浪费，具备节约的空间，Re 越接近于 0，说明要素投入浪费越严重，冗余量越高，节约空间越大；$Re > 1$，说明该要素投入存在一定不足，Re 值越大，投入不足的差额越大。

第一节　物质资本效率时空演变

一　时序演变

(一) 投入冗余是三大行业物质资本效率普遍存在的现象

从各年结果来看,无论是旅行社行业、酒店行业还是景区行业,各年物质资本效率都小于1,各行业普遍存在投入冗余的状况。酒店和景区均属于实体行业,前期均需要大量资金量的投入,旅行社行业作为服务型行业,虽然也需要前期投入,但通常在资金投入量上远少于酒店和景区行业。各省份为了发展旅游产业,在三大行业中均投入大量的物质资本,显然扩大了地区的接待能力,但不免存在对市场估计不足的情况,从而导致物质资本投入的冗余。而且旅游产业季节性较明显,淡旺季游客数量差别很大,淡季物质资本的利用率更低,进一步造成了资源和设施的浪费与闲置,使物质资本要素效率值普遍低于1。其中也有特殊的省份,如西藏,2013年三大行业的物质资本效率均超过1,旅行社行业为2.47,酒店行业为3.35,景区行业更高,为39.19,说明该省份存在明显的投入不足,也是31个省份中唯一有年份出现投入不足状况的省份。

(二) 酒店行业物质资本效率略高于景区和旅行社行业

旅行社行业各年物质资本要素效率的均值为0.66,酒店行业为0.74,景区行业为0.67,可见,就全国各年平均水平来说,酒店行业的物质资本回报率最高。由于西藏的影响,使2013年全国景区行业平均物质资本效率值大幅度提高,如果剔除这一特殊年份,景区行业各年的物质资本效率平均值只有0.54,比旅行社行业效率低17.8%,在三大行业中最低,说明投入到景区行业中的物质资本产生的效益最低,这主要与景区行业资金投入大,建设周期长,景区效益滞后有关,同时也说明该行业风险性较高。

(三) 景区行业物质资本效率年际变化大于旅行社和酒店行业

将三大行业各省份2002—2013年物质资本要素效率平均后可得

每年物质资本要素效率的平均值，结果见图 5 - 1，从中可见，旅行社行业和酒店行业物质资本效率年际变化曲线较为平稳，尤其是酒店行业，除 2003 年有小幅下滑外，一直保持较为稳定的态势。而景区行业年际变化较大，无论是变化幅度还是趋势均不稳定，效率值在高低间反复波动，尤其是 2013 年，年际变化十分显著。这个特点从变异系数的均值上也可以反映出来，旅行社行业各年各省份变异系数的均值为 0.17，酒店行业为 0.12，而景区行业高达 0.66，即使剔除 2013 年这一特殊年份，变异系数均值也高达 0.29，说明景区行业物质资本效率的年际变化较大。

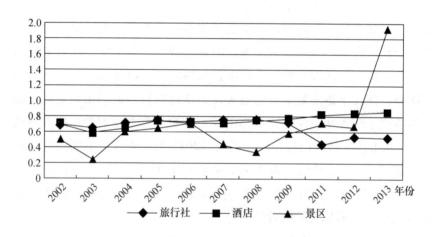

图 5 - 1　2002—2013 年物质资本效率变化趋势

（四）旅行社行业物质资本效率稳中有降

从年际变化曲线（见图 5 - 1）可见，2009 年以前，酒店和旅行社行业的物质资本效率表现出一定的相似性，即曲线重合率较高，说明两大行业的物质资本效率值和年际变化趋势基本保持一致；2009 年以后，两者的效率值变化明显不同。酒店行业仍然保持较高的稳定性，并且呈现略有上升的态势；而旅行社行业却出现明显下降，尤其是 2011 年达到 0.44 的最低值，2012 年和 2013 年虽有所上升，但仍在 0.6 以下，与 2009 年之前相比，仍有较大的差距，说明该行业物质资本投入冗余量有加大的态势，行业饱和度较高，应该适当进行物质资本投入的控制与退出。景区行业虽然年际变化较大，但 2008 年以后，物质资本效率一直保持增长的态势，说明行业物质资本利用能力在提高，冗余量在减少，物质投入产生的回报在增多。由此可见，三大行业中，仅有旅行社行业近几年的物质资本效率呈现下降态势，投入冗余量在加大。

二　区域差异

本书用基尼系数、泰尔指数及分解后的泰尔指数来分析效率的区域差异性。基尼系数和泰尔指数值越大，表示物质资本效率的区域差异越大；反之，差异越小。如果泰尔指数为负值，说明对原有差异有负向作用，差异有所缩小。

基尼系数的计算公式为：

$$G = \frac{1}{NW_N} \sum_{i=2}^{n} \sum_{j=1}^{i-1} (Q_i - Q_j) \tag{5.1}$$

其中，W_N 为各省份的要素效率之和，Q_i 为各省份的要素效率从低到高排列后第 i 个省份的效率值，N 为省份个数，在此等于 31。

泰尔指数的计算公式为：

$$T = \frac{1}{n} \sum_{i=1}^{n} \frac{y_i}{\bar{y}} \log\left(\frac{y_i}{\bar{y}}\right) \tag{5.2}$$

其中，T 为要素效率差距程度的测度泰尔指数，y_i 与 $\bar{y}$ 分别代表第 i 个省份的要素效率值和所有省份要素效率值的平均数，n 为省份个数，在此为 31。为了进一步测量旅游产业要素效率的区域差异，在此将泰尔指数进一步分解为组内差异和组间差异，用来衡量区域内要素效率差异以及区域间的差异，以便更好地分析旅游产业要素效率差异的来源。对泰尔指数进行如下分解：

区域间差距 T_b：

$$T_b = \sum_{k=1}^{K} y_k \log \frac{y_k}{n_k/n} \tag{5.3}$$

区域内差距 T_w：

$$T_w = \sum_{k=1}^{K} y_k \left(\sum_{i \in g_k} \frac{y_i}{y_k} \log \frac{y_i/y_k}{1/n_k} \right) \tag{5.4}$$

在此，将各省份分为东部、中部、西部和东北部 4 组，设为 K，每组分别为 $g_k(k=1,2,\cdots,k)$，第 k 组 g_k 中包含的省份个数为 n_k，则有 $\sum_{k=1}^{K} n_k = n$，y_i 与 y_k 分别表示某个省份 i 的要素效率与该群组 K 的要素效率总份额。全国范围内的泰尔指数 $T = T_b + T_w$。

（一）省际差异

根据式（5.1）和式（5.2）可以计算三大行业物质资本效率的基尼系数和泰尔指数，从而衡量该要素效率的省际差异特征。由于西藏的影响，使 2013 年的数据发生较大偏差，在此将该年从分析中剔除，结果见图 5 - 2。2007 年以前，酒店和旅行社行业的基尼系数变化趋势基本相同，2003 年出现一个较高值，省际差异有所扩大；随后两年两个行业的基尼系数逐步缩小，省际差异有缩小的趋势；接下来的 2006 年和 2007 年基尼系数再次微幅上升，省际差异小幅升高；2007 年以后，两个行业的基尼系数变化趋势完全相反，酒店行业一直呈下降趋势，而旅行社行业则逐步上升，说明酒店行业的物质资本效率省际差异一直呈下降趋势，而旅行社行业差异则在扩大。这在一定程度上反映出酒店行业的发展逐渐进入一个较为稳定的状态，物质资本投入所获回报在地区间的差异在缩小，而旅行社行业则恰恰相反，其投资风险性在提高。两大行业的泰尔指数变化趋势基本表明了同样的特征。这说明基尼系数和泰尔指数的变动趋势具有较高的一致性，只是波动幅度不同而已。景区行业的基尼系数和泰尔指数的变化趋势也较为类似，但内部变动较为剧烈。2006 年以前，景区行业的基尼系数年际变化与旅行社和酒店行业基本趋同，只是变动幅度剧烈一些；在 2007 年和 2008 年再次大幅上升，空间差异再次扩大，2009 年开始则进入下降状态，并且基尼系数值小于旅行社行业，2012 年虽有小幅反弹，但在三大行业中仍处于最低，说明省际差异缩小的趋势没有改变。因此，从物质资本效率区域差异的行业比较来看，可分为两个阶段，在 2006 年以前，三大行业的省际差异变化基本趋同；2007 年以后，三大行业各自走出了不同的变化趋势，旅游产业内部复杂性在增强，因此在物质资本投资方面需要谨慎。

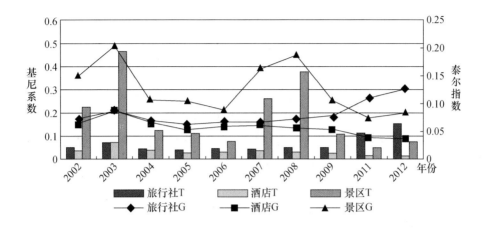

图 5 - 2　2002—2012 年物质资本效率省际差异

（二）东部、中部、西部和东北部地区差异

为了进一步对物质资本效率的区域差异特性进行分析，使用分解后的泰尔指数——区域内差异 T_w 和区域间差异 T_b 来分析区间差异。根据区域旅游经济特征和产业布局的总体差异性，按照东部、中部、西部和东北部四个地区进行区域划分。其中，东部地区包括北京、上海、天津、河北、山东、江苏、浙江、福建、广东和海南 10 个省份；中部地区包括河南、安徽、湖南、湖北、陕西和江西 6 个省份；西部地区包括陕西、甘肃、宁夏、青海、新疆、西藏、广西、云南、贵州、四川和重庆 11 个省份；东北地区包括内蒙古、辽宁、吉林和黑龙江 4 个省份。

对物质资本效率泰尔指数分解的结果见表 5 - 1，景区、旅行社和酒店行业各年组间差距之和分别为 0.41、 - 0.09 和 - 0.09，组内差距之和分别为 1.09、0.50 和 0.63，可见，区域内的差异均远大于区域间的差异，这说明地区间的差异并不是主要方面，而省际的差异是主导。另外，旅行社和酒店行业的 T_b 值多数年份均为负，说明这种区域间的差异对全国的泰尔指数已经没有正向的影响；相反，促使了全国泰尔指数的下降，使全国物质资本效率更加均衡。从区域间差异的年际变化来看，旅行社和酒店行业基本都是先上升后下降再上升的走势，说明区域间差异是先变大后变小然后再次变大的；而景区行业的变化则是三峰结构，即升—降—升—降—升的态势，说明区域间差异在波动中起伏。从区域内差异的年际变化看，景区行业与其区域间差异变化基本相同，只是波动更加剧烈；旅行社行业则是先降后升的态势，转折点为 2005 年，说明其区域内的差异性在扩大；酒店行业年际的变化曲线图呈现出三峰结构，波动性比旅行社行业要强，最高值则出现在 2009 年，近几年分解后的指数值则保持了下降态势，说明区域内的差异在缩小。

从四个地区自身的泰尔指数值来看，东北地区的泰尔指数值最小，景区、旅行社和酒店行业各年份间的指数平均值分别为 0.0065、0.0032 和 0.0007，说明东北 4 个省份间的区域差异最小；中部地区泰尔指数平均值较小，分别为 0.0117、0.0036 和 0.0012，说明中部地区各省份之间物质资本效率的差距也较小；西部地区泰尔指数平均值最大，分别为 0.0741、0.0139 和 0.0088，省份间有巨大差异性；东部地区内部省际差异较大，分别为 0.0208、0.0085 和 0.004。本书认为，东部地区和西部地区内部产生较大物质资本效率差异的原因是不同的。西部地区在投资较为缺乏、物质资本不丰富的情况下，省份对现有资源的集中利用状况一定程度上决定了物质资本效率的高低。因此，旅游投资较为集中的省份能够使有限的资源产生更好的效益，因而物质资本效率就比较高；而东部地区物质资本丰富，各省份投入旅游产业的资金均较多，有些省份利用效率较低是因为投资过剩导致的，也就是部分低层次旅游产品已达到饱和，而新的投入仍在继续，导致了资源的浪费与效率的低下。因此，东西部地区在减小物质资本效率差异、提高省份间的公平性方面采取的措施应该是不同的。从年际变化上看，东部、中部和西部地区均表现出一定的同步性，区域内差异变化趋势基本相同，而东北地区的泰尔指数值则呈现缓慢缩小的趋势，说明省份间物质资本效率具有趋同性。

表 5 − 1　2002—2013 年四大地带物质资本效率差异及分解

年份	2002	2003	2004	2005	2006	2007	2008	2009	2011	2012	2013
景区											
东部	0.0294	0.0718	0.0120	0.0184	0.0064	0.0329	0.0372	0.0057	0.0037	0.0099	0.0019
中部	0.0156	0.0099	0.0060	0.0025	0.0049	0.0309	0.0397	0.0064	0.0031	0.0075	0.0022
西部	0.0238	0.0553	0.0215	0.0123	0.0117	0.0402	0.0590	0.0181	0.0068	0.0060	0.5600
东北	0.0008	0.0433	0.0023	0.0099	0.0043	0.0012	0.0001	0.0033	0.0020	0.0042	0.0003
组间	0.0025	0.0032	0.0151	0.0031	−0.0108	0.0030	0.0072	0.0234	−0.0168	−0.0112	0.3933
组内	0.0914	0.1901	0.0366	0.0436	0.0429	0.1062	0.1503	0.0219	0.0388	0.0420	0.3251
旅行社											
东部	0.0050	0.0086	0.0047	0.0032	0.0051	0.0032	0.0055	0.0047	0.0106	0.0180	0.0249
中部	0.0030	0.0057	0.0034	0.0039	0.0044	0.0033	0.0044	0.0038	0.0019	0.0035	0.0021
西部	0.0059	0.0085	0.0044	0.0045	0.0049	0.0052	0.0054	0.0063	0.0177	0.0241	0.0664
东北	0.0027	0.0016	0.0019	0.0007	0.0010	0.0012	0.0023	0.0028	0.0056	0.0050	0.0099
组间	−0.0126	−0.0165	−0.0116	−0.0080	−0.0070	−0.0098	−0.0070	−0.0133	−0.0163	−0.0015	0.0113
组内	0.0343	0.0482	0.0310	0.0248	0.0267	0.0275	0.0286	0.0359	0.0638	0.0659	0.1112
酒店											
东部	0.0050	0.0117	0.0048	0.0035	0.0038	0.0046	0.0041	0.0030	0.0015	0.0008	0.0015
中部	0.0005	0.0008	0.0027	0.0011	0.0024	0.0026	0.0015	0.0008	0.0001	0.0003	0.0004
西部	0.0062	0.0117	0.0077	0.0039	0.0046	0.0047	0.0049	0.0044	0.0029	0.0037	0.0425
东北	0.0007	0.0050	0.0003	0.0002	0.0004	0.0001	0.0000	0.0012	0.0002	0.0000	0.0001
组间	−0.0086	−0.0072	−0.0056	0.0018	−0.0092	−0.0099	−0.0077	−0.0103	−0.0105	−0.0134	−0.0059
组内	0.0303	0.0389	0.0249	0.0151	0.0288	0.0276	0.1016	0.2036	0.0622	0.0601	0.0381

第二节　人力资本效率时空演变

一　时序演变

（一）人力资本过剩普遍存在

虽然与物质资本相比情况略好，但是，三大行业人力资本过剩普遍存在。景区行业2013年，西藏的人力资本效率值为22.90，远远高于1，说明该年人员投入严重不足；酒店行业方面，2013年西藏的人力资本效率值为1.44，略高于1，也有一定的投入不足；旅行社方面，人力资源投入不足的状况出现得较多，年份有2008年、2011年和2013年，出现的省份有北京、上海、湖南、宁夏和西藏，但除2013年西藏的效率值高达5.19之外，其余省份投入不足状况均很轻微，都在1.1以下。因此，整体来说，人力资本过剩仍是三大行业绝大多数省份在多数年份下存在的现象。旅游产业是劳动密集型产业，能够解决就业问题也是地方政府看重旅游产业发展的原因之一。近年来，随着社会就业压力的增大，各地地方政府均将发展旅游产业作为解决地区就业压力的一个途径。但是，旅游产业本身具有一定的脆弱性和敏感性，外部环境的变化会引起旅游产业链的变化，从而造成吸纳就业不稳定的情况出现。另外，我国旅游产业发展的现有技术水平也导致了劳动力利用率不高，人均产生的价值受到了影响，造成一定人力资本的冗余。

（二）景区行业人力资本效率年际变化较大

将三大行业各省份2002—2013年人力资本要素效率平均后可得每年人力资本要素效率的平均值，结果见图5-3，景区行业的人力资本效率年际变化最大，无论是变化幅度还是趋势均不稳定，呈现典型的波状曲线型的变化。这一特点也可以从变异系数的均值上反映出来，旅行社行业各年各省份变异系数的均值为0.09，酒店行业为0.15，而景区行业高达0.48，即使剔除2013年这一特殊年份后，变异系数均值也达到0.27，远远高于酒店和旅行社行业，说明景区行业人力资本效率的年际变化较大。

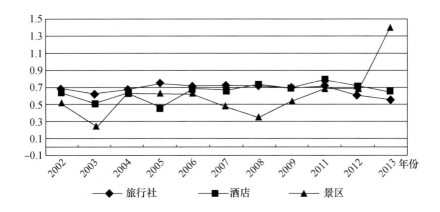

图 5-3　2002—2013 年人力资本效率变化趋势

（三）酒店和旅行社行业人力资本效率均稳中有降

从年际变化曲线来看（见图 5-3），旅行社和酒店行业的人力资本效率变化趋势具有一定的相似性。2008 年以前，变化趋势基本是波动中缓步上升的态势；2011 年以后，同样呈现出下降趋势，两大行业人员过剩的情况在加剧。不同的是，2008 年以前，旅行社行业人力资本效率略高于酒店行业；从 2009 年开始，酒店行业的平均人力资本效率超过了旅行社行业。

二　区域差异

（一）省际差异

从图 5-4 可见，旅行社行业人力资本效率的基尼系数变化较为平稳，除 2003 年外，其他年份基本都低于 0.2，2005—2008 年变化更趋平稳，但近几年稍有上升的势头，说明省际差异呈现由小变大的趋势。从酒店行业来看，其基尼系数的变化则可分为三段：第一，前半期波动频繁，数值一直在 0.2 以上，2005 年出现峰值，为 0.26；第二，从 2006 年开始进入平稳的状态，系数值一直在 0.15 左右小幅波动；第三，2011 年出现了波谷，其数值为 0.13，2012 年又恢复到 0.18，呈现中幅波动态势。另外，与旅行社行业相比，2006 年以前，酒店行业的基尼系数高于旅行社行业；2006 年以后，则低于旅行社行业，说明酒店行业人力资本效率的区域差异性在缩小。景区行业的基尼系数则表现出最大的波动性,呈现"双峰"格局,分别为 2003 年和 2008 年,数值分别为 0.54 和 0.48,2004—2008 年,基尼系数基本呈现增长态势,说明这段时间人力资本效率的省际差异一直在扩大;从 2008 年以后系数值则开始下降,说明近几年随着行业发展,人力资本投入在省际产生的效益差异在缩小,落后地区的人力资源价值有所提高。由于三大行业的泰尔指数年际变化趋势与基尼系数基本相似,在此不多做分析。

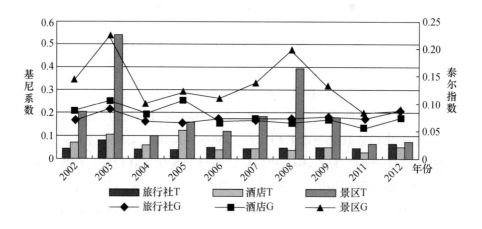

图 5-4　2002—2012 年人力资本效率省际差异

(二)东部、中部、西部和东北地区差异

对人力资本效率泰尔指数分解的结果见表 5-2,景区、旅行社和酒店行业各年组间差距之和分别为 0.19、-0.02 和 -0.16,组内差距之和分别为 1.16、0.50 和 0.47,可见,区域内的差异远大于区域间的差异。从区域间差异的年际变化来看,景区行业的变化趋势为波动变化,周期基本为 3 年,区域间的差异从扩大到缩小再到扩大趋势;旅行社行业的变化则较为平稳,在 2008 年之前基本呈上升趋势,随后呈现下降趋势,2013 年因为西藏人力资本投入严重不足而突然大幅上升;酒店行业的变化趋势与旅行社行业相似,同样是先上升后下降,只是拐点提前到 2005 年,之后地带间的差异性一直呈下降趋势。从区域内差异的年际变化看,景区行业同样是起伏波动格局,差异性忽大忽小，稳定性较低；旅行社行业除 2003 年和 2013 年泰尔指数值有突然的上升以外，其余年份均较为稳定，仅有小幅波动，说明区域内人力资本效率的差异变化趋于平缓；酒店行业则表现出较强的波动性，虽然波动幅度比景区行业小，但波动频率更为频繁，呈现出典型的折线形趋势，说明内部差异性变动非常频繁。

从东部、中部、西部和东北四个地区的泰尔指数值来看，东北地区的人力资本效率泰尔指数值最小，景区、旅行社和酒店行业各年间的指数平均值分别为 0.0069、0.0025 和 0.0005，说明东北地区省际的区域差异最小；中部地区泰尔指数平均值较小，分别为 0.0121、0.0084 和 0.0020，反映出中部地区各省份之间人力资本效率的差距也较小；东部地区泰尔指数平均值较大，分别为 0.0206、0.0084 和 0.0065，表现出较大的省际差异性；西部地区泰尔指数平均值最大，分别为 0.0626、0.0207 和 0.0121，远远高于其他三个地区，反映出省际巨大的差异性，并且指数值也远远大于西部地区在物质资本效率方面的泰尔指数值，说明西部地区省际人力资本利用上的差异远大于物质资本利用能力的差异，"人"的因素要大于"物"的因素。从年际变化上看，四大地区的旅行社行业年际变化的趋同性最强，各地区人力资本效率差异变化的趋势较为相同；景区行业东北地区的差异性逐渐趋于缩小，东部和西部地区变化趋势较为相似，中部地区则在 2008 年出现峰值，导致前后几年区域差异性均较大，其余年份变化较为平缓；四大地区的酒店行业均是在 2006 年之前表现出较强的波动性，随后几年中西部地区的差异性在提升，其他三区的差异性均在波动中趋向变小。

第三节　企业规模效率时空演变

一　时序演变

（一）三大行业企业数量普遍过多

在测评年份中，各省份的企业规模效率多小于1，说明三大行业企

表5-2　2002—2013年四大地带人力资本效率差异及分解

年份	2002	2003	2004	2005	2006	2007	2008	2009	2011	2012	2013
景区											
东部	0.0205	0.0721	0.0135	0.0294	0.0188	0.0231	0.0320	0.0046	0.0070	0.0049	0.0012
中部	0.0159	0.0060	0.0057	0.0025	0.0070	0.0187	0.0470	0.0162	0.0032	0.0075	0.0034
西部	0.0216	0.0669	0.0082	0.0119	0.0169	0.0325	0.0677	0.0326	0.0093	0.0090	0.4116
东北	0.0004	0.0389	0.0022	0.0151	0.0049	0.0003	0.0051	0.0071	0.0007	0.0008	0.0003
组间	-0.0110	0.0093	0.0194	0.0133	-0.0095	-0.0019	-0.0006	0.0200	-0.0178	-0.0191	0.1872
组内	0.0972	0.2159	0.0227	0.0526	0.0605	0.0793	0.1647	0.0521	0.0455	0.0509	0.3221
旅行社											
东部	0.0054	0.0100	0.0043	0.0043	0.0062	0.0058	0.0055	0.0055	0.0043	0.0095	0.0315
中部	0.0030	0.0063	0.0036	0.0039	0.0045	0.0034	0.0043	0.0040	0.0021	0.0016	0.0036
西部	0.0059	0.0092	0.0050	0.0046	0.0058	0.0054	0.0057	0.0063	0.0070	0.0072	0.1657
东北	0.0014	0.0016	0.0020	0.0007	0.0010	0.0012	0.0013	0.0029	0.0048	0.0014	0.0093
组间	-0.0124	-0.0174	-0.0063	-0.0044	-0.0029	-0.0050	-0.0004	-0.0090	-0.0063	-0.0030	0.0511
组内	0.0323	0.0513	0.0245	0.0219	0.0238	0.0245	0.0211	0.0308	0.0260	0.0317	0.2134
酒店											
东部	0.0067	0.0120	0.0057	0.0194	0.0053	0.0063	0.0041	0.0036	0.0016	0.0013	0.0050
中部	0.0002	0.0005	0.0052	0.0008	0.0026	0.0030	0.0025	0.0037	0.0001	0.0011	0.0018
西部	0.0110	0.0207	0.0109	0.0232	0.0066	0.0065	0.0073	0.0073	0.0070	0.0093	0.0235
东北	0.0009	0.0004	0.0008	0.0004	0.0007	0.0001	0.0000	0.0013	0.0005	0.0003	0.0006
组间	-0.0139	-0.0144	-0.0089	-0.0029	-0.0103	-0.0117	-0.0120	-0.0201	-0.0140	-0.0252	-0.0263
组内	0.0439	0.0588	0.0343	0.0551	0.0277	0.0312	0.0285	0.0418	0.0270	0.0473	0.0711

业数量普遍过多。比较特殊的仅有西藏在个别年份中出现效率值高于
1。因此，合理估计旅游发展速度，适当进行旅游项目的上马和建设
是各地区提高旅游发展效率的主要途径之一。另外，各地区应在旅游
产业发展的过程中引导小、弱、散、差的旅游企业合并重组到大型旅
游企业中去进行转产，培育旅游集团的成长与壮大，从而提高单体旅
游企业的盈利能力。

（二）酒店行业企业规模效率逐年升高

从图5-5各年企业规模效率平均值来看，酒店行业的企业规模
效率在2006年以前呈现波动发展态势，起伏不定。2007年开始，企
业规模效率保持稳定增长态势，尤其是2011年以后直线增长，发展
态势越来越好，到2013年均值达到了测评年份中的最高值，为0.96，
接近于1，达到优化状态，这反映出随着旅游产业的发展，酒店行业
的成熟度在逐渐提高，企业数量经过前期的波动发展之后，逐渐进入
稳定状态，并且趋于合理化。

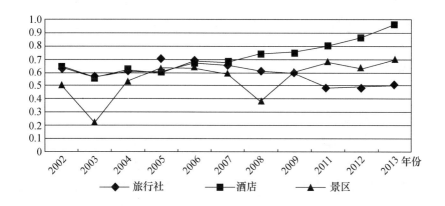

图5-5　2002—2013年企业规模效率变化趋势

（三）旅行社行业企业规模效率逐年下降

从图5-5来看，旅行社行业的企业规模效率发展状况不尽如人
意。2005年以前，呈现的是波动发展状态，企业规模效率在不同年份
中有升有降。2006年开始持续下滑，进入2011年以后，效率值已经

下滑到 0.5 以下，与最高值的 2005 年（0.71）相比仅占其 67.74%，下滑幅度很快。这种状况的出现与电子商务平台对传统旅行社业务带来的冲击有一定关系。在面对新的竞争压力和旅游消费市场的变化下，如何进行企业的升级转型、丰富旅游产品是旅行社行业亟须解决的问题。

（四）景区行业企业规模效率年际变化较大

三大行业中，景区行业的企业规模效率年际变化很大，波动性更加起伏。从趋势图（见图 5-5）来看，景区行业的企业规模效率有两个低谷，分别为 2003 年和 2008 年，其中，2003 年效率值已经达到 0.2 的低值，而 2008 年也仅有 0.37。但是，这两年效率产生低值的原因并不同。2003 年因为"非典"的影响景区行业效益大幅下滑，导致暂时性的企业数量冗余；2008 年则是因为北京奥运会的召开引致很多新的旅游项目的上马与建设，由于效益的滞后性导致该年暂时性的企业数量冗余。因此可以看到，在这两个特殊年份之后的 2004 年和 2009 年，企业规模效率均有大幅反弹，回归到较正常水平。如果将 2003 年和 2008 年两个特殊年份剔除后，可以发现景区行业的企业规模效率变化是较为平稳的，一直在 0.5—0.7 徘徊，并且有稳步上升的态势，在 2009 年以前多在 0.6 左右徘徊，在 2009 年以后多在 0.65 左右徘徊。

二　区域差异

（一）省际差异

从基尼系数来看（见图 5-6），三大行业企业规模效率的省际变化呈现出明显不同的特征。酒店行业企业规模效率基尼系数最小，其值一直在 0.2 以下，并且随着时间的变化数值一直逐步缩小，2012 年已经在 0.1 以下，为 0.08，这说明酒店行业的省际差异一直在缩小。旅行社行业的基尼系数变化分为两个阶段：2005 年以前，基本呈现下降趋势，说明省际差异在逐渐缩小；2006 年开始，基尼系数逐步上升，到 2012 年已达到 0.34 的峰值，为各年中最高的，省份间差异在逐步扩大。景区行业的基尼系数年际变化以剧烈波动为主，两个峰值出现在 2003 年和 2008 年，并且每次峰值出现后都伴随有三年的下降期，形成"双峰"结构。另外，景区行业的物质资本效率、人力资本效率和企业规模效率的年际变化表现出相似性，均是"双峰"结构，说明景区行业不同要素投入产出的省际差异关联性较强。

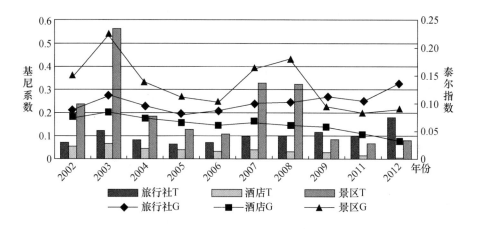

图 5 − 6　2002—2012 年企业规模效率省际差异

（二）东部、中部、西部和东北地区差异

对企业规模效率泰尔指数分解的结果见表 5 − 3，景区、旅行社和酒店行业各年组间差距之和分别为 0.41、− 0.09 和 − 0.09，组内差距之和分别为 1.09、0.50 和 0.63，可见区域内的差异远大于区域间的差异。从区域间差异的年际变化来看，景区行业 2008 年以前泰尔指数值变化较为平缓，说明区域间差异的变化幅度不大，2008 年以后变化幅度增大，变化频率更加频繁，地带间的差异性变化趋于不稳定；旅行社行业拐点出现在 2007 年，在此之前指数值平缓上升，说明区域间的差异性略有扩大，2008 年以后则变成折线形，指数值先下降后上升，地带间的差异扩大；酒店行业区域间差异变化则较为平稳，除 2004 年上升幅度较大之外，其余年份指数值基本较为稳定，仅有小幅波动，说明地带间差异性基本达到了平衡状态。从区域内差异的年际变化看，景区和酒店行业均在升降交替中起伏不定，区域内的差异变化较为频繁，旅行社行业则是先下降后上升，说明区域内企业平均效益地位变化仍在波动中小幅变化。

表 5 - 3　　　　　　　　　2002—2013 年四大地带企业规模效率差异及分解

年份	2002	2003	2004	2005	2006	2007	2008	2009	2011	2012	2013
景区											
东部	0.0294	0.0718	0.0120	0.0184	0.0064	0.0329	0.0372	0.0057	0.0037	0.0099	0.0019
中部	0.0156	0.0099	0.0060	0.0025	0.0049	0.0309	0.0397	0.0064	0.0031	0.0075	0.0022
西部	0.0238	0.0553	0.0215	0.0123	0.0117	0.0402	0.0590	0.0181	0.0068	0.0060	0.5600
东北	0.0008	0.0433	0.0023	0.0099	0.0043	0.0012	0.0001	0.0033	0.0020	0.0042	0.0003
组间	0.0025	0.0032	0.0151	0.0031	-0.0108	0.0030	0.0072	0.0234	-0.0168	-0.0112	0.3933
组内	0.0914	0.1901	0.0366	0.0436	0.0429	0.1062	0.1503	0.0219	0.0388	0.0420	0.3251
旅行社											
东部	0.0050	0.0086	0.0047	0.0032	0.0051	0.0032	0.0055	0.0047	0.0106	0.0180	0.0249
中部	0.0030	0.0057	0.0034	0.0039	0.0044	0.0033	0.0044	0.0038	0.0019	0.0035	0.0021
西部	0.0059	0.0085	0.0044	0.0045	0.0049	0.0052	0.0054	0.0063	0.0177	0.0241	0.0664
东北	0.0027	0.0016	0.0019	0.0007	0.0010	0.0012	0.0023	0.0028	0.0056	0.0050	0.0099
组间	-0.0126	-0.0165	-0.0116	-0.0080	-0.0070	-0.0098	-0.0070	-0.0133	-0.0163	-0.0015	0.0113
组内	0.0343	0.0482	0.0310	0.0248	0.0267	0.0275	0.0286	0.0359	0.0638	0.0659	0.1112
酒店											
东部	0.0050	0.0117	0.0048	0.0035	0.0038	0.0046	0.0041	0.0030	0.0015	0.0008	0.0015
中部	0.0005	0.0008	0.0027	0.0011	0.0024	0.0026	0.0015	0.0008	0.0001	0.0003	0.0004
西部	0.0062	0.0117	0.0077	0.0039	0.0046	0.0047	0.0049	0.0044	0.0029	0.0037	0.0425
东北	0.0007	0.0050	0.0003	0.0002	0.0004	0.0001	0.0000	0.0012	0.0002	0.0000	0.0001
组间	-0.0086	-0.0072	-0.0056	0.0018	-0.0092	-0.0099	-0.0077	-0.0103	-0.0105	-0.0134	-0.0059
组内	0.0303	0.0389	0.0249	0.0151	0.0288	0.0276	0.1016	0.2036	0.0622	0.0601	0.0381

从东部、中部、西部和东北四个地区的企业规模效率泰尔指数值来看，与人力资本效率相同，东北地区的泰尔指数值仍然最小，景区、旅行社和酒店行业各年间的指数平均值分别为 0.0065、0.0032和 0.0007，说明东北地区内部的省际差异最小；中部地区泰尔指数平均值较小，分别为 0.0117、0.00362 和 0.0012，反映出中部地区省际企业规模效率的差距也较小；东部地区泰尔指数平均值较大，分别为0.0209、0.0085 和 0.0040，表现出较大的省际差异性；西部地区泰尔指数平均值最大，分别为 0.0741、0.0139 和 0.0088，远远高于其他三个大区，反映出省际巨大的差异性。从年际变化上看四大地区的旅行社行业年际变化的趋同性最强，在 2008 年以前，各地带企业规模效率差异变化的趋势基本相同，之后开始分化，东西部地区显著上升，东北地区小幅上升，而中部地区略有下降，说明区域间差异性变化出现了不同的走向。景区行业在东北地区的差异性变化不大，仅有小幅波动；东部和西部地区在 2006 年以前变化趋势较为相似，之后出现两极分化，西部地区差异性持续上升，而东部地区则持续下降，仅在 2013 年略有反弹；中部地区的差异变化则较为特别，在 2004 年大幅上升，随后又大幅下降，接下来的几年缓幅上升。到 2009 年又大幅下降，随后又缓幅上升，可见，中部地区指数的大幅变化每次都出现在重大事件发生后，滞后期为一年；而酒店行业整体来说，泰尔指数值变化均较平稳，仅在 2003 年出现波动，随后四个地区的指数值均缓慢下降，差异性均在减弱，仅有景区行业因为西藏的影响在2013 年出现突然波动。

第四节　旅游要素效率区域划分

为了进一步回答"未来旅游投入应该到哪些地区"的问题，在此将 2011—2013 年三大行业物质资本、人力资本和企业规模三大要素效率计算平均值，并通过自然间断点分级法将三大要素效率平均值按省份分为高值、次高值、次低值和低值区四类。因为旅游企业的新建或者规模扩张，均需要物质资本和人力资本的投入，并且现有企业数量的多少也会产生影响，因此，针对行业三大要素效率高值区和次高值区在省份分布上的配合情况，将各省份划分为明星型、新秀型、机会型和风险型四类。第一类明星型地区，这类地区是指三大要素效率中至少有两类划归在高值区的省份，这类省份投入的要素获得高回报的可能性较高，投资价值较大，可以通过增加相应供给来扩大地区旅游行业份额，提高旅游服务能力；第二类新秀型地区，这类地区至少有两项要素效率被划归在次高值区，具有较高的投资价值，获得稳定性收益的可能性较高；第三类机会型地区，划归到这类的省份仅有一项要素效率值属于次高值区，从整体来看，要素投入产出的效益不太高，在这类地区投资机遇和风险参半；最后一类风险型地区，是三大要素效率值均划归在较低类省份的集合，这类省份无论是物质资本效率、人力资本效率还是企业规模效率均较低，投资在这些地区风险性较高，需要谨慎操作。

一 旅行社

（一）明星型地区

处于明星型地区的省份共有 5 个。其中，最具投资价值的省份是西藏，近三年来，三大要素效率的平均值均居于高值区，2013 年人力资本效率高达 5.19，企业规模效率高达 2.36，说明该省份目前在要素投入上存在很大不足，未来应加大地区旅行社行业投入，以期取得更大收益；其次具有较高投资价值的省份是云南、北京和上海 3 个省份，这 3 个省份企业规模效率和物质资本效率均进入高值区，人力资本效率也较好，位于次高值区，三大要素效率配合较好，因此，在这 3 个地区进行投资也会获得较好的回报。另外，广东省也可划归为明星区，该省份企业规模效率和物质资本效率均进入高值区，但人力资本效率略低，说明在人力资本利用方面，广东省已经表现出一定的饱和性。因此，位于该地区的企业可进一步挖掘员工价值，提高智力产出。从地区空间分布来看，北京、上海和广东分别是京津冀、长三角和珠三角地区的中心，可见，旅游需求的强弱对旅行社行业要素效率有重要的影响，近客源地的优势更能得到发挥；西藏和云南则是我国新兴旅游目的地的代表，旅游需求呈现井喷式增长，对提供旅游服务为主的旅行社行业也有了更多需求。

（二）新秀型地区

新秀型地区有 5 个省份，分别为广西、福建、浙江、宁夏和重庆。其中，重庆、广西、福建和浙江企业规模效率和物质资本效率处于次高值区，而人力资本效率不高，说明上述地区在效益提升方面还有一定的空间，只要提高人力利用效率，总体行业效率还会有一定提高。宁夏则是企业规模效率位于高值区，人力资本效率位于次高值区，但物质资本效率不高，未来行业效率的提升应该依靠对现有固定资产投资重新进行组合和优化，降低冗余量，提高利用能力。从空间分布上看，这些省份集中于东南沿海和西部中心地区，说明我国东南沿海地区在旅行社行业方面的优势突出，而西部中心地区主要是由旅游需求持续增长带来的，如何更好地满足游客需求，适应市场需求变化是迫切需要解决的问题。

（三）机会型地区

机会型地区包括甘肃、辽宁、吉林、天津、贵州、湖南、四川和青海 8 个省份，这些省份近三年三大要素效率均值仅有一项进入次高值区行列，说明旅行社行业要素投入冗余现象较为明显，现有资本未得到充分利用，不适宜再进行更多的投资，重点应对现有投入进行盘活，从而提高收益。其中，甘肃和辽宁两省份均仅有物质资本效率进入到次高值区，说明这两省份企业数量过多，单个旅行社平均收益较低，人力资源未得到充分利用，未来应提高单个旅行社业务规模，将外部交易成本转为内部，培育龙头企业的形成。其余 6 个省份皆是在企业规模效率一项上进入次高值区，说明 6 省份企业整体数量较为合理，但是，对物质资本和人力资本的利用状况都不尽如人意，未来行业效率的提高可以从提升现有资本利用能力方面入手，对产品进行升级转型和线路创新。从空间分布上看，这些省份集中分布于我国西南和东北地区，可以说，将来发展的机遇与风险共存，在旅游线路的设计和创新上更应谨慎。

（四）风险型地区

其余的 13 个省份划归为风险型地区，占省份总数的 41.94%。这些地区的三大要素效率平均值处于次低值区和低值区范围，物质资本效率值均在 0.5 以下，人力资本效率值均在 0.65 以下，企业规模效率值均在 0.4 以下，也就是说，与发达地区相比，这些省份在旅行社行业投入的要素产生的效益不足半数，冗余量很大。这些地区近几年将成为投资的高风险区，在原有要素都未得到充分利用的情况下，新投资的进入无疑将进一步恶化竞争局面，因此，在投资方面应该更加谨慎。从要素角度来看，企业规模效率对以上地区行业效率的提高制约作用更强，因此，加强地区龙头企业的培育，适时进行中小旅行社的合并，是提高要素利用能力的有效途径。从空间分布上看，风险型地区集中分布在我国北部和中部地区，东部地区也有多个省份进入这一类型，说明结构性过剩在旅行社行业存在较为普遍，应该适时进行转型和升级。

二　酒店

（一）明星型地区

从酒店行业近三年三大要素平均效率分类结果来看，进入明星型地区的省份只有西藏一个省份。该省物质资本效率平均值为 1.58，人力资本效率值为 1.09，企业规模效率值为 3.72，均高于 1，说明该省份在要素投入上存在明显不足。这其中的原因主要是近几年西藏旅游产业发展势头迅猛，无论是游客接待量还是旅游总收入节节攀高，旅游客源市场由原来较为单一的外宾接待型发展到入境、出境和国内三大市场为一体的综合旅游客源体系，在这种情况下原有的住宿接待能力明显不能满足迅猛增长的旅游需求的需要，因此，需要有更多的要素投入到酒店行业中。以旅游人数为例，2007 年，西藏共接待海内外游客 402 万人次，到 2011 年短短的几年间已经突破 1000 万人次，到 2014 年增长到 1553 万人次，旅游总人数的超常规发展要求住宿等旅游服务设施也要相应扩大规模，适应这种需求的迅猛增长。

（二）新秀型地区

划入新秀型地区的省份共有 13 个，分别为北京、天津、江苏、上海、浙江、福建、广东、湖南、重庆、贵州、海南、青海和宁夏。从地区分布上看，划归到明星型地区的省份可以分为两类：一类是以北京、上海、广东为代表的东部沿海发达地带的省份，这类地区旅游产业规模大，经济发达，要素效率较好的原因有两个：一是因为旅游需求旺盛带来的高入住率；二是因为经济活动旺盛带来的大量商务客人，使得在这类地区进行的酒店行业投资一般都能得到较稳定的回报率。另一类是以青海、宁夏为代表的中西部地区省份，这类省份虽然旅游产业总体规模不高，但是我国新兴旅游目的地的代表，近几年旅游需求的持续旺盛带来的是对住宿设施不断增长的要求。因此，酒店平均入住状况较为令人满意，要素效率也得到较为充分的发挥，未来应根据市场需求和游客层次的变化对酒店行业产品进行规模总量上的扩大，更好地满足行业发展的需要。

（三）机会型地区

机会型地区仅有山东和山西两个省份，均是在人力资本效率一项上进入到次高值范围。从酒店行业发展状况来看，两个省份均存在星级酒店整体数量过多、物质资本投入冗余的情况，说明过度竞争和市场饱和的状况已经开始出现，物质资本发挥的效益有限，离最佳生产前沿面还有较大距离。而两个省份人力资本利用状况较好，这与地区整体劳动力素质较高有一定关系，加上两个省份人力资源总量都较为充足，在行业发展方面能够提供较为充分的人力资本保证。因此，未来两个省份酒店行业要素效率的提高主要靠提升物质资本利用能力和合理布局企业数量，适当组建以资本为纽带的酒店企业集团，实现集团内部的规模化经营，提高资本利用率，产生更高效益。

（四）风险型地区

其余15个省份划归为风险型地区，占省份总数的48.39%。这些地区在原有要素未得到充分利用的情况下，新投资的进入无疑将进一步恶化竞争局面，因此，在投资方面应该更加谨慎。从空间分布上看，划归为风险型的省份多在中西部地区。另外，东北4个省份全部属于此类，可见，酒店行业要素效率的高低与地区经济发展水平之间还是有一定联系的。地区经济越发达，经济往来活动越密切，商务客人越多，酒店入住率的稳定性更容易保持，行业效益相应也越好。因此，风险型地区在酒店行业发展过程中应该重视核心旅游资源的作用，通过旅游城市的优势带动酒店行业的发展。可以利用现有旅游资源，配合景区保证游客住宿需求，并且可以按照不同类型和等级的旅游资源打造相适应的酒店产品类型，突出特色化服务。

三　景区

（一）明星型地区

根据景区行业近三年三大要素平均效率分类结果来看，与酒店行业相同，进入明星型地区的省份只有西藏。该省物质资本效率平均值为 13.74，人力资本效率值为 8.30，企业规模效率值为 0.91，说明该省份在要素投入上存在明显不足。这其中的原因主要是近几年西藏在国内旅游所占份额越来越重，尤其是青藏铁路通车后，交通便利条件大大提升，旅游总人数超常规发展，对旅游类产品的需求非常旺盛。但是，由于自然条件和经济条件的限制，西藏景区类产品的数量并没有出现大幅增长，使游客需求都集中在现有景区大规模释放，因此表现出严重的物质和人力资本不足。另外，目前西藏已经建立了一支以藏族为主体的具备一定专业素质的旅游从业人员队伍，但是，由于语言条件的限制为专业人员的后续培养和扩充设定了一定的困难性，导游等专业人才仍然十分匮乏。因此，西藏应该加大投入打破这种壁垒，为景区行业的发展提供充足的智力支持。

（二）新秀型地区

处于新秀型地区的省份共有 14 个，从空间分布上，主要集中于东部沿海地带和西南部地区。天津、上海、山东、江苏、浙江、安徽、福建、江西、广东、海南和湖南 11 个省份集中分布于东部沿海地带（其中包含少数中部地带省份），呈现纵向带状集中分布态势。其中，江苏、湖南和福建在企业规模效率方面属于次高值区，其他省份属于高值区；从人力资本效率来看，各省份皆在次高值区；从物质资本效率来看，除山东和江苏外，其他省份效率值皆在次高值区等级，这两省由于近几年新建和扩建景区数目较多，物质投入未能充分吸收并转化为效能，导致效率下降，在景区建设方面存在一定的盲目性，未来只要选定合适的产品方向，仍具有一定的投资价值。位于西南部地区的新疆、青海和四川省也进入新秀型地区，它们是新兴旅游目的地的代表，与位于明星型的西藏一起在我国西南部地区呈团状分布。这些地区景区行业发展起步晚，但后劲足，要素利用率较好，投入产出保持了较好的平衡关系，未来随着旅游产业的进一步发展，景区行业发展的后劲也十足，是潜力巨大的地区，投资价值较高。

（三）机会型地区

属于机会型地区的省份仅有两个，分别是辽宁和云南。它们均是仅有企业规模效率一项进入次高值区，物质资本效率和人力资本效率均较低。这说明它们的景区类企业数量维持在一个较为合理的范围，但是物质资本存量和人力资本存量都过剩，未能充分发挥效能，如果进一步进行景区行业方面的投资，风险和机遇是并存的，因此，属于投资谨慎型地区。未来一段时间，两个省份应加大对现有资本盘活的力度，提高其产出效益，对景区产品进行升级和转型，以期更好地适应市场需求。

（四）风险型地区

其余的14个省份划归到风险型地区，占省份总份的45.16%。从区位上看，这些省份大多处于我国中部和东北部地区，在空间上成片分布，形成大"T"字形结构，具有典型的空间集聚性。以上省份整体经济发展水平较为一般，旅游产业发展较晚，景区行业投入较多，产出却不尽如人意，因此，未来在吸收新的旅游投资方面属于风险性较高的地区，建议以盘活现有资产为主要发展措施。这其中北京市的情况较为特殊，它属于东部沿海省份，又是我国的政治中心，但是，近几年景区行业要素效率却较低，反映出仅单纯地靠扩大投资来保持高增长率的发展路径并不持续，当大众型产品趋于饱和后，创新型的休闲观光产品的设计和开发应该是更适合发达地区保持行业高增长性的发展路径，北京市在奥运效应的刺激下出现了旅游需求的提前释放，随后市场对现有景区类产品的需求进入了一个小的低迷期，增速有所放缓，尤其是入境游方面更为突出，产品的升级换代刻不容缓。

本章小结

本章通过对 2002—2013 年的物质资本、人力资本和企业规模资本三大要素效率分析，得到如下结论：

一　投入冗余是三大要素效率普遍存在的现象

从各年结果来看，无论是旅行社行业、酒店行业还是景区行业，各年物质资本、人力资本和企业规模效率都小于 1，各行业普遍存在投入冗余的状况。酒店和景区均属于实体行业，前期均需要大量的投入，旅行社行业作为服务型行业，虽然也需要前期投入，但通常在投入量上远少于酒店和景区行业。各省份为了发展旅游产业，在三大行业中均投入大量的物质资本和人力资本，显然扩大了地区的接待能力，但不免存在对市场估计不足的情况，从而导致资本投入的冗余。而且旅游产业季节性较明显，淡旺季游客数量差别很大，淡季时资本的利用率更低，进一步造成了资源和设施的浪费与闲置。

二　酒店行业要素效率最高，景区行业要素效率稳定性最差

从行业间比较来看，景区行业三大要素效率年际变化大于酒店和景区行业，稳定性低，这主要与景区行业资金投入大，建设周期长，景区效益滞后有关，同时也说明该行业风险性较高；酒店行业要素效率整体最好，物质资本效率较高，企业规模效率也逐年升高，但人力资本效率稳中有降，说明未来一段时间酒店行业的发展重点应放在人力资本的挖掘上；旅行社行业的三大要素效率则稳中有降，2009 年成为转折点。说明该行业饱和度增高，应该适当进行资本投入的控制与退出。这种状况的出现与电子商务平台对传统旅行社业务带来的冲击有一定关系。随着大众化旅游时代的到来，自助游比传统的跟团游更受到游客的欢迎，面对这种旅游偏好的变化，以携程网为代表的旅游电子商务平台提供了更加多样和灵活的旅游产品，在其产品体系中，不仅有传统的旅游线路组合型产品，还提供了丰富多样的机票、住宿、景区门票等单项旅游产品，游客可以更加灵活地自由组合和选

择，并且电子商务中信息被游客获知的渠道更加多样，不受时空限制，市场营销更为有效。在这种情况下，传统的中小型旅行社受到更大的冲击，单体企业盈利能力下滑，造成企业平均效率更为低下。因此，在面对新的竞争压力和旅游消费市场的变化下，如何进行企业的升级转型、丰富旅游产品是旅行社行业亟须解决的问题。

三 旅游要素效率省际差异的产生与其所处的地带无关

从空间格局来看，旅游要素效率东部、中部、西部和东北地区内的差异要远大于区域间的差异，近三年旅游要素效率高值区集聚，形成以北京、上海、广东为代表的东部核心区和西藏、宁夏为代表的西部核心区。所以，省域层面的差异性与该省份所处的地带关系并不大，与它在地带内部旅游产业所处的地位、自身资源的价值性等有较大关系，旅游要素投资更应注重省份的选择。

四 东北地区内部趋同性最强，东部和西部内部差异性较大

在四大区域的区域内差异上，东部和西部内部各省份差异较大，中部和东北部内部差异相对较小，尤其是东北4省份具有较强的趋同性。但是，东部和西部原因是不同的。西部地区在投资较为缺乏、物质资本不丰富的情况下，投资较为集中的省份能够使有限的资源产生更好的效益，因此获得投入多的地区要素效率就高，而获得资源少的地区由于旅游开发不充分，要素效率就低；而东部地区要素丰富，各省份普遍获得较多的资源投入，资源利用合理充分的省份要素效率就高，要素效率较低的省份主要是因为投资过剩导致的，也就是部分低层次旅游产品已达到饱和，而新的投入仍在继续导致资源的浪费与效率的低下。因此，东西部地区在减小要素效率差异、提高省际的公平性方面采取的措施应该是不同的。

为了进一步回答"未来旅游投入应该到哪些地区"的问题，本章在第四节针对行业三大要素效率高值区和次高值区在省份分布上的配合情况，将各省份划分为明星型、新秀型、机会型和风险型四种。明星型省份投入的要素获得高回报的可能性较高，投资价值较大，可以通过增加相应供给来扩大地区旅游行业份额，提高旅游服务能力；新秀型省份具有较高的投资价值，获得稳定性收益的可能性较高；机会型省份要素投入产出的效益不太高，在这类地区投资机遇和风险参半；风险型省份无论是物质资本效率、人力资本效率还是企业规模效率均较低，投资在这些地区风险性较高，需要谨慎操作。

第六章　旅游产业效率时空演变的驱动机制

第一节　旅游产业效率影响因素
识别与结果分析

一　影响因素识别

通过第三章对我国旅游产业效率时空演变特征的分析发现，不同省份在不同时期表现出不同的效率特征，是什么原因影响了不同省份的旅游产业效率？究竟是哪些因素导致了我国旅游产业效率时空差异性的出现？理清这些问题对于旅游产业研究至关重要。

从以往对旅游产业效率影响因素的研究回顾中可以发现，资源禀赋、区位条件、经济发展水平、地区专业化水平、产业规模等条件是涉及较多的影响因素。表 6 - 1 对国内区域旅游产业效率的影响因素的指标选取问题进行了总结，从时间上看，近几年来，对区域旅游产业效率的影响因素研究才引起一定的重视；从成果来说，还远远不丰富，有关旅游产业效率的很多深层次原因还需进一步挖掘。

根据对相关文献的总结以及对我国旅游产业发展状况、旅游效率相关研究的理论分析，本书选取区位条件、人力支持、市场潜力、第三产业规模、市场化程度和信息化水平六个因素来进行旅游产业效率影响因素的识别与分析，对旅游产业效率时空变化背后的深层次原因进行进一步分析。

表 6 - 1　　　　　　旅游产业效率影响因素研究指标选取汇总

已有研究	主要影响因素	主要变量选择	研究尺度
董新建(2009)	产权结构、企业规模、竞争程度、人力资源、市场化程度、旅游产业地位、区位因素	国有和集体星级酒店占全部星级酒店的比例、企业平均固定资产原值、企业数量、旅游高等和中等职业院校学生数、旅游产业总收入/GDP、虚拟变量	省域
王栋等(2011)	旅游产业收入对外的依存度、旅游资源的开发水平、区域内旅游企业竞争状况、旅游企业技术装备率、旅游企业规模、人力资本	旅游外汇收入、景区数量、旅游企业数量、旅游企业资产规模、每万名员工中大学学历的员工数	省域
王恩旭(2011)	地区经济发展水平、服务业发展规模、服务业发展水平、区位条件、固定资产投资	人均 GDP、第三产业从业人员、第三产业产值、旅游区位熵、旅游产业固定资产投资	省域
张金华(2013)	地区财政条件、区位条件、旅游资产规模、旅行社	人均 GDP、面板数据模型中的个体效应、旅游产业固定资产投资、旅行社数量	省域
王坤等(2013)	劳动力投入、固定资产投入、外商直接投资和旅游资源丰度	城市第三产业从业人数、城市固定资产投资、外商直接投资、A 级及以上景区加权数	城市
陈芳(2013)	地区经济发展水平、服务业发展规模、服务业发展水平、区位条件、资金的投入、可达性	人均 GDP、第三产业从业人员数量、第三产业产值量、区位熵、固定资产投资、公路里程	省域

（一）区位条件

企业所处的地理区域很大程度上决定了企业的生产布局以及由地理环境所决定的资源、技术和信息的汲取能力，对企业的投入产出水平以及企业的市场竞争环境起到重要的作用，从而直接影响企业的效率状况。从旅游产业来说，良好的区位条件可以享受一系列政策层面上的优势，与旅游产业有关的产品市场、要素市场、市场中介组织、法律制度环境等也更加完备，为促进旅游产业劳动生产率的不断提高提供了有利的外部环境。另外，由于区位会影响游客的出行，地理位置对旅游产业发展会有一定的影响。良好的区位条件有利于游客获得各类旅游信息和制订便捷的出行计划，从而使出行变得更富有行动力，使旅游目的地的吸引力更高。但是，由于区位条件是一个较难衡量的指标，在此引入区位熵的概念来代表各地区旅游产业发展的区位条件。用地区旅游收入/地区 GDP 与全国旅游收入/全国 GDP 这一比值来代表地区的区位条件状况。

（二）人力支持

旅游产业属于劳动密集型服务产业，对人力资源的需求较大，人力支持就成为影响效率的主要因素之一。相关理论研究表明，对经济增长起决定作用的是人力资本，而物质资本的增长所占比重越来越小。人力资本对技术效率的提高尤其有促进作用，在同等条件下，人力资本每增加 1%，生产率就会提高 2%—10%。另外，产业发展不仅需要劳动力数量的支持，更需要劳动者有一定的素质，劳动力文化、技术素质的提高对经济增长的贡献比单一的简单劳动力的贡献更高。从区域的角度来看，人力资源的开发与分布状况已经成为区域经济发展的重要因素。根据经济学相关理论，人力资本具有内部和外部两种效应。内部效应影响劳动力本身的生产效率，而外部效应则影响所有要素的生产效率，是报酬递增和经济增长的一个来源。对地区旅游产业而言，高质量的劳动力是生产要素的高级组织者，对提高生产效率、充分利用资源、实现技术进步和推动地区旅游产业升级优化有不可替代的作用，专业化的知识和人力资本的积累可以产生效率的提高、成本的下降和收益的递增，所以，人力资本对旅游产业发展提供的智力支持应该是影响旅游产业效率的一个重要因素。在此，本书选取旅游院校学生总数/旅游产业总的从业人员数这一比值来表示地区人力资本对旅游产业的支持程度。

（三）市场潜力

旅游动机的形成除居民有较多的可自由支配的收入以外，还需要有较强的消费意识。消费意识会随着经济发展和社会进步发生变化。在初期，人们拥有的多是理性消费观念，购买的多是经久耐用的实用型产品；随着人们的消费观念向感性型转变，人们更喜欢购买的是满足更高级精神需求的一些产品，个性化、创新型产品更受到市场青睐，旅游产品作为满足人们高层次精神需求的产品也受到人们的关注。因此，消费意识和观念能深刻影响人们的消费行为和对产品的满意度，消费者的消费观念越前卫，对消费的环境、服务质量等越注重。对旅游产业而言，旅游动机的形成和最终的出行受到人们消费观念和意识的影响，会对地区旅游产业效率产生一定的影响。在此用人均消费水平这个指标来衡量。人均消费水平是指一定时期内（月、年）平均每人占有和享受的物质生活资料和服务的数量。它是地区整个经济活动成果的最终体现，也反映人民物质和文化生活需要的满足程度。

（四）第三产业规模

旅游产业属于第三产业的一部分，并且随着经济的发展，在第三产业中所占有的地位越来越重要。一个地区第三产业越发达，能够给旅游产业发展提供支撑的其他服务业就越发达，旅游产业就能得到更好的发展空间。另外，第三产业规模越大，从业人员的数量就越多，能够为旅游产业发展提供的劳动力支持就越雄厚，对地区旅游产业效率的提高应该有一定的正面作用。本书选取第三产业 GDP 这一指标来衡量。

（五）市场化程度

市场化程度高的地区，政府的管理水平和提供的公共服务往往也优于其他地区，市场竞争环境好，市场化机制更为完善，运行体制顺畅，为企业提供的发展空间更大，具有较高的运行效率。从旅游产业角度而言，旅游企业的生产和营销行为都具有较高的市场导向性和独立性；而旅游者又具有较高的自由选择权，市场化程度高的地区对旅游者和旅游企业的权利都能提供更多的保护。另外，要素的自由流动是价格机制完善的一个前提条件，市场化程度高的地区更易打破行政性壁垒和其他因素的限制，实现要素在产业内部和产业之间的自由流动，价格更能体现实际的旅游需求。因此，市场化程度对旅游产业效率应该有一定的影响。但是，市场化程度是一个较难衡量的指标。一般情况下，地区入境旅游越发达，对员工的素质要求越高，地区技术水平、组织效率和管理技能等也相应较高。因此，入境旅游在地区旅游产业中所占的地位越重，表示对高品质的旅游服务的要求越高，市场化程度就越高。另外，入境旅游是我国创汇的重要手段之一。改革开放以来，随着入境旅游市场的迅速壮大，入境旅游在创造就业机会、推动地区经济发展、带动相关产业发展方面发挥了重要的作用。本书以地区入境旅游收入在旅游总收入中所占的比重这一指标来表示产业的市场化程度，从而探讨两者间的关系。

（六）信息化水平

随着全球经济一体化进程的加快，信息已经成为生产力发展的重要元素。旅游产业作为信息依赖型和密集型产业，信息化水平对其发展和提升有重要的影响作用。从旅游者角度来说，出行决策做出之前需要对目的地的各类信息进行收集和处理，从而做出相应的决策和制订出行计划；对目的地企业来说，要收集与游客旅游偏好的相关信息并设计出符合市场化需求的旅游产品，并将相应信息顺利地传达给潜在旅游者，都需要信息化手段的辅助。因此，信息化水平对地区旅游产业效率的提高应该有一定的正向作用。在对地区信息化水平的衡量中，虽然以互联网为主要技术手段的新型信息化在旅游产业中的地位越来越重要，但是，由于缺乏具有一定时间跨度的相关数据指标，对信息化水平的衡量具有一定的困难，本书使用地区邮电业务总量这一指标来表示。它是用来反映邮电部门为社会提供的完整信息传递服务的数量指标。

本书选取的各类影响因素及指标汇总以表 6 - 2 进行表示。所有指标的数据来源于《中国旅游统计年鉴》（2003—2014）、《中国旅游统计年鉴副本》（2003—2014）、《中国统计年鉴》（2003—2014）以及 2002—2013 年各省份的国民经济和社会发展统计公报，通过收集政府统计部门公开发布的权威统计数据来保证数据的可靠性与权威性。

表6-2　　　　　　　　旅游产业效率影响因素指标体系

	影响因素	变量选择	简称
旅游产业影响因素体系	区位条件	旅游收入/GDP 与全国旅游收入/GDP 之比	QW
	人力支持	旅游院校学生数/旅游总从业人员	RLZC
	市场潜力	人均消费水平	SCQL
	第三产业规模	第三产业 GDP	SCGDP
	市场化程度	入境旅游收入/旅游总收入	SCH
	信息化水平	邮电业务总量	XXH

二　模型构建及结果分析

（一）旅游产业效率计量模型构建

由于本书选取了 2002—2013 年度相关数据进行旅游产业效率的测算，在此选取面板数据模型进行旅游产业效率影响因素的分析，从而兼顾横截面、时间和指标三维信息，既体现非时变不可观测的异质因素，又体现时变不可观测的同质因素，以期对旅游产业效率在提升过程中遇到的问题进行回答。

根据旅游产业效率影响因素选取的变量以及面板数据的特点，设计如下模型对影响因素进行识别：

$$XL_{it} = C + \beta_1 QW_{it} + \beta_2 RLZC_{it} + \beta_3 SCQL_{it} + \beta_4 SCGDP_{it} + \beta_5 SCH_{it} + \beta_6 XXH_{it} + \varepsilon_{it} \tag{6.1}$$

其中，i 和 t 分别表示我国不同地区和不同时期的对应值，XL_{it} 表示第 i 个地区第 t 年的旅游产业效率值，C 表示常数项，β_1 到 β_6 表示各个变量的估计参数，QW_{it} 表示第 i 个地区第 t 年的地区区位熵，用旅游收入/地区 GDP 与全国旅游收入/全国 GDP 之比表示，$RLZC_{it}$ 表示第 i 个地区第 t 年的当地旅游院校学生数与旅游从业人员之比，$SCQL_{it}$ 表示第 i 个地区第 t 年的人均消费水平，$SCGDP_{it}$ 表示第 i 个地区第 t 年的第三产业 GDP，SCH_{it} 表示第 i 个地区第 t 年的入境旅游收入与旅游总收入之比，XXH_{it} 表示第 i 个地区第 t 年的地区邮电业务总量，ε_{it} 表示随机误差项。

（二）数据平稳性检验

在进行面板数据模型分析之前，首先要进行数据的平稳性检验，从而保证回归结果的有效性。本书采用 LLC、IPS、费希尔—ADF 和费希尔—PP 四种单位根检验方法进行检验。其中，LLC 方法用于相同根检验，另外三种方法适用于不同根检验，这样就可兼顾两种情况，从而保证结果的准确性。具体结果见表 6 - 3。在表 6 - 3 中，不带"Δ"符号的变量有旅游产业效率、人力支持和信息化，三个变量的值在 99% 的显著水平上均拒绝原假设（P > 0.01），说明数据具有平稳性；带有"Δ"符号的表示为一阶差分运算后进行的单位根检验结果，区位条件、市场化潜力、第三产业规模和市场化程度均属于此类，在原水平值上不能拒绝原假设（P < 0.01），在一阶差分后均拒绝原假设，通过单位根检验。所有的变量在一阶差分后均能通过单位根检验，因此可以进行下一步分析。

表 6 - 3　　　　旅游产业效率影响因素的单位根检验结果

变量	LLC 统计量（P 值）	IPS 统计量（P 值）	ADF 统计量（P 值）	PP 统计量（P 值）	结论
XL	-5.41153 (0.0000)	-4.26980 (0.0000)	119.803 (0.0000)	158.730 (0.0000)	平稳
QWΔ	-20.2644 (0.0000)	-11.5672 (0.0000)	246.361 (0.0000)	344.563 (0.0000)	平稳
RLZC	-10.7094 (0.0000)	-4.61028 (0.0000)	115.406 (0.0000)	165.611 (0.0000)	平稳
SCQLΔ	-13.1543 (0.0000)	-6.36707 (0.0000)	178.618 (0.0000)	254.463 (0.0000)	平稳
SCGDPΔ	-11.9538 (0.0000)	-7.03535 (0.0000)	168.897 (0.0000)	264.127 (0.0000)	平稳
SCHΔ	-19.3350 (0.0000)	-11.4046 (0.0000)	240.937 (0.0000)	275.996 (0.0000)	平稳
XXH	-6.93634 (0.0000)	-2.33580 (0.0098)	74.3891 (0.1346)	124.372 (0.0000)	平稳

注：Δ一阶后通过检验。

（三）数据协整检验

在单位根检验的基础之上，要进一步进行数据协整检验。本书的时间跨度为2002—2013年，t刚刚大于10，根据相关理论，当t固定等于10时，随着N的变大，Kao检验一直都会比Pedroni检验功效高，因此，在此使用Kao检验进行数据协整分析，其结果证明（见表6-4），在假定条件下，上述6个变量与旅游产业效率之间P值均小于0.05，表明存在协整关系，因此可以判定旅游产业效率与每一个影响因素变量之间都存在一种长期均衡的发展关系，可以进行面板数据回归分析。

表6-4　　　　旅游产业效率与影响因素的协整关系检验

检验系列	ADF		残余方差	HAC方差
	t统计量	P值		
旅游产业效率与邮电业务总量	-14.27569	0.0000	0.058669	0.024889
旅游产业效率与人均消费水平	-21.95444	0.0000	0.068320	0.068320
旅游产业效率与区位熵	-21.58506	0.0000	0.067163	0.067163
旅游产业效率与人力支持	-20.76716	0.0000	0.066916	0.066916
旅游产业效率与市场化	-20.22114	0.0000	0.061168	0.061168
旅游产业效率与第三产业GDP	-2.196382	0.0140	0.025488	0.017410

（四）面板数据模型的选择

对面板数据模型的选择首先要基于被研究对象的特性进行主观分析，在理论上进行判定，然后再进行模型检验，结合统计上的综合检验以确实。前已述及，混合回归模型中的参数对每个个体来说没有什么变化，可以忽略个体横截面之间的差异，变截距和变系数模型中参数既有相同的部分，也有不同的部分，其中变截距模型侧重对个体横截面之间变化差异的分析，变系数模型则侧重阐述时间序列数据的变化趋势。从实际应用来讲，本书针对的是我国旅游产业效率时空变化背后的原因分析，使用的是2002—2013年31个省份的面板数据。首先，从截面来看，由于31个省份所占地域广阔，自然、经济、文化条件差异都很大，影响因素表现出较强的地域差异性，旅游产业效率省际也表现出很强的差异性；从时间序列来看，虽然各地区旅游产业总体规模在 12 年间增长幅度很大，但是，从旅游产业效率角度来看，这些年效率值一直处于波动状态中，并没有表现出明显的增幅。因此，对我国旅游产业效率影响因素建立的回归模型参数应该有部分是不同的，并且这种不同主要表现在横截面上，而时间序列变化不大，所以，变截距模型应该比较适合。另外，本书选取的 31 个省份为研究总体，并不是随机抽取的样本，并以这些省份的旅游产业效率为条件进行推论，所以，固定效应模型更适合本书。综上所述，从实际应用分析，变截距的固定效应模型应该更适合旅游产业效率影响因素的识别与分析。

从模型检验方面，先检验模型形式是混合回归、变截距回归还是变系数回归模型。通过 Eviews 7.0 软件分别计算得到三种模型的 S_1、S_2 和 S_3，其值分别为 1.47、4.71 和 13.23，N 为测评地区个数，在这里为 31；T 为年份，在这里为 11；k 为非常数项解释变量的个数，在这里为 6。手工计算可得 F_2 和 F_1 的值分别为 4.72 和 1.30，通过查表可得在 5% 的检验水平下统计量的 F_2 和 F_1 值分别为 1.31 和 1.32 [$F_2(0.95，210，124) = 1.31$；$F_1(0.95，180，124) = 1.32$]，通过统计量远大于 F 分布临界值，因此拒绝原假设，说明混合回归模型不适用于本书；统计量小于 F 分布临界值，表明利用变截距模型来拟合样本是合适的，因此使用变截距模型进行研究。

确定了变截距模型后，再通过豪斯曼检验来确定是固定效应模型还是随机效应模型，结果见表 6 - 5，P 值为 0.03，小于 0.05，拒绝原假设，说明不能选择随机效应模型，而应该选择固定效应模型。综上所述，本书选择变截距固定效应模型来探寻旅游产业效率的影响因素。

表 6 - 5　　　　　　　　　　模型的识别与检验

豪斯曼检验	t 统计量	自由度	P 值
截面随机	18.608338	6	0.0287

（五）影响因素识别与结果分析

通过 Eviews 7.0 软件计算可得我国旅游产业效率影响因素回归模型结果（见表6－6），模型的拟合度 R^2 为 0.71，调整的 R^2 为 0.67，F 检验值为 20.48，P 值为 0.00，达到了 1% 的水平的显著效果，DW 值为 1.81，均在可以接受的范围内，说明模型整体拟合较为显著，模型可用。从各个影响因素来看，区位条件、人力支持、市场潜力和第三产业规模 4 个要素的 P 值均在 0.01 以下，能够通过 1% 显著水平的假设检验，说明这 4 个要素对旅游产业效率的影响是显著的；而市场化程度和信息化水平两个要素的 P 值分别为 0.20 和 0.43，超过了0.05，未通过 5% 显著水平的假设检验，说明这两个要素虽然对旅游产业发展的总体规模有一定的影响，但对旅游产业效率影响并不显著。在此将这两个要素剔除后再次进行影响因素模型的构建，结果如表6－7 所示。

表6－6　　　　　中国旅游产业效率影响因素模型估计结果

变量	系数	标准误	t 统计量	P 值
C	0.291222	0.201684	1.443950	0.1498
QW	0.373009	0.103561	3.601822	0.0004
RLZC	－ 0.093917	0.030909	－ 3.038556	0.0026
SCQL	0.222001	0.078081	2.843198	0.0048
SCGDP	－ 0.201640	0.074330	－ 2.712811	0.0071
SCH	0.053014	0.041245	1.285340	0.1997
XXH	0.039487	0.049604	0.796048	0.4266

固定效应（交叉）					
北京—C	－ 0.068113	天津—C	0.126071	河北—C	－ 0.091594
山西—C	－ 0.020261	内蒙古—C	－ 0.054939	辽宁—C	－ 0.157800
吉林—C	－ 0.100889	黑龙江—C	0.051259	上海—C	0.048374
江苏—C	－ 0.019944	浙江—C	－ 0.151966	安徽—C	－ 0.013459
福建—C	－ 0.024725	江苏—C	0.017500	山东—C	－ 0.039070
河南—C	0.224800	湖北—C	－ 0.051330	湖南—C	0.095044
广东—C	0.249400	广西—C	0.021935	海南—C	－ 0.381532

续表

固定效应（交叉）					
重庆—C	0.272749	四川—C	0.124566	贵州—C	0.146250
云南—C	− 0.136975	陕西—C	0.068665	西藏—C	− 0.026110
甘肃—C	− 0.273668	青海—C	0.206629	宁夏—C	0.305351
新疆—C	− 0.346218				
效应模型检验					
截面固定（虚拟变量）					
周期固定（虚拟变量）					
R^2	0.708058	因变量均值		0.740188	
调整的 R^2	0.673486	因变量标准差		0.217927	
回归标准差	0.124527	赤池信息准则		− 1.226439	
残差平方和	4.714100	施瓦茨准则		− 0.810663	
对数似然值	246.1078	汉南—奎因准则		− 1.060787	
F 统计量	20.48067	杜宾—沃森统计量		1.804473	
P（F 统计量）值	0.000000				

表 6 − 7　　修正后的中国旅游产业效率影响因素模型估计结果

变量	系数	标准误	t 统计量	P 值
C	0.437762	0.177087	2.472012	0.0140
QW	0.346879	0.093732	3.700755	0.0003
RLZC	− 0.080510	0.029436	− 2.735104	0.0066
SCQL	0.204895	0.076955	2.662508	0.0082
SCGDP	− 0.193453	0.068028	− 2.843721	0.0048
固定效应（交叉）				
北京—C	− 0.020394	天津—C	0.135157	河北—C	− 0.100054
山西—C	− 0.034024	内蒙古—C	− 0.044251	辽宁—C	− 0.142138
吉林—C	− 0.113492	黑龙江—C	0.055215	上海—C	0.094532
江苏—C	0.001775	浙江—C	− 0.116854	安徽—C	− 0.025637
福建—C	0.01325	江苏—C	− 0.002612	山东—C	− 0.030625
河南—C	0.198692	湖北—C	− 0.058083	湖南—C	0.090482
广东—C	0.316674	广西—C	0.027872	海南—C	− 0.388766

续表

固定效应（交叉）					
重庆—C	0.266007	四川—C	0.106571	贵州—C	0.119046
云南—C	-0.118695	陕西—C	0.031886	西藏—C	0.012131
甘肃—C	-0.312759	青海—C	0.155821	宁夏—C	0.227347
新疆—C	-0.344074				
效应模型检验					
截面固定（虚拟变量）					
周期固定（虚拟变量）					
R^2	0.705528	因变量均值		0.740188	
调整的 R^2	0.672809	因变量标准差		0.217927	
回归标准差	0.124656	赤池信息准则		-1.229539	
残差平方和	4.754956	施瓦茨准则		-0.836238	
对数似然值	244.6365	汉南—奎因准则		-1.072842	
F 统计量	21.56320	杜宾—沃森统计量		1.809489	
P（F 统计量）值	0.000000				

从表 6-7 来看，模型的拟合度 R^2 为 0.71，调整的 R^2 为 0.67，表明这 4 个要素对旅游产业效率的解释能力仍然很强；F 检验值为 21.56，P 值为 0.00，达到了 1% 的水平的显著效果，DW 值为 1.81，低于 2，各项指标均在可以接受的范围内，说明模型整体拟合较为显著，区位条件、人力支持、市场潜力和第三产业规模 4 个要素对旅游产业效率的影响是显著的。对模型的具体解释如下：

区位条件的回归系数是 0.35，并且通过了 1% 的显著性水平假设检验，说明区位条件对旅游产业效率是有显著影响的。从影响程度来看，区位条件每上升 1 个百分点，旅游产业效率就上升 0.35%，是显著的正向影响。由于本书的区位条件使用的是区位熵，即地区旅游收入/地区 GDP 与全国旅游收入/全国 GDP 这一比值，它反映了地区产业结构状况的比较情况，即区域旅游产业在地区总体经济中的地位与全国水平的一个比较。也就是说，地区旅游产业地位越高，所占 GDP 比重越大，地区所处的区位就越佳，旅游产业效率就越高。从全国范围来看，东部沿海地带良好的气候条件和发达的商业经济为旅游产业发展提供了坚实的基础，加上市场要素完善，旅游企业更易获得相关资源、技术和信息，对企业优化投入产出和提高效益都更为有利，加上第一、第二产业向中、西部落后地区转移，为第三产业和旅游产业的发展提供了更多的土地、劳动力等资源，旅游产业的蓬勃发展为产业效率的提高提供了保障。中西部地区的部分省份如西藏、青海等地区虽然第三产业不够发达，但是，由于旅游产业是支柱产业，在当地所占比重较高，因此，在产业效率方面，也有较高值。

人力支持的回归系数是 -0.08，显著性水平检验值 P 为 0.01，通过了 1% 的显著性水平，因为系数值是负数，说明人力支持水平每上升一个百分点，旅游产业效率反而下降 0.08 个百分点，即人力支持对旅游产业效率是有负向影响的。本书中人力支持的指标使用的是地区旅游院校在校学生数与旅游产业从业人员之比，它与旅游效率间的反向作用反映出高层次人才在旅游产业中还没有得到充分的利用和发挥相应的效应。由于国内的旅游产品以中低端层次为主，我国旅游产业目前仍是靠普通劳动力进行支撑，从事的仍是技术含量不高的工作，人力资源需求的规模效应还在显现，因此，旅游从业人员规模的扩张会对旅游产业效率起到了一定的正向作用，而高层次人才还未发挥效力。

市场潜力的回归系数是 0.20，并且通过了 1% 的显著性水平假设检验，说明市场潜力对旅游产业效率是有显著影响的。从影响程度来看，市场潜力每上升 1 个百分点，旅游产业效率就上升 0.20%，是显著的正向影响。市场潜力是对地区居民消费能力和消费欲望的反映，居民消费意识越强，作为满足人们高层次精神需求的旅游产品也能受到人们更多的关注，旅游动机就越强烈，出行的可能性就越高，旅游产业就能获得更高的收益，从而提高旅游产业效率。可见，旅游产业效益的提高不仅要靠资本、劳动力等资源的投入，旅游形象的建立与宣传等相关的市场营销工作也很重要，从而引导人们消费观念的转变和升级，更加接纳新型和个性化旅游产品，从单纯的"价格战"走向

"服务战"和"形象战"。

第三产业规模的回归系数是 - 0.19，P 值为 0.00，通过了 1%
的显著性水平假设检验，因为系数值是负数，说明第三产业规模对
旅游产业效率的提高是负向影响。从东部地区来看，在快速的城市
化进程中，农村剩余劳动力向城市转移过程中多从事的是技术含量
不高的工作，资本、土地等要素也随着产业升级换代而在第三产业
聚集，但要消化如此多的要素以及技术要素含量高的部门要显现其
带动作用还需要一段时间，因此，第三产业的整体效率受到了一定
影响，作为第三产业链中的一环的旅游产业也受到一定影响，所以
服务业发展规模的扩张反而对旅游产业效率的提高起到了负面作
用。这点从东部地区各省份的旅游规模效率普遍不高也可以反映出
来。而中西部地区由于整个第三产业都处于规模扩张阶段，在资源
不足的情况下产业间容易形成劳动力、资本、土地等资源的竞争，
所以其他产业的扩张对旅游产业能够获得的投入产生了一定的挤压
作用，也影响了旅游产业效率的提升。综上所述，在现阶段，第三
产业规模的扩张反而对我国旅游产业效率的提升产生了负面作用。

第二节　三大行业效率影响因素
识别与结果分析

在第四章的分析中可以看出我国三大旅游行业效率同样具有明显
的地域差异和时序差异，那么又是哪些因素导致了这些差异的存在
呢？三个行业间影响因素是否存在异同？如何看待这些相同和不同之
处呢？厘清这些问题对更深入认识旅游产业有重要意义。根据对相关
文献的总结、我国三大旅游行业发展状况以及相关理论分析，另外也
为了更好地进行产业内及行业间影响因素的异同比较分析，在影响因
素的选择上，同样选取区位条件、人力支持、市场潜力、第三产业规
模、市场化程度和信息化水平共六个因素，分别来进行三大行业效率
影响因素的识别与分析。另外，考虑到整个旅游产业作为高一级产业

对三大行业发展的影响，在此增加旅游产业规模这一影响因素加入分析之中，并且选取各地旅游总收入这一指标来进行衡量，因此有七个要素进入模型分析中。

一　旅行社

（一）计量模型构建

根据旅行社行业效率影响因素选取的变量以及面板数据的特点，设计如下模型对影响因素进行识别：

$$LXL_{it} = C + \beta_1 LQW_{it} + \beta_2 LRLZC_{it} + \beta_3 LSCQL_{it} + \beta_4 LSCGDP_{it} +$$
$$\beta_5 LSCH_{it} + \beta_6 LXXH_{it} + \beta_7 LLYSR_{it} + \varepsilon_{it} \tag{6.2}$$

其中，i 和 t 分别表示我国不同地区和不同时期的对应值，LXL_{it} 表示第 i 个地区第 t 年的旅行社行业效率值，C 表示常数项，β_1 到 β_7 表示各个变量的估计参数，LQW_{it} 表示第 i 个地区第 t 年的地区区位熵，$LRLZC_{it}$ 表示第 i 个地区第 t 年的当地旅游院校学生数与旅游从业人员之比，$LSCQL_{it}$ 表示第 i 个地区第 t 年的人均消费水平，$LSCGDP_{it}$ 表示第 i 个地区第 t 年的第三产业 GDP，$LSCH_{it}$ 表示第 i 个地区第 t 年的入境旅游收入与旅游总收入之比，$LXXH_{it}$ 表示第 i 个地区第 t 年的地区邮电业务总量，$LLYSR_{it}$ 表示第 i 个地区第 t 年的旅游总收入，表示地区旅游产业规模，ε_{it} 表示随机误差项。

（二）数据平稳性检验

本书采用 LLC、IPS、费希尔—ADF 和费希尔—PP 四种单位根检验方法进行旅行社行业效率模型的检验。具体结果见表 6-8。其中，不带"Δ"符号的变量有人力支持和信息化，两个变量的值在 99% 的显著性水平上均拒绝原假设（P > 0.01），说明数据具有平稳性；带有"Δ"符号的表示为一阶差分运算后进行的单位根检验结果，旅行社行业效率、区位条件、市场化潜力、第三产业规模、旅游总收入和市场化程度均属于此类，在原水平值上不能拒绝原假设（P < 0.01），在一阶差分后均拒绝原假设，通过单位根检验。所有的变量在一阶差分后均能通过单位根检验，因此可以进行下一步分析。

表6-8　　　　　旅行社行业效率影响因素的单位根检验结果

变量	LLC 统计量 （P 值）	IPS 统计量 （P 值）	ADF 统计量 （P 值）	PP 统计量 （P 值）	结论
LXLΔ	-8.47245 （0.0000）	-3.14113 （0.0000）	116.195 （0.0000）	114.485 （0.0000）	平稳
LQWΔ	-20.2644 （0.0000）	-11.5672 （0.0000）	246.361 （0.0000）	344.563 （0.0000）	平稳
LRLZC	-10.7094 （0.0000）	-4.61028 （0.0000）	115.406 （0.0000）	165.611 （0.0000）	平稳
LSCQLΔ	-13.1543 （0.0000）	-6.36707 （0.0000）	178.618 （0.0000）	254.463 （0.0000）	平稳
LSCGDPΔ	-11.9538 （0.0000）	-7.03535 （0.0000）	168.897 （0.0000）	264.127 （0.0000）	平稳
LSCHΔ	-19.3350 （0.0000）	-11.4046 （0.0000）	240.937 （0.0000）	275.996 （0.0000）	平稳
LXXH	-6.93634 （0.0000）	-2.33580 （0.0098）	74.3891 （0.1346）	124.372 （0.0000）	平稳
LLYSRΔ	-21.9093 （0.0000）	-11.9076 （0.0000）	250.523 （0.0000）	339.079 （0.0000）	平稳

注：Δ一阶后通过检验。

（三）数据协整检验

在单位根检验的基础之上，要进一步进行数据协整检验，在此使用 Kao 检验进行数据协整分析，其结果证明（见表6-9），在假定条件下，上述7个变量与旅行社行业效率之间 P 值均小于0.05，表明存在协整关系，因此可以判定旅行社行业效率与每一个影响因素变量之间都存在一种长期均衡的发展关系，可以进行面板数据回归分析。

（四）面板数据模型的类型选择

从应用角度分析，同整体的旅游产业效率一样，对我国旅行社行业效率影响因素建立的回归模型仍然基于固定效应变截距模型比较适合。

表 6 - 9　　　　　旅行社行业效率与影响因素的协整关系检验

检验系列	ADF		残余方差	HAC 方差
	t 统计	P 值		
旅行社行业效率与邮电业务总量	-4.796975	0.0000	0.020438	0.010745
旅行社行业效率与人均消费水平	-5.143843	0.0000	0.021142	0.011328
旅行社行业效率与区位熵	-2.768171	0.0028	0.021016	0.021016
旅行社行业效率与人力支持	-3.336809	0.0004	0.020633	0.020633
旅行社行业效率与市场化	-3.965810	0.0000	0.020436	0.020436
旅行社行业效率与第三产业 GDP	-4.612913	0.0000	0.020575	0.009233
旅行社行业效率与旅游总收入	-2.585846	0.0049	0.018863	0.018863

从模型检验方面，先检验模型形式是混合回归、变截距回归还是变系数回归模型。通过 Eviews 7.0 软件分别计算得到三种模型的 S_1、S_2 和 S_3，其值分别为 0.86、3.81 和 10.06，N 为测评地区个数，在这里为 31；T 为年份，在这里为 11；k 为非常数项解释变量的个数，在这里为 7。手工计算可得 F_2 和 F_1 的值分别为 4.17 和 1.33，通过查表可得在 5% 的显著性水平上统计量的 F_2 和 F_1 值分别为 1.344059 和 1.358686，统计量 F_2 远大于 F 分布临界值，因此拒绝原假设，说明混合回归模型不适用于本书；统计量 F_1 小于 F 分布临界值，表明利用变截距模型来拟合样本是合适的，因此，在此使用变截距模型进行研究。

确定了变截距模型后，再通过豪斯曼检验来确定是固定效应模型还是随机效应模型，结果见表 6 - 10，P 值为 0.03，小于 0.05，拒绝原假设，说明不能选择随机效应模型，而应该选择固定效应模型。综上所述，本书选择变截距固定效应模型来探寻旅行社行业效率的影响因素。

表 6 - 10　　　　　　　模型的识别与检验

豪斯曼检验	t 统计量	自由度	P 值
截面随机	15.114375	7	0.0346

（五）影响因素识别与结果分析

通过 Eviews 7.0 软件计算可得我国旅行社行业效率影响因素回归模型结果（见表 6 - 11），模型的拟合度 R^2 为 0.75，调整的 R^2 为 0.72，F 检验值为 24.33，P 值为 0.00，达到了 1% 的显著性水平上的效果，说明模型整体拟合较为显著，模型可用。从各个影响因素来看，人力支持、市场潜力、市场化和信息化 4 个要素的 P 值均在 0.05 以下，能够通过 5% 显著性水平的检验，说明这 4 个要素对旅行社行业效率的影响是显著的；而区位条件、第三产业规模程度和旅游产业规模 3 个要素的 P 值分别为 0.27、0.78 和 0.57，未通过 5% 的显著性水平的假设检验，说明这 3 个要素虽然对旅行社行业发展水平有一定的影响，但对效率影响并不显著。在此将这 3 个要素剔除后再次进行影响因素模型的构建，结果如表 6 - 12 所示。

表 6 - 11　　　　　中国旅行社行业效率影响因素模型估计结果

变量	系数	标准误	t 统计量	P 值
C	0.702905	0.232105	3.028388	0.0027
LQW	0.175467	0.159856	1.097657	0.2732
LRLZC	0.058848	0.028695	2.050846	0.0411
LSCQL	- 0.338459	0.072655	- 4.658469	0.0000
LSCGDP	0.041892	0.150625	0.278119	0.7811
LSCH	0.165596	0.037168	4.455277	0.0000
LXXH	0.166797	0.050780	3.284709	0.0011
LLYSR	- 0.073563	0.131000	- 0.561545	0.5748

固定效应（交叉）

北京—C	0.250469	天津—C	0.033803	河北—C	- 0.045451
山西—C	- 0.075370	内蒙古—C	- 0.199753	辽宁—C	0.023345
吉林—C	- 0.216093	黑龙江—C	- 0.096290	上海—C	0.262269
江苏—C	0.137589	浙江—C	0.134713	安徽—C	0.018503
福建—C	- 0.039319	江苏—C	- 0.023065	山东—C	- 0.070216

续表

固定效应（交叉）					
河南—C	-0.208156	湖北—C	-0.130447	湖南—C	0.160441
广东—C	0.084459	广西—C	0.034995	海南—C	0.058654
重庆—C	0.089247	西藏—C	-0.040779	贵州—C	-0.010558
云南—C	0.098859	陕西—C	0.123633	西藏—C	-0.428639
甘肃—C	-0.105511	青海—C	-0.175655	宁夏—C	0.399774
新疆—C	-0.045452				

效应模型检验			
截面固定（虚拟变量）			
周期固定（虚拟变量）			
R^2	0.748173	因变量均值	-0.254353
调整的 R^2	0.717422	因变量标准差	0.210996
回归标准差	0.112161	赤池信息准则	-1.433035
残差平方和	3.811781	施瓦茨准则	-1.006022
对数似然值	282.3325	汉南—奎因准则	-1.262906
F 统计量	24.32997	杜宾—沃森统计量	1.652335
P（F 统计量）值	0.000000		

表6-12　修正后的中国旅行社行业效率影响因素模型估计结果

变量	系数	标准误	t 统计量	P 值
C	0.789835	0.179206	4.407422	0.0000
LRLZC	0.056500	0.027286	2.070632	0.0392
LSCQL	-0.373968	0.042565	-8.785819	0.0000
LSCH	0.153536	0.033998	4.515953	0.0000
LXXH	0.183960	0.039831	4.618566	0.0000
固定效应（交叉）				
北京—C	0.308569	天津—C	0.075124	河北—C	-0.095421
山西—C	-0.082495	内蒙古—C	-0.214653	辽宁—C	0.027991
吉林—C	-0.226051	黑龙江—C	-0.112042	上海—C	0.304594

续表

江苏—C	0.122708	浙江—C	0.133328	安徽—C	0.005949
福建—C	-0.035338	江苏—C	-0.033285	山东—C	-0.108440
河南—C	-0.241350	湖北—C	-0.142923	湖南—C	0.144983
广东—C	0.065329	广西—C	0.033131	海南—C	0.108815
重庆—C	0.101116	西藏—C	-0.052625	贵州—C	0.016644
云南—C	0.117346	陕西—C	0.134635	西藏—C	-0.377513
甘肃—C	-0.133806	青海—C	-0.164783	宁夏—C	0.381970
新疆—C	-0.061507				
效应模型检验					
截面固定（虚拟变量）					
周期固定（虚拟变量）					
R^2	0.746604	因变量均值		-0.254353	
调整的 R^2	0.718449	因变量标准差		0.210996	
回归标准差	0.111957	赤池信息准则		-1.444419	
残差平方和	3.835532	施瓦茨准则		-1.051117	
对数似然值	281.2734	汉南—奎因准则		-1.287721	
F 统计量	26.51757	杜宾—沃森统计量		1.631527	
P（F 统计量）值	0.000000				

从表 6 - 12 来看，模型的拟合度 R^2 为 0.75，调整的 R^2 为 0.72，表明这四个要素对旅行社行业效率的解释能力仍然很强；F 检验值为 26.52，P 值为 0.00，达到了 1% 的显著性水平上的效果，各项指标均在可以接受的范围内，说明模型整体拟合较为显著，人力支持、市场潜力、市场化和信息化四个要素对旅行社行业效率的影响是显著的。对模型的具体解释如下：

人力支持的回归系数是 0.06，并且通过了 5% 的显著性水平的假设检验，P 值为 0.04，说明人力支持对旅行社行业效率是有显著影响的。从影响程度来看，人力支持每上升 1 个百分点，旅行社行业效率就上升 0.06%，是较为显著的正向影响。它反映出在新时期旅行社行业发展对人才需求提出了更高的要求，在数量上要满足旅行社的用人需要，更重要的是要具有一定的文化素质和良好的专业技能知识。尤其是随着电子商务时代的到来，旅行社不仅要面对传统的来自竞争对手的挑战，更要面对电商平台对旅行社的冲击和影响，旅行社行业需要更多的专业人才，例如，能够顺利开展网络营销、实施信息化战略等的专门化人才，所以，人力支持对旅行社行业效率会产生正向影响。

市场潜力的回归系数是 -0.37，通过了 1% 的显著性水平的检验，因为系数值是负数，说明市场潜力对旅行社行业效率是负向影响。本书对市场潜力的反映指标是人均消费水平，消费水平越高，人们对受到约束较多的跟团游、大众游的兴趣度就越低，他们更喜欢自由度高、个性化强的自助游，而我国的大部分旅行社提供的仍是千篇一律的跟团游产品为主，因此，旅行社现有产品受到的欢迎程度就较低，行业效率就有所下降。这一点从北京、上海等发达地区近几年旅行社行业效率均有所下降也能反映出来。因此，市场潜力与旅行社行业效率就呈现出典型的负相关关系。从中可以看出未来旅行社产品的升级换代的要求越来越迫切。

市场化程度的回归系数是 0.15，并且通过了 1% 的显著性水平假设检验，说明市场化程度对旅行社行业效率是有显著影响的。从影响程度来看，市场化程度每上升 1 个百分点，旅行社行业效率就上升 0.15 个百分点，是显著的正向影响。旅行社的生产和营销行为都具有较高的市场导向性和独立性，市场化程度高的地区，政府的管理水平和提供的公共服务往往也优于其他地区，市场化机制更为完善，为旅行社行业提供的发展空间更大，就能具有较高的运行效率。因此，市场化程度对旅行社行业效率产生了一定的正向影响。

信息化水平的回归系数是 0.18，P 值为 0.00，通过了 1% 的显著性水平的假设检验，说明信息化水平每上升 1 个百分点，旅行社行业效率会上升 18 个百分点，反映出信息化水平对旅行社行业效率有显著的正向影响。旅游者具有较高的自由选择权，所以，对旅行社行业而言，如何有效地传递信息给旅游者，并能够顺畅地收集旅游者的偏好，从而更好地设计出适应市场需求的旅游产品，对企业的成败是非常关键的。这些都需要信息化手段的辅助。尤其是在互联网时代，信息的价值愈加凸显，谁掌握了信息谁就能掌握主动，因此，信息化水平对旅行社行业效率的提高有明显的正向作用。信息化水平越高，旅行社行业效率就越高。

二　酒店

（一）模型构建

根据酒店行业效率影响因素选取的变量以及面板数据的特点，设计如下模型对影响因素进行识别：

$$JXL_{it} = C + \beta_1 JQW_{it} + \beta_2 JRLZC_{it} + \beta_3 JSCQL_{it} + \beta_4 JSCGDP_{it} + \beta_5 JSCH_{it} +$$
$$\beta_6 JXXH_{it} + \beta_7 JLYSR_{it} + \varepsilon_{it} \tag{6.3}$$

其中，i 和 t 分别表示我国不同地区和不同时期的对应值，JXL_{it} 表示第 i 个地区第 t 年的酒店行业效率值，C 表示常数项，β_1 到 β_7 表示各个变量的估计参数，JQW_{it} 表示第 i 个地区第 t 年的地区区位熵，$JRLZC_{it}$ 表示第 i 个地区第 t 年的当地旅游院校学生数与旅游从业人员之比，$JSCQL_{it}$ 表示第 i 个地区第 t 年的人均消费水平，$JSCGDP_{it}$ 表示第 i 个地区第 t 年的第三产业 GDP，$JSCH_{it}$ 表示第 i 个地区第 t 年的入境旅游收入与旅游总收入之比，$JXXH_{it}$ 表示第 i 个地区第 t 年的地区邮电业务总量，$JLYSR_{it}$ 表示第 i 个地区第 t 年的旅游总收入，表示地区旅游产业规模，ε_{it} 表示随机误差项。

（二）数据平稳性检验

本书采用 LLC、IPS、费希尔—ADF 和费希尔—PP 四种单位根检验方法进行旅行社行业效率模型的检验。具体结果见表 6 – 13。其中，不带 "Δ" 符号的变量有酒店行业效率、人力支持和信息化三个变量，其值在 99% 的显著性水平上均拒绝原假设（P > 0.01），说明数据具有平稳性；带有 "Δ" 符号的表示为一阶差分运算后进行的单位根检验结果，旅游总收入、区位条件、市场化潜力、第三产业规模和市场化程度均属于此类，在原水平值上不能拒绝原假设（P < 0.01），在一阶差分后均拒绝原假设，通过单位根检验。所有的变量在一阶差分后均能通过单位根检验，因此可以进行下一步分析。

表 6 – 13　　　　酒店行业效率影响因素的单位根检验结果

变量	LLC 统计量（P 值）	IPS 统计量（P 值）	ADF 统计量（P 值）	PP 统计量（P 值）	结论
JXL	– 9.33628 (0.0000)	– 3.66472 (0.0001)	103.981 (0.0004)	72.9569 (0.0122)	平稳
JQW△	– 20.2644 (0.0000)	– 11.5672 (0.0000)	246.361 (0.0000)	344.563 (0.0000)	平稳
JRLZC	– 10.7094 (0.0000)	– 4.61028 (0.0000)	115.406 (0.0000)	165.611 (0.0000)	平稳
JSCQL△	– 13.1543 (0.0000)	– 6.36707 (0.0000)	178.618 (0.0000)	254.463 (0.0000)	平稳
JSCGDP△	– 11.9538 (0.0000)	– 7.03535 (0.0000)	168.897 (0.0000)	264.127 (0.0000)	平稳
JSCH△	– 19.3350 (0.0000)	– 11.4046 (0.0000)	240.937 (0.0000)	275.996 (0.0000)	平稳
JXXH	– 6.93634 (0.0000)	– 2.33580 (0.0098)	74.3891 (0.1346)	124.372 (0.0000)	平稳
JLYSR△	– 21.9093 (0.0000)	– 11.9076 (0.0000)	250.523 (0.0000)	339.079 (0.0000)	平稳

注：△一阶后通过检验。

（三）数据协整检验

在单位根检验的基础之上，要进一步进行数据协整检验，在此使用 Kao 检验进行数据协整分析，其结果证明（见表 6 – 14），在假定条件下，上述 7 个变量与酒店效率之间 P 值均小于 0.05，表明存在协整关系，因此可以判定酒店行业效率与每一个影响因素变量之间都存在一种长期均衡的发展关系，可以进行面板数据回归分析。

表 6 – 14　　　　酒店行业效率与影响因素的协整关系检验

检验系列	ADF		残余方差	HAC 方差
	t 统计量	P 值		
酒店行业效率与邮电业务总量	– 6.808202	0.0000	0.026708	0.007983

续表

检验系列	ADF		残余方差	HAC 方差
	t 统计量	P 值		
酒店行业效率与人均消费水平	− 7. 677661	0. 0000	0. 026935	0. 009094
酒店行业效率与区位熵	− 14. 29530	0. 0000	0. 026070	0. 026070
酒店行业效率与人力支持	− 14. 40645	0. 0000	0. 026669	0. 026669
酒店行业效率与市场化	− 14. 28016	0. 0000	0. 025983	0. 025983
酒店行业效率与第三产业 GDP	− 6. 449054	0. 0000	0. 026624	0. 008433
酒店行业效率与旅游总收入	− 13. 26405	0. 0000	0. 025746	0. 025746

（四）面板数据模型的类型选择

从应用角度分析，同整体的旅游产业效率一样，对我国酒店行业效率影响因素建立的回归模型仍然基于固定效应变截距模型比较适合。

从模型检验方面，先检验模型形式是混合回归、变截距回归还是变系数回归模型。通过 Eviews 7.0 软件分别计算得到三种模型的 S_1、S_2 和 S_3，其值分别为 0.57、2.236 和 4.42，N 为测评地区个数，在这里为 31；T 为年份，在这里为 11；k 为非常数项解释变量的个数，在这里为 7。手工计算可得 F_2 和 F_1 的值分别为 2.62 和 1.29，通过查表可得在 5% 的显著性水平上统计量的 F_2 和 F_1 值分别为 1.344059 和 1.358686，统计量 F_2 远大于 F 分布临界值，因此拒绝原假设，说明混合回归模型不适用于本书；统计量 F_1 小于 F 分布临界值，表明利用变截距模型来拟合样本是合适的，因此，在此使用变截距模型进行研究。

确定了变截距模型后，再通过费斯曼检验来确定是固定效应模型还是随机效应模型，结果见表 6 - 15，P 值为 0.00，小于 0.01，拒绝原假设，说明不能选择随机效应模型，而应该选择固定效应模型。综上所述，本书选择变截距固定效应模型来探寻酒店行业效率的影响因素。

表 6 - 15 模型的识别与检验

豪斯曼检验	统计量	自由度	P 值
截面随机	45.473054	7	0.0000

(五) 影响因素识别与结果分析

通过 Eviews 7.0 软件计算可得我国酒店行业效率影响因素回归模型结果 (见表 6 - 16),模型的拟合度 R^2 为 0.69,调整的 R^2 为 0.65,F 检验值为 18.44,P 值为 0.00,达到了 1% 的水平的显著效果,均在可以接受的范围内,说明模型整体拟合较为显著,模型可用。从各个影响因素来看,市场化程度、信息化水平和旅游产业规模 3 个要素的 P 值均在 0.01 以下,能够通过 1% 的显著性水平假设检验,说明这 3 个要素对酒店行业效率的影响是显著的;而区位条件、人力支持、市场化潜力和第三产业规模 4 个要素的 P 值分别为 0.09、0.06、0.20 和 0.33,超过了 0.05,未通过 5% 的显著性水平假设检验,说明这 4 个要素对酒店行业效率影响并不显著。在此将这 4 个要素剔除后再次进行影响因素模型的构建,结果如表 6 - 17 所示。

从表 6 - 17 来看,模型的拟合度 R^2 为 0.69,调整后的 R^2 为 0.65,表明这 3 个要素对旅游产业效率的解释能力仍然很强;F 检验值为 20.24,P 值为 0.00,达到了 1% 显著性水平上的显著性效果,说明模型整体拟合较为显著,市场化程度、信息化水平和旅游产业规模三个要素对酒店行业效率的影响是显著的。对模型的具体解释如下:

市场化程度的回归系数是 0.10,P 值为 0.00,并通过了 1% 的显著性水平假设检验,说明市场化程度对酒店行业效率是有显著影响的。从影响程度来看,市场化程度每上升 1 个百分点,酒店行业效率就上升 0.10%,是显著的正向影响。从酒店行业来看,入境旅游者多的地区往往企业国际化趋势比较明显,外资独资和中外合资的酒店所占比重也较高,在外资进入的过程中,不仅带来的是充沛的投资资金,还有丰富的酒店管理经验和信息化管理模式,这种技术的带动和溢出对酒店行业效率的提高有很明显的正向作用。

表 6 – 16 　　　　中国酒店行业效率影响因素模型估计结果

变量	系数	标准误	t 统计量	P 值
C	– 0.735088	0.177345	– 4.144950	0.0000
JQW	– 0.206253	0.122142	– 1.688632	0.0923
JRLZC	– 0.041063	0.021925	– 1.872895	0.0620
JSCQL	– 0.071409	0.055513	– 1.286342	0.1993
JSCGDP	– 0.112655	0.115089	– 0.978853	0.3284
JSCH	0.098530	0.028399	3.469456	0.0006
JXXH	0.130614	0.038799	3.366388	0.0009
JLYSR	0.336529	0.100094	3.362140	0.0009

固定效应（交叉）

山西—C	0.012063	天津—C	0.142657	河北—C	– 0.113742
吉林—C	0.107654	内蒙古—C	– 0.039443	辽宁—C	– 0.155003
江苏—C	– 0.040168	黑龙江—C	– 0.167989	上海—C	0.065621
福建—C	– 0.102296	浙江—C	– 0.038180	安徽—C	0.042727
河南—C	– 0.066177	江苏—C	– 0.026353	山东—C	– 0.140553
广东—C	0.018146	湖北—C	– 0.053346	湖南—C	0.012556
重庆—C	– 0.221438	广西—C	– 0.042872	海南—C	0.113310
云南—C	0.090917	西藏—C	– 0.105968	贵州—C	0.132569
甘肃—C	– 0.141747	陕西—C	0.003561	西藏—C	– 0.115759
新疆—C	0.072663	青海—C	0.398037	宁夏—C	0.336521
北京—C	0.022033				

效应模型检验				
截面固定（虚拟变量）				
周期固定（虚拟变量）				
R²	0.692480	因变量均值	– 0.196902	
调整的 R²	0.654928	因变量标准差	0.145889	
回归标准差	0.085699	赤池信息准则	– 1.971219	
残差平方和	2.225346	施瓦茨准则	– 1.544206	
对数似然值	374.0929	汉南—奎因准则	– 1.801091	
F 统计量	18.44061	杜宾—沃森统计量	1.607969	
P（F 统计量）值	0.000000			

表 6-17　　　修正后的中国酒店行业效率影响因素模型估计结果

变量	系数	标准误	t 统计量	P 值
C	-0.841479	0.057641	-14.59854	0.0000
JSCH	0.103841	0.027302	3.803465	0.0002
JXXH	0.083093	0.029817	2.786746	0.0057
JLYSR	0.165729	0.021189	7.821487	0.0000

固定效应（交叉）					
山西—C	-0.032063	天津—C	0.093961	河北—C	-0.059239
吉林—C	0.120468	内蒙古—C	-0.020751	辽宁—C	-0.145541
江苏—C	-0.036882	黑龙江—C	-0.161932	上海—C	0.036741
福建—C	-0.055366	浙江—C	-0.009254	安徽—C	0.051053
河南—C	-0.054881	江苏—C	-0.013664	山东—C	-0.084100
广东—C	0.069044	湖北—C	-0.039448	湖南—C	0.026282
重庆—C	-0.161720	广西—C	-0.040682	海南—C	0.029500
云南—C	0.059273	西藏—C	-0.092655	贵州—C	0.114607
甘肃—C	-0.139775	陕西—C	-0.024162	西藏—C	-0.183837
新疆—C	0.077015	青海—C	0.335124	宁夏—C	0.291862
北京—C	0.051024				

效应模型检验				
截面固定（虚拟变量）				
周期固定（虚拟变量）				
R²	0.685150	因变量均值		-0.196902
调整的 R²	0.651306	因变量标准差		0.145889
回归标准差	0.086148	赤池信息准则		-1.971122
残差平方和	2.278392	施瓦茨准则		-1.589057
对数似然值	370.0763	汉南—奎因准则		-1.818902
F 统计量	20.24444	杜宾—沃森统计量		1.571008
P（F 统计量）值	0.000000			

信息化水平的回归系数是 0.08，显著性水平检验值 P 为 0.01，通过了 1% 的显著性水平假设检验，说明信息化水平每上升 1 个百分点，酒店行业效率就能上升 0.08 个百分点，即信息化水平对酒店行

业效率是有一定正向影响的。伴随着外资酒店进入中国，国外先进的酒店管理信息系统和 GDS、CRS 等专业网络销售平台的应用也进入中国，给我国酒店行业的发展带来了信息化的力量，酒店行业也成为我国三大旅游行业中平均信息化水平最高的行业。通过信息化的应用，酒店行业的综合管理水平和销售能力都有显著的提高，行业效率自然也有所提高。

旅游产业规模的回归系数是 0.17，并且通过了 1% 的显著性水平假设检验，说明旅游产业规模对酒店行业效率是有显著影响的。从影响程度来看，旅游产业规模每上升 1 个百分点，酒店行业效率就上升0.17%。"住"是旅游六要素之一，游客外出旅游，必然解决"住"的问题，因此，酒店行业的效益与旅游产业整体发展状况息息相关。房间作为一种特殊的服务型商品，具有一定的时效性和不可储存性，也就是说，在当天售卖不出去的房间，其价值一点都无法实现，所以，地区旅游产业越发达，游客越多，酒店房间出租率就会越高，相应的效益也会更好，行业效率就会有所提升。

三　景区

（一）模型构建

根据景区行业效率影响因素选取的变量以及面板数据的特点，设计如下模型对影响因素进行识别：

$$QXL_{it} = C + \beta_1 QQW_{it} + \beta_2 QRLZC_{it} + \beta_3 QSCQL_{it} + \beta_4 QSCGDP_{it} + \beta_5 QSCH_{it} + \beta_6 QXXH_{it} + \beta_7 QLYSR_{it} + \varepsilon_{it} \tag{6.4}$$

其中，i 和 t 分别表示我国不同地区和不同时期的对应值，QXL_{it} 表示第 i 个地区第 t 年的景区行业效率值，C 表示常数项，β_1 到 β_7 表示各个变量的估计参数，QQW_{it} 表示第 i 个地区第 t 年的地区区位熵，$QRLZC_{it}$ 表示第 i 个地区第 t 年的当地旅游院校学生数与旅游从业人员之比，$QSCQL_{it}$ 表示第 i 个地区第 t 年的人均消费水平，$QSCGDP_{it}$ 表示第 i 个地区第 t 年的第三产业 GDP，$QSCH_{it}$ 表示第 i 个地区第 t 年的入境旅游收入与旅游总收入之比，$QXXH_{it}$ 表示第 i 个地区第 t 年的地区邮电业务总量，$QLYSR_{it}$ 表示第 i 个地区第 t 年的旅游总收入，表示地区旅游产业规模，ε_{it} 表示随机误差项。

（二）数据平稳性检验

本书采用 LLC、IPS、费希尔—ADF 和费希尔—PP 四种单位根检验方法进行景区行业效率模型的检验。具体结果见表 6 - 18。其中，不带"Δ"符号的变量有景区行业效率、人力支持和信息化三个变量，其值在 10% 的显著性水平上均拒绝原假设（P > 0.01），说明数据具有平稳性；带有"Δ"符号的表示为一阶差分运算后进行的单位根检验结果，旅游总收入、区位条件、市场化潜力、第三产业规模和市场化程度均属于此类，在原水平值上不能拒绝原假设（P < 0.01），在一阶差分后均拒绝原假设，通过单位根检验。所有的变量在一阶差分后均能通过单位根检验，因此可以进行下一步分析。

表 6 - 18　　　　景区行业效率影响因素的单位根检验结果

变量	LLC 统计量 （P 值）	IPS 统计量 （P 值）	ADF 统计量 （P 值）	PP 统计量 （P 值）	结论
QXL	- 14.3325 （0.0000）	- 8.91854 （0.0001）	187.414 （0.0004）	211.150 （0.0122）	平稳
QQWΔ	- 20.2644 （0.0000）	- 11.5672 （0.0000）	246.361 （0.0000）	344.563 （0.0000）	平稳
QRLZC	- 10.7094 （0.0000）	- 4.61028 （0.0000）	115.406 （0.0000）	165.611 （0.0000）	平稳
QSCQLΔ	- 13.1543 （0.0000）	- 6.36707 （0.0000）	178.618 （0.0000）	254.463 （0.0000）	平稳
QSCGDPΔ	- 11.9538 （0.0000）	- 7.03535 （0.0000）	168.897 （0.0000）	264.127 （0.0000）	平稳
QSCHΔ	- 19.3350 （0.0000）	- 11.4046 （0.0000）	240.937 （0.0000）	275.996 （0.0000）	平稳
QXXH	- 6.93634 （0.0000）	- 2.33580 （0.0098）	74.3891 （0.1346）	124.372 （0.0000）	平稳
QLYSRΔ	- 21.9093 （0.0000）	- 11.9076 （0.0000）	250.523 （0.0000）	339.079 （0.0000）	平稳

注：Δ 一阶后通过检验。

（三）数据协整检验

在单位根检验的基础之上，要进一步进行数据协整检验，在此使用 Kao 检验进行数据协整分析，其结果证明（见表 6-19），在假定条件下，上述 7 个变量与景区行业效率之间 P 值均小于 0.05，表明存在协整关系，因此可以判定景区行业效率与每一个影响因素变量之间都存在一种长期均衡的发展关系，可以进行面板数据回归分析。

表 6-19　　　　　　　景区行业效率与影响因素的协整关系检验

检验系列	ADF		残余方差	HAC 方差
	t 统计量	P 值		
景区行业效率与邮电业务总量	-4.043618	0.0000	0.562228	0.156608
景区行业效率与人均消费水平	-4.124685	0.0000	0.562499	0.170508
景区行业效率与区位熵	-11.46709	0.0000	0.560443	0.203661
景区行业效率与人力支持	-5.732693	0.0000	0.500283	0.173475
景区行业效率与市场化	-9.530463	0.0000	0.494668	0.189362
景区行业效率与第三产业 GDP	-4.485497	0.0000	0.557107	0.165961
景区行业效率与旅游总收入	-13.79714	0.0000	0.497480	0.149249

（四）面板数据模型的类型选择

从应用角度分析，对我国景区行业效率影响因素建立的回归模型仍然基于固定效应变截距模型比较适合。

从模型检验方面，先检验模型形式是混合回归、变截距回归还是变系数回归模型。通过 Eviews 7.0 软件分别计算得到三种模型的 S_1、S_2 和 S_3，其值分别为 6.27、24.00 和 32.27，N 为测评地区个数，在这里为 31；T 为年份，在这里为 11；k 为非常数项解释变量的个数，在这里为 7。手工计算可得 F_2 和 F_1 的值分别为 1.61 和 1.32，通过查表可得在 5% 的显著性水平上统计量 F_2 和 F_1 值分别为 1.34 和 1.36，统计量 F_2 远大于 F 分布临界值，因此拒绝原假设，说明混合回归模型不适用于本书;统计量 F_1 小于 F 分布临界值,表明利用变截距模型来拟合样本是合适的,因此,在此使用变截距模型进行研究。

确定了变截距模型后,再通过豪斯曼检验来确定是固定效应模型还是随机效应模型,结果见表 6 - 20,P 值为 0.0005,小于 0.01,拒绝原假设,说明不能选择随机效应模型,而应该选择固定效应模型。综上所述,本书选择变截距固定效应模型来探寻景区行业效率的影响因素。

表 6 - 20　　　　　　　　　模型的识别与检验

豪斯曼检验	t 统计量	自由度	P 值
截面随机	26.230202	7	0.0005

(五) 影响因素识别与结果分析

通过 Eviews 7.0 软件计算可得我国景区行业效率影响因素回归模型结果 (见表 6 - 21),模型的拟合度 R^2 为 0.32,调整的 R^2 为 0.24,F 检验值为 3.93,P 值为 0.00,达到了 1% 的水平的显著效果,DW 值为 2.27。由于模型的拟合度不高,刚刚超过 0.3,说明影响因素仅对模型拟合了 30% 的水平,应该还存在其他影响要素未找出。由于本书重点在于对旅游三大行业的影响因素进行对比分析,试图探索同一个因素对同一产业下不同行业的影响程度有何不同,因此,在此不再引入新的变量,仅就现有的变量进行研究。从现有的各个影响因素来看,区位条件、人力支持、第三产业规模、信息化水平和旅游产业规模 5 个要素的 P 值均在 0.05 以下,能够通过 5% 的显著性水平假设检验,说明这 5 个要素对景区行业效率的影响是显著的;而市场潜力和市场化程度两个要素的 P 值分别为 0.09 和 0.14,未通过 5% 的显著性水平假设检验,说明这两个要素对景区行业效率影响并不显著。在此将这两个要素剔除后再次进行影响因素模型的构建,结果如表 6 - 22 所示。

表 6-21　　　　　中国景区行业效率影响因素模型估计结果

变量	系数	标准误	t统计量	P值
C	1.350269	0.582382	2.318529	0.0211
QQW	-1.314043	0.401100	-3.276097	0.0012
QRLZC	0.143585	0.071998	1.994277	0.0470
QSCQL	-0.314904	0.182300	-1.727399	0.0851
QSCGDP	-0.866281	0.377939	-2.292122	0.0226
QSCH	0.139196	0.093260	1.492552	0.1366
QXXH	-0.269117	0.127413	-2.112163	0.0355
QLYSR	1.320182	0.328697	4.016416	0.0001

固定效应（交叉）

北京—C	0.446897	天津—C	-0.076765	河北—C	-0.013810
山西—C	-0.087774	内蒙古—C	-0.252132	辽宁—C	0.001030
吉林—C	-0.247036	黑龙江—C	-0.274759	上海—C	0.284677
江苏—C	-0.042364	浙江—C	-0.033728	安徽—C	-0.000704
福建—C	0.039547	江苏—C	0.229423	山东—C	-0.181219
河南—C	-0.145932	湖北—C	-0.112079	湖南—C	-0.080395
广东—C	0.035292	广西—C	-0.114348	海南—C	0.176299
重庆—C	-0.118041	西藏—C	-0.013901	贵州—C	0.181301
云南—C	-0.113637	陕西—C	-0.463597	西藏—C	0.703296
甘肃—C	-0.049649	青海—C	-0.218857	宁夏—C	0.379268
新疆—C	0.163698				

效应模型检验				
截面固定（虚拟变量）				
周期固定（虚拟变量）				
R^2	0.324436	因变量均值	-0.396709	
调整的 R^2	0.241942	因变量标准差	0.323232	
回归标准差	0.281427	赤池信息准则	0.406835	
残差平方和	23.99791	施瓦茨准则	0.833849	
对数似然值	-31.36543	汉南—奎因准则	0.576964	
F统计量	3.932819	杜宾—沃森统计量	2.270934	
P（F统计量）值	0.000000			

表 6 – 22　　修正后的中国景区行业效率影响因素模型估计结果

变量	系数	标准误	t 统计量	P 值
C	0.906731	0.450714	2.011767	0.0451
QQW	– 1.361254	0.387895	– 3.509333	0.0005
QRLZC	0.144576	0.071754	2.014895	0.0448
QSCGDP	– 1.013161	0.374764	– 2.703465	0.0072
QXXH	– 0.236134	0.126794	– 1.862345	0.0635
QLYSR	1.188354	0.319895	3.714820	0.0002

固定效应（交叉）					
北京—C	0.520116	天津—C	– 0.095094	河北—C	– 0.016823
山西—C	– 0.103926	内蒙古—C	– 0.288055	辽宁—C	0.076212
吉林—C	– 0.302271	黑龙江—C	– 0.246282	上海—C	0.343728
江苏—C	0.092883	浙江—C	0.055218	安徽—C	0.031467
福建—C	0.124550	江苏—C	0.215379	山东—C	– 0.071340
河南—C	– 0.113177	湖北—C	– 0.070452	湖南—C	– 0.034485
广东—C	0.217877	广西—C	– 0.061750	海南—C	0.102278
重庆—C	– 0.113999	西藏—C	0.036074	贵州—C	0.142130
云南—C	– 0.023791	陕西—C	– 0.310759	西藏—C	0.466641
甘肃—C	– 0.195673	青海—C	– 0.490039	宁夏—C	0.000215
新疆—C	0.113149				

效应模型检验				
截面固定（虚拟变量）				
周期固定（虚拟变量）				
R^2	0.312267	因变量均值		– 0.396709
调整的 R^2	0.233346	因变量标准差		0.323232
回归标准差	0.283018	亦池信息准则		0.412959
残差平方和	24.43021	施瓦茨准则		0.817498
对数似然值	– 34.40947	汉南—奎因准则		0.574133
F 统计量	3.956739	杜宾—沃森统计量		2.291522
P（F 统计量）值	0.000000			

　　从表 6 – 22 来看，模型的拟合度 R^2 为 0.31，调整的 R^2 为 0.23，F 检验值为 3.96，P 值为 0.00，达到了 1% 的水平的显著效果，DW

值为 2.29，区位条件、人力支持、第三产业规模和旅游产业规模 4 个要素的 P 值低于 0.01，信息化水平的 P 值为 0.06，略高于 5% 的显著性水平，但在可接受的范围内，故对该要素也予以保留。对模型的具体解释如下：

区位条件的回归系数是 -0.09，并且通过了 1% 的显著性水平假设检验，说明区位条件对旅游产业效率是有负向影响的。从影响程度来看，区位条件每上升 1 个百分点，景区行业效率反而下降 0.09。景区作为一个对资源依赖性较强的行业，旅游资源的独特性和稀缺性对景区的知名度有很大的影响。由于地理因素的影响，我国中西部地区在景观资源上占有较高的优势度。改革开放初期，由于交通和资金条件的影响，很多优质旅游资源"养在深闺人未识"，未能进行相应的开发和建设，中西部地区景区行业发展较为缓慢。随着整体经济水平的发展和旅游产业的推进，这种现象发生了很大改变，随着中西部很多优质旅游资源的开发和建设，景区行业效率也大大提升，在东部地区行业效率改变不大的情况下，区位条件与景区行业效率之间的关系就表现为负相关。

人力支持的回归系数是 0.14，P 值为 0.04，通过了 5% 的显著性水平假设检验，说明人力支持水平每上升 1 个百分点，景区行业效率就能上升 0.14 个百分点。景区行业的发展同样需要高层次的管理人才，高质量的劳动力可以使景区更有效地组织和提供接待服务，对提高生产效率、实现技术进步和推动景区产品和服务的升级优化都有不可替代的作用，因此，人才的有效使用可以大大提高景区行业效率。

第三产业规模的回归系数是 -1.01，并且通过了 1% 的显著性水平假设检验，说明第三产业规模对旅游产业效率是有显著负向影响的。景区行业的发展需要较多的资本投入，不仅项目建设本身资金数额巨大，而且还需要供水、供电、排水、道路等基础设施的配套与完善，所以，在三大旅游行业中，景区是投资回收期较长的行业，与其他服务性行业相比也是如此。中西部地区在第三产业发展所需的人力和物力资源都有一定短缺的情况下，其他行业的发展对景区行业会形成一定的资源竞争态势，因此对景区行业效率的提高也会有一定负向影响。

信息化水平的回归系数是 -0.24，P 值为 0.06，虽然略高于 5% 的显著性水平，但仍在可接受的范围内，所以认为信息化水平对景区行业效率还是有一定负向影响的。信息化水平较高的地区往往集中在东部地区，中西部地区成为信息化低谷，前已述及，中西部地区由于具有资源优势和后发优势，行业效率较高。信息化水平受此影响，与景区行业效率也表现出一定的负相关性。

旅游产业规模的回归系数是 1.19，P 值为 0.00，通过了 1% 的显著性水平假设检验，所以认为，旅游产业规模对景区行业效率是有显著影响的，旅游产业规模每上升 1 个百分点，景区行业效率就上升 1.19 个百分点，这种正向的影响是非常显著的。景区作为旅游产业中的一个分支行业，其发展受到地区旅游产业整体发展状况的影响很大，旅游产业越发达，旅游收入就越高，进入景区游览的人就越多，景区能够获得的收益就越大。在景区的建设中，固定投入占有很大的比重，每位游客的实际接待费用则很小，随着游客的增多，景区行业的边际成本会大幅下降，生产效率则会大幅提升。因此，景区行业效率与旅游产业整体规模呈现出典型的正相关关系。

另外，从三大行业面板回归模型结果来看，选取的影响因子对旅行社行业可以解释 74.66%，对酒店行业可以解释 68.52%，均有较高的解释性，而对景区行业仅有 31.23% 的解释度，也就是说，选取的因素不足以对景区行业效率的高低进行全面的解释，还有因子未能找到。究其原因，景区行业效率在测评的 12 年间变动较为剧烈，尤其是各省份年际波动较大，这为影响因子的寻找带来了较大困难。由于景区建设需要较多的资金投入，能否获得市场认可度又存在一定的变数，新建景区亏本的可能性要高于新建的旅行社和酒店，这些都为地区景区行业效益的提升增添了困难。因此，景区行业效率的影响因素更为复杂。

第三节   旅游产业效率驱动机制剖析

通过以上的影响因素分析可知，区域旅游产业效率年际变化及其在空间上的轨迹演化，不仅取决于地区生产单元自身条件的改变，还与外在的宏观环境息息相关。前文对区域旅游产业效率的分析，从宏观的产业效率、中观的三大行业效率和微观的三大要素效率进行，对效率的驱动机制的剖析也从三个层次入手。从本质上讲，旅游产业效率的区域差异是在外在的宏观经济、区位条件，中观的区域生产单元条件，微观的要素价值及消费需求影响下共同形成的，以此驱动产业发展以及结构发生变化，具体见图 6 - 1。

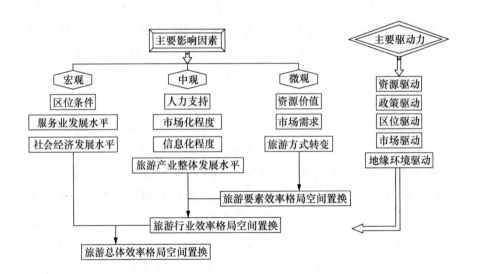

图 6 - 1   区域旅游产业效率时空演化驱动机制

一   微观领域

从图 6 - 1 可以看出，在微观领域，资源价值、市场需求和旅游方式转变都对旅游要素效率的时空变化产生了重要的影响。在旅游产业发展初期，东部地区由于占据区位优势，有价值的资源最先被开发利用并转化为旅游产品，获得了较好的市场效益。随着产业发展的递进，我国西部地区占有的自然与文化资源的独特性优势逐渐显现，景区行业要素效率较高就是在资源驱动引导下反映出来的具体表现，由于辅助因素如基础设施、接待条件等因素的限制，旅游产业整体发展水平还较低，但是，随着发展步伐的逐步迈进，地区旅游产业肯定能够迈上新的台阶；东部地区由于是我国主要旅游客源地，占据了客源地与目的地重合的天然优势，在旺盛的市场需求驱动下，要素效率状况一直较好，加之以商务出行带来的效益为辅助，因此，酒店行业要素效率还是较为令人满意的。在居民节假闲暇时间增多的前提下，公众参与旅游活动的程度在加大，与此同时，出游方式也相应发生了转变，在东部经济发达地带，辅之以便利的交通条件和顺畅的信息传递，自助游和个性化旅游越来越受到市民的欢迎，旅行社传统业务受到了较大冲击，旅游方式转变带来的冲击下，东部地区旅行社行业要素效率近几年开始出现下滑；西部地区则由于距离主要客源地较远，交通和信息通达性都较低，人们在长途旅行中还是喜欢选择跟团游为主要出行方式，加上西部地区自身旅游需求的释放带来的本地旅游市场的壮大，旅行社业务受到的冲击较小，因此保持了较高的要素效率。可见，旅游方式转变给东西部地区旅游行业的发展带来了不同的影响效果。总之，在微观的要素效率层面，资源价值、市场需求和旅游方式转变共同作用，影响了区域旅游要素效率时空格局的演变。

二　中观领域

在中观领域，人力支持、市场化程度、信息化程度和旅游产业整体发展水平对旅游行业效率的时空变化产生了重要的影响。从三大行业的影响因素分析结果来看，在选取的各项指标中，唯有信息化水平一项在三大行业的面板回归模型中均通过了检验，说明信息化水平对三大行业的效率均产生了影响，它对行业效率影响的重要性可见一斑。从具体数值来看，信息化水平对旅行社、酒店和景区行业的影响因子分别为 0.18、0.08 和 -0.24，它对旅行社和酒店行业的影响均为正，说明信息化水平越高，两大行业效率越高，尤其是旅行社行业受影响更甚；而景区行业受到信息化水平的影响是反向的，也就是信息化水平越高，行业效率反而越低。本书认为，这并不是因为信息化水平对景区行业不重要，而是在现阶段中西部地区景区行业效率表现出的优势与信息化水平正好呈现相反的分布态势而造成的。未来在互联网技术的影响下，信息化水平对旅游行业效率的正向影响将进一步显现。所以，信息技术为旅游行业发展提高了创新能力，使得原本错综复杂的网络化产业链更加扁平化，无论是实际经营中，还是产品创新中，都能降低成本，提高旅游服务的综合能力，促进生产效率的提高。另外，人力支持对旅行社行业效率的影响因子为 0.06，对景区行业为 0.14，说明人才是提高效率的关键因子；从市场化水平来看，它对旅行社行业的影响因子为 0.15，对酒店行业是 0.10，对两大行业的影响均超过了 10%，说明市场化水平越高，行业效率状况就越好。从旅游产业规模来看，它对酒店行业的影响因子为 0.17，对景区行业为 1.19，可以看出旅游产业规模对行业效率的影响较为强烈，产业规模越大，游客数量越多，作为分属行业的产出效益越好，相应的行业效率就越高。但是，旅行社行业受地区旅游产业整体规模的影响不大，其中的原因多是与旅行社行业现行的运行状况有关。随着自驾游和自助游的兴起，近程的周末两日游多以散客为主，旅行社业务以中远途的跟团游为主要构成，并且成为利润的主要来源，因此，地区旅游产业规模对旅行社行业效率影响不大。最后，市场化程度对旅游行业效率的影响也较深。市场化水平表示了地区对外开放的程度，是经济体活跃度的表现。市场化程度越高，地区能够得到的市场支持力就越大，从而能够提高区内生产单元利用效能和参与功能的提升，进而促进行业规模效率的提升。

三　宏观领域

区域旅游产业效率受行业效率和要素效率的影响，因此，中观和微观领域的影响因素对旅游产业效率必然产生影响。除此之外，在宏观领域，区位条件、服务业发展水平和社会经济发展水平都对旅游产业效率的时空变化产生了重要的影响。从区位条件来说，东部地区经济发展迅猛，旅游需求旺盛，为区域旅游产业的发展提供了强大支撑，这对旅游产业效率的提升是有利的；但是，由于投资资金充沛，加上从中西部地区不断涌入的劳动力，使得旅游产业物质资本和人力资本投入都存在一定冗余，并且不可避免地出现了投资的盲目性，造成了资源的浪费。因此，近几年产业效率反而有下降的趋势；而西部地区的后发优势逐渐开始显现，利用资源的独特性和交通条件的逐渐便利性，产业效率有了一定的提高。因此可以说，区位条件是一把"双刃剑"，利用得当，落后地区通过后发优势反而可以赶超先进地区，而先进地区如不能利用好自己的优势，也有可能落后。不管怎样，区位条件对区域旅游产业效率都产生了深远影响。地区服务业发展水平和居民消费水平是息息相关的，都受地区经济发展水平影响。但是，从定量分析结果来看，地区服务业发展水平和居民消费水平与区域旅游产业效率都是负向影响的关系。也就是说，服务业发达、居民消费水平较高的地区，旅游产业效率反而较低。其主要原因是东部地区投资结构性过剩造成的产业效率下降。酒店行业和景区行业的退出壁垒皆较高，改变资产用途需要投入高昂的成本，因此，采取一定措施对行业投资进行前瞻性的规划和指导，减少非理性投资行为是非常必要的。

四　主要驱动力

综上所述，结合对区域旅游产业效率的宏观、中观和微观影响因素的分析，在此可以将引起旅游产业效率空间结构变化的驱动力归纳为资源驱动、政策驱动、区位驱动、市场驱动和地缘环境驱动五个方面。

其中，资源驱动力可以说是第一驱动力。资源禀赋是地区旅游发展的基础。旅游资源富集、品相高的地区，相同的要素投入可得到更多的回报，往往有着更高的效率值。并且，资源禀赋高的省份更容易形成高知名度和感召力的明星型旅游产品，作为区域性的符号性产品提升整体市场竞争力，使地区旅游形象更加立体化和形象化。尤其是随着交通网络的发达程度和便利程度进一步提高，人们外出旅行的时间距离大大缩短，中西部地区原有的限制条件下降，资源价值进一步显现，以核心资源带动产业发展的驱动力进一步增强，对旅游产业效率的空间分布格局也产生了深远影响。

政策驱动力对区域旅游产业效率空间格局的演变起到导向的作

用。由于旅游产业链较长，地区旅游产业发展不是依靠单一行业的支撑，而是产业链上多个行业的综合配套，地区旅游发展过程包括资源开发、产品设计、市场拓展、宣传促销、设施完善和环境改造等一系列过程，需要多个部门的配合。因此，地区政策的倾斜对区域旅游产业效率的改变起到很大作用，从而影响区域间的地位，导致空间格局的演变。

区位驱动力对旅游产业效率的影响不仅体现在景区单个行业，对旅行社、酒店及其他相关行业都有重要影响。从根本上说，区位条件影响地区空间经济联系的广度和深度，从而影响旅游活动区位的空间变化。除此之外，产业要素的空间集聚能够带来良好的外部效应，有利于不同类型的旅游产品实现资源共享和客源共接，从而降低生产成本，为旅游产业效率的提升提供可能，这些都要依托区位条件来实现。因此，区位条件对旅游产业效率空间格局演变的驱动不仅体现在旅游生产单元内部，还有它们之间关系的变迁。

市场驱动力对区域旅游产业效率空间格局的演变起到深化的作用。旅游产品的效益作用最终要放到市场中去检验，只有得到消费者认可的旅游产品才能获取相应收益，将投入适时地转化为产出。因此，市场需求的变化引导着旅游产品从设计到开发各个环节的生产，旅游者旅游偏好的改变也将引起旅游产品结构的变化。随着人们休闲时间的增多和可支配收入的提高，快速的城镇化过程和生态环境的恶化引发了城镇居民新的旅游心理诉求，这些都将导致旅游消费水平的升级，为旅游生产单元提供新的机会成本和途径，从而改变区域旅游产业效率的空间格局分布。另外，旅游生产单元的价值驱动也将引导旅游消费层次的高级化和消费结构的多元化，对旅游消费起到引领作用。因此，市场驱动力是区域旅游产业效率空间格局发生变化的深层次动力。

地缘环境驱动力是区位条件与自然环境条件的集合驱动。相邻地区在一体的自然环境的影响下，资源条件具有较强的相似性，由此开发成的旅游产品也容易相似度较高；从区位条件来看，相邻地区的区位条件相似性也很强，经济、政治、文化背景较为雷同，进一步加强了相邻地区竞争的可能性与激烈性。因此，地缘环境驱动力是在相似的发展背景下对旅游生产单元的效率变迁进行的一种深层次推动，对地区旅游产业的发展路径提出了更高的要求。它促使旅游生产单元在旅游产品设计和市场营销过程中，都要更注重个性化和差异性，更准确地对自身进行定位和宣传，避免恶性竞争和低层次的价格竞争。另外，地缘环境驱动力也为地区发展提供了新的机遇，使跨地域合作成为可能，可以联合开发旅游线路和共享客源市场，深化旅游生产单元的空间依赖性和关联性，从而更大范围地改变地域旅游产业效率的空间格局。

本章小结

本章选取区位条件、人力支持、市场潜力、第三产业规模、旅游产业规模、市场化程度和信息化水平七个因素进行旅游产业效率及三大行业效率影响因素的识别与分析。从结果来看，区位条件、人力支持、市场潜力和第三产业规模四个要素对旅游产业效率的高低产生影响；从旅行社行业来看，人力支持、市场潜力、市场化和信息化四个要素对旅行社行业效率的影响是显著的；酒店方面，市场化程度、信息化水平和旅游产业规模三个要素对酒店行业效率的影响是显著的；景区方面，区位条件、人力支持、第三产业规模、信息化水平和旅游产业规模五个要素对其效率的高低产生影响。综合以上影响因素，本书归结为五大驱动力共同制约着旅游产业效率空间格局的演变，分别为资源驱动、政策驱动、区位驱动、市场驱动和地缘环境驱动。其中，资源驱动力是第一驱动力，以核心资源带动产业发展的驱动力进一步增强；政策驱动力对区域旅游产业效率空间格局的演变起到导向的作用；区位驱动力影响地区空间经济联系的广度和深度，从而影响旅游活动区位的空间变化；市场驱动力对区域旅游产业效率空间格局的演变起到深化的作用；地缘环境驱动力是在相似的发展背景下对旅游产业效率的变迁起推动作用，对地区旅游产业的发展路径提出了更高的要求。

第七章　结论与展望

一　主要结论

旅游产业效率是客观存在的旅游经济现象之一，它的时空演变与影响机制有其自身的规律性。本书以我国 31 个省份为研究对象，依据 2002—2013 年相关数据，通过组合赋权法改进的 DEA 模型，对我国各省份的旅游产业效率进行评价，并进一步将旅游产业总体效率细化为行业效率和要素效率进行纵向测算，在此基础上运用 ArcGIS 10.0 和 Eviews 7.0 分析了各项效率的时空演变特征和驱动机制。主要结论包括：

（一）旅游产业效率在时序上呈现波动性变化特征

从投入产出角度看，区域旅游产业发展需经历高投入与低产出、中投入与中产出和低投入与高产出三个阶段。在早期阶段，区域旅游产业发展水平总体较低，该时期区域要进行大量的基础设施建设，要素投入较多而产出较低；在第二个时期，随着基础设施的完善，产出水平有所提高，进入中投入、中产出阶段；到了发展后期，旅游产业进入投资少、见效快、利润高的阶段，即低投入、高产出阶段，旅游产业表现出较强的拉动力，市场前景广阔。但从对我国 31 个省份 12 年间旅游产业效率评价结果来看，旅游产业效率、行业效率和要素效率的年际变化均处于波动状态，阶段性不明显，波动性发展是我国旅游产业效率时序变化的基本特征。这说明随着旅游产业规模的发展壮大，旅游产业效率增长效应并不明显。

（二）"双峰一谷"三种发展类型基本形成

从旅游产业效率、行业效率到要素效率，省际的差异性是普遍存在的。北京、天津、上海、广东等东部发达地区的省份，由于基础设施建设已经比较完善，在资本投入方面主要集中于旅游项目的开发与建设，加上拥有较多数量的高素质的劳动者，旅游产业整体上已经进入"低投入、高产出"阶段，回报较高，成为形成最佳生产前沿面的主要来源，旅游效率值较高；青海、宁夏、贵州、西藏等西部省份，虽然旅游产业规模总量不大，但是，一方面因为这些地区资源较为集中，旅游开发属于"集中打力"型，使有限的资源得到较为充分的利用；另一方面也与地区发展政策有很大关系，地区对旅游产业在政策上的倾斜和扶持创造了良好的投资建设环境，因此，在产出上容易获得较高的效益，形成了另一类"低投入、高产出"类型，与北京、上海等发达地区共同形成了最佳生产前沿面；而新疆、甘肃、海南等省份，由于仍需要担负很多基础设施建设，旅游开发整体上属于"高投入、低产出"的状态，表现出很低的资源利用效率，与发达地区相比差距很大。因此，我国各省份形成了"双峰一谷"的三类典型发展类型。

（三）旅游产业效率空间格局由"T"字形向"V"字形演变

从空间格局演变上看，规模效率空间格局多个年份都呈"T"字形，相对来说较为稳定，东部地区的规模集聚效益一直不高；纯技术效率的空间格局演变较为多变，年际变化显著，东部地区在技术利用方面的优势有所显现，比西部纯技术效率要高。由于规模效率对综合效率的影响略强，很多省份规模效率值又低于纯技术效率值，规模报酬递减现象普遍存在，因此，要素的合理投入和产业结构的合理布局对提高各省份旅游产业效率有很大作用。在规模效率和纯技术效率共同影响下，综合效率空间格局年际变化较为明显，空间集聚性不强，相邻省份在综合效率值上不存在互相影响、互相制约的关系，空间格局由"T"字形向"V"字形格局演变。

（四）三大行业效率时空演变特征各不相同

景区、旅行社和酒店是旅游产业的三大核心行业。由于旅游者在旅游过程中，游、购、娱、食、住、行六大要素缺一不可，所以，一般认为，三大行业间应有较强的关联性，行业间保持均衡、互补的关系更有利于地区旅游产业的整体发展。从对三大行业效率的测算结果来看，这种关联性并不存在，它们表现出的时空演变特征也各不相同。整体上看，景区行业实际产出占理想产出的比例最低，受整体旅游环境的影响最强，波动性较强；酒店行业实际产出状况最好，效率值较高，最为稳定；旅行社行业则居中。从空间格局来看，景区行业2004年前变动频繁，未表现出一定的规律性，2005—2007年空间分布上向集聚态势演变，2009—2013年西部和东南部两大核心逐渐形成。这种格局形成的原因如下：由于景区行业的布局与发展一定程度上取决于旅游资源的分布与独特性，在技术水平和创新能力普遍较弱的行业背景下，西部地区独特的资源优势和吸引力在一定程度上弥补了技术上的不足，从而与东部地区形成"双强"局面。酒店行业作为纯粹的服务性行业，技术改革和创新对提高企业的效率有很重要的作用，2008年以前，整个行业技术条件不突出，空间格局分布呈倒"几"字形，从中部地区跨至东南沿海地区；2008年以后，这种格局发生了变化，东部地区的投入产出能力逐年提高，尤其是东南沿海地区优势突出，而中西部地区则有所下降，技术改革和创新对提高行业效率的作用逐步显现，形成东南核心区。旅行社行业空间格局始终以"山"字形格局为主导，但2011年以前，东南部地区的效率优势更加突出，西北部地区多个省份的行业投入产出能力持续下降，东南和西北地区的差异性在增强；2011年以后，随着西部和中部地区的省份综合效率开始提升，东南部地区的优势在减弱，差异性转而减小。

（五）旅游要素效率省际差异的产生与其所处的地带无关

通过测算发现物质资本、人力资本要素和企业规模三大要素效率均小于1，利用效率仍有提升空间。从行业间比较来看，景区行业三大要素效率年际变化大于酒店和景区行业，稳定性低；酒店行业要素效率整体较好，物质资本效率较高，企业规模效率也逐年升高，但人力资本效率稳中有降；旅行社行业的三大要素效率则稳中有降，2009年成为转折点。从空间格局来看，旅游要素效率东部、中部、西部和东北四大地区内的差异要远大于地区间的差异，近三年旅游要素效率高值区集聚，形成以北京、上海、广东为代表的东部核心区和西藏、宁夏为代表的西部核心区。所以，省域层面的差异性与该省份所处的地带关系并不大，与它在地带内部旅游产业所处的地位、自身资源的价值性等有较大关系，旅游要素投资更应注重省份的选择。在四个地区内部差异上，东部和西部内部各省份差异较大，中部和东北部内部差异相对较小。但是，东部和西部原因是不同的。西部地区在投资较为缺乏、物质资本不丰富的情况下，投资较为集中的省份能够使有限的资源产生更好的效益，因此，获得投入多的地区要素效率就高，而获得投入少的地区由于旅游开发不充分，要素效率就低；而东部地区要素丰富，各省份普遍获得较多的资源投入，资源利用合理充分的省份要素效率就高，要素效率较低的省份主要是因为投资过剩导致的，也就是部分低层次旅游产品已达到饱和，而新的投入仍在继续导致资源的浪费与效率的低下。因此，东西部地区在减小要素效率差异、提高省际的公平性方面采取的措施应该是不同的。

（六）十要素构成的五大驱动力制约旅游产业效率空间格局演变

通过定量和定性分析的综合，本书认为，由十要素构成的五大驱动力制约旅游产业效率空间格局的演变与发展。在微观领域，资源价值、市场需求和旅游方式的转变三要素对旅游要素效率的时空演变产生重要的影响；在中观领域，人力支持、市场化程度、信息化和旅游产业整体发展水平四要素对旅游行业效率的时空演变产生重要的影响；在宏观领域，区位条件、服务业发展水平和社会经济水平三因素对旅游产业效率时空演变产生重要的影响。在十要素的综合影响下，资源驱动、政策驱动、区位驱动、市场驱动和地缘环境驱动五大驱动力共同制约着旅游产业效率空间格局的演变。其中，资源驱动力是第一驱动力，以核心资源带动产业发展的驱动力进一步增强；政策驱动力对区域旅游产业效率空间格局的演变起到导向的作用；区位驱动力影响地区空间经济联系的广度和深度，从而影响旅游活动区位的空间变化；市场驱动力对区域旅游产业效率空间格局的演变起到深化的作用；地缘环境驱动力是在相似的发展背景下对旅游产业效率的变迁起推动作用，对地区旅游产业的发展路径提出了更高的要求。

二　研究局限与展望

（一）在旅游产业效率空间格局演化机制研究上有待进一步深化

本书建立了旅游产业效率到行业效率再到要素效率的时空格局演化分析体系，并从宏观、中观和微观尺度的影响因素入手，探讨了效率空间格局演化的动力机制，形成了从整体到要素的理论框架，然而该框架仅给出了关键环节和主要过程，从定量角度对影响因素的影响程度进行了探讨，而对各影响因素的具体作用方式和作用机制还有待进一步论述，对旅游产业效率空间格局演化的机制研究还有待进一步深化。

（二）研究尺度可进一步细化

由于本书是以省域这一尺度进行的研究和分析，研究尺度较大，不能很好地洞察更小的空间单元，例如，地级市甚至县域层面旅游产业效率的空间格局及其影响因素。从省域这一尺度来看，区域旅游产业效率的空间关联性并不强，三大行业中只有旅行社行业表现出一定的空间相关性。但是，不能简单地从省域这一层面的研究就得出旅游产业效率不存在空间相关性这一研究结论，因为省域内部的差异性未被考虑。从目前地级市层面旅游产业总体发展水平来看，差异性是普遍存在的。所以，更小尺度范围的研究可能在产业效率的空间关系方面得出新的结论。因此，更小尺度旅游产业效率的具体情形还有待深入研究，这也是笔者目前正在努力的方向。

（三）缺乏基于内部属性特征的分类研究

本书主要基于的是旅游生产单元外部的竞争与合作关系对区域旅游产业效率的影响进行的评价，而对单元本身的内部属性特征未予以考虑，例如，旅游生产单元本身的规模、职能、性质、资源特色等内部属性因素对旅游产业效率的变化的影响分析，以及内外部因素在影响重要性方面的判断比较。事实上，旅游产业的发展除受外在因素的影响外，与其自身系统内部的属性也有很大关系。例如，从旅游目的地发展的动力来看，有的地区是以资源独特性为支撑的，尤其是中西部地区的省份，对游客吸引力的强弱很大程度上基于资源本身吸引力的强弱；而东部地区很多省份，如北京、上海、广东等，自身经济发展水平高，商务出行占有一定的比重，加上本身就是国内主要客源地，旅游产业的发展受经济活跃度和客源市场活跃度影响很大，这些地区受客源市场的支撑作用比较强。因此，基于内部属性的不同，将不同旅游生产单元进行类型划分后，再分别进行旅游产业效率时空演变特征及驱动机制的分析，可能更有针对性，这也是可以作为未来延伸研究的内容之一。

附　录

2002—2013年旅行社行业效率计算结果

(1) 综合效率计算结果

省份	2002年	2003年	2004年	2005年	2006年	2007年	2008年	2009年	2011年	2012年	2013年	均值	变异系数
北京	1	1	1	1	1	1	1	1	1	1	1	1.0000	0.0000
天津	0.58	0.571	0.649	0.621	0.61	0.648	0.648	0.55	0.55	0.373	0.203	0.5457	0.2529
河北	0.491	0.49	0.672	0.719	0.471	0.572	0.572	0.424	0.424	0.296	0.192	0.4839	0.3162
山西	0.518	0.504	0.655	0.607	0.508	0.578	0.578	0.363	0.363	0.34	0.224	0.4762	0.2826
内蒙古	0.363	0.31	0.408	0.389	0.304	0.329	0.329	0.371	0.371	0.202	0.122	0.3180	0.2690
辽宁	0.68	0.495	0.488	0.606	0.591	0.722	0.722	0.868	0.868	0.601	0.446	0.6443	0.2226
吉林	0.221	0.141	0.18	0.445	0.406	0.495	0.495	0.297	0.297	0.229	0.416	0.3293	0.3881
黑龙江	0.547	0.59	0.703	0.637	0.616	0.528	0.528	0.561	0.561	0.311	0.224	0.5278	0.2653
上海	1	0.754	1	1	1	0.976	1	1	1	1	1	0.9776	0.0759
江苏	0.924	0.808	0.978	1	1	0.891	0.976	0.93	0.93	0.649	0.261	0.8575	0.2608
浙江	1	0.755	0.971	0.913	0.876	0.891	0.891	0.943	0.943	0.612	0.336	0.8301	0.2373

续表

省份	2002 年	2003 年	2004 年	2005 年	2006 年	2007 年	2008 年	2009 年	2011 年	2012 年	2013 年	均值	变异系数
安徽	0.633	0.439	0.894	0.889	0.74	0.786	0.786	0.619	0.619	0.494	0.282	0.6528	0.2939
福建	0.57	0.407	0.481	0.677	0.603	0.801	0.801	0.815	0.815	0.563	0.414	0.6315	0.2536
江西	0.491	0.655	0.647	0.455	0.801	0.618	0.618	0.507	0.507	0.419	0.221	0.5399	0.2828
山东	0.626	0.482	0.563	0.518	0.503	0.578	0.578	0.624	0.624	0.419	0.19	0.5186	0.2456
河南	0.436	0.393	0.456	0.455	0.357	0.401	0.401	0.395	0.395	0.218	0.087	0.3631	0.3086
湖北	0.565	0.278	0.47	0.458	0.425	0.465	0.465	0.482	0.482	0.443	0.249	0.4347	0.2112
湖南	1	1	1	1	1	1	1	1	1	0.564	0.333	0.8997	0.2545
广东	1	0.888	0.902	1	1	0.975	0.975	0.876	0.876	1	0.85	0.9402	0.0650
广西	0.723	0.635	0.874	0.849	0.887	0.928	0.928	0.727	0.727	0.567	0.415	0.7509	0.2180
海南	0.698	1	0.884	0.718	0.758	0.741	0.741	0.812	0.812	0.46	0.32	0.7222	0.2600
重庆	0.88	0.383	0.538	0.797	0.983	1	1	0.9	0.9	0.769	0.469	0.7835	0.2825
四川	0.525	0.47	0.548	0.698	0.708	0.768	0.768	0.625	0.625	0.431	0.265	0.5846	0.2663
贵州	0.415	0.58	0.724	0.829	0.611	0.696	0.696	0.586	0.586	0.395	0.162	0.5709	0.3258
云南	0.85	0.747	0.743	1	1	1	1	0.847	0.847	1	1	0.9122	0.1173
陕西	0.672	0.44	0.735	0.886	0.716	0.717	0.717	0.666	0.666	0.671	0.424	0.6645	0.1965
西藏	0.438	0.421	0.246	0.221	0.228	0.299	0.299	0.22	0.22	0.294	0.297	0.2894	0.2669
甘肃	0.455	0.25	0.396	0.344	0.343	0.368	0.368	0.324	0.324	0.414	0.375	0.3601	0.1491
青海	0.239	0.308	0.302	0.269	0.248	0.327	0.327	0.333	0.333	0.223	0.065	0.2704	0.2926
宁夏	0.846	0.767	0.9	0.838	0.676	0.781	0.781	0.683	0.683	0.735	0.438	0.7389	0.1670
新疆	0.565	0.49	0.653	0.555	0.61	0.645	0.645	0.309	0.309	0.469	0.214	0.4967	0.3122

（2）纯技术效率计算结果

省份	2002 年	2003 年	2004 年	2005 年	2006 年	2007 年	2008 年	2009 年	2011 年	2012 年	2013 年	均值	变异系数
北京	1	1	1	1	1	1	1	1	1	1	1	1.0000	0.0000
天津	0.607	0.6	0.66	0.674	0.665	0.675	0.675	0.596	0.596	0.499	0.398	0.6041	0.1438
河北	0.5	0.515	0.679	0.73	0.504	0.586	0.586	0.45	0.45	0.32	0.231	0.5046	0.2868
山西	0.529	0.528	0.66	0.617	0.532	0.592	0.592	0.393	0.393	0.363	0.273	0.4975	0.2478
内蒙古	0.441	0.378	0.427	0.417	0.366	0.36	0.36	0.426	0.426	0.306	0.188	0.3723	0.1978
辽宁	0.685	0.499	0.492	0.612	0.605	0.723	0.723	0.879	0.879	0.62	0.479	0.6542	0.2151
吉林	0.342	0.285	0.289	0.476	0.476	0.53	0.53	0.35	0.35	0.39	1	0.4562	0.4410
黑龙江	0.563	0.612	0.713	0.654	0.658	0.54	0.54	0.607	0.607	0.389	0.293	0.5615	0.2183
上海	1	1	1	1	1	1	1	1	1	1	1	1.0000	0.0000
江苏	0.925	1	0.985	1	1	1	1	0.949	0.949	0.665	0.268	0.8855	0.2563
浙江	1	0.906	0.983	0.918	0.9	0.94	0.94	1	1	0.613	0.34	0.8673	0.2376
安徽	0.642	0.457	0.9	0.9	0.761	0.79	0.79	0.635	0.635	0.512	0.318	0.6673	0.2764
福建	0.584	0.408	0.497	0.69	0.608	0.803	0.803	0.822	0.822	0.571	0.449	0.6415	0.2422
江西	0.504	0.671	0.654	0.468	0.821	0.635	0.635	0.535	0.535	0.442	0.263	0.5603	0.2620
山东	0.627	0.487	0.564	0.52	0.507	0.58	0.58	0.625	0.625	0.44	0.2	0.5232	0.2361
河南	0.443	0.406	0.46	0.463	0.375	0.408	0.408	0.415	0.415	0.279	0.13	0.3820	0.2547

续表

省份	2002年	2003年	2004年	2005年	2006年	2007年	2008年	2009年	2011年	2012年	2013年	均值	变异系数
湖北	0.575	0.288	0.475	0.472	0.437	0.465	0.465	0.495	0.495	0.453	0.28	0.4455	0.1961
湖南	1	1	1	1	1	1	1	1	1	0.593	0.412	0.9095	0.2257
广东	1	1	0.925	1	1	1	1	0.984	0.984	1	0.964	0.9870	0.0239
广西	0.734	0.645	0.883	0.866	0.907	0.946	0.946	0.777	0.777	0.589	0.484	0.7775	0.1968
海南	0.779	1	0.993	0.843	0.937	0.91	0.91	0.905	0.905	0.565	0.459	0.8369	0.2073
重庆	0.891	0.456	0.637	0.849	1	1	1	0.922	0.922	0.785	0.555	0.8197	0.2319
四川	0.532	0.474	0.55	0.712	0.719	0.77	0.77	0.638	0.638	0.452	0.371	0.6024	0.2256
贵州	0.503	0.666	0.75	0.929	0.738	0.781	0.781	0.676	0.676	0.593	0.423	0.6833	0.2048
云南	0.854	0.77	0.748	1	1	1	1	0.869	0.869	1	1	0.9191	0.1088
陕西	0.682	0.459	0.74	0.909	0.74	0.72	0.72	0.693	0.693	0.695	0.486	0.6852	0.1785
西藏	1	1	1	1	1	1	1	1	1	1	1	1.0000	0.0000
甘肃	0.478	0.307	0.413	0.402	0.419	0.405	0.405	0.396	0.396	0.798	0.751	0.4700	0.3317
青海	0.496	0.735	0.638	0.686	0.594	0.572	0.572	0.78	0.78	0.668	0.473	0.6359	0.1658
宁夏	1	1	1	1	1	1	1	1	1	1	1	1.0000	0.0000
新疆	0.58	0.522	0.664	0.627	0.661	0.663	0.663	0.391	0.391	0.529	0.316	0.5461	0.2345

（3）规模效率计算结果

省份	2002年	2003年	2004年	2005年	2006年	2007年	2008年	2009年	2011年	2012年	2013年	均值	变异系数
北京	1	1	1	1	1	1	1	1	1	1	1	1.0000	0.0000
天津	0.956	0.952	0.984	0.922	0.918	0.96	0.96	0.922	0.922	0.748	0.509	0.8866	0.1579
河北	0.983	0.953	0.991	0.984	0.936	0.976	0.976	0.943	0.943	0.924	0.832	0.9492	0.0473
山西	0.98	0.955	0.991	0.984	0.954	0.976	0.976	0.923	0.923	0.936	0.823	0.9474	0.0504
内蒙古	0.824	0.82	0.955	0.932	0.831	0.915	0.915	0.871	0.871	0.659	0.648	0.8401	0.1221
辽宁	0.993	0.994	0.994	0.99	0.977	0.999	0.999	0.988	0.988	0.97	0.932	0.9840	0.0197
吉林	0.646	0.494	0.621	0.935	0.852	0.935	0.935	0.848	0.848	0.588	0.416	0.7380	0.2576
黑龙江	0.971	0.964	0.987	0.974	0.937	0.979	0.979	0.923	0.923	0.8	0.763	0.9273	0.0819
上海	1	0.754	1	1	1	1	1	1	1	1	1	0.9776	0.0759
江苏	0.999	0.808	0.993	0.995	1	0.976	0.976	0.98	0.98	0.976	0.973	0.9692	0.0563
浙江	1	0.834	0.988	0.989	0.973	0.948	0.948	0.943	0.943	0.999	0.988	0.9599	0.0498
安徽	0.987	0.959	0.994	0.989	0.972	0.995	0.995	0.974	0.974	0.965	0.889	0.9721	0.0312
福建	0.977	0.999	0.968	0.981	0.992	0.997	0.997	0.991	0.991	0.985	0.922	0.9818	0.0224
江西	0.974	0.976	0.989	0.972	0.975	0.973	0.973	0.947	0.947	0.948	0.84	0.9558	0.0427
山东	0.999	0.989	0.998	0.996	0.991	0.996	0.996	0.999	0.999	0.953	0.946	0.9875	0.0193

续表

省份	2002年	2003年	2004年	2005年	2006年	2007年	2008年	2009年	2011年	2012年	2013年	均值	变异系数
河南	0.986	0.969	0.99	0.983	0.952	0.981	0.981	0.952	0.952	0.782	0.667	0.9268	0.1125
湖北	0.983	0.968	0.991	0.971	0.973	0.999	0.999	0.973	0.973	0.978	0.89	0.9725	0.0304
湖南	1	1	1	1	1	1	1	1	1	0.951	0.808	0.9781	0.0596
广东	1	0.888	0.976	1	1	0.975	0.975	0.891	0.891	1	0.882	0.9525	0.0548
广西	0.984	0.988	0.99	0.98	0.978	0.981	0.981	0.935	0.935	0.963	0.857	0.9611	0.0413
海南	0.896	1	0.89	0.851	0.809	0.814	0.814	0.897	0.897	0.813	0.697	0.8525	0.0906
重庆	0.988	0.84	0.844	0.939	0.983	1	1	0.976	0.976	0.98	0.845	0.9428	0.0701
四川	0.988	0.995	0.996	0.98	0.985	0.997	0.997	0.979	0.979	0.954	0.715	0.9603	0.0857
贵州	0.824	0.871	0.966	0.892	0.827	0.892	0.892	0.867	0.867	0.666	0.383	0.8134	0.1975
云南	0.996	0.97	0.992	1	1	1	1	0.974	0.974	1	1	0.9915	0.0125
陕西	0.986	0.958	0.993	0.975	0.967	0.995	0.995	0.961	0.961	0.966	0.872	0.9663	0.0356
西藏	0.438	0.421	0.246	0.221	0.228	0.299	0.299	0.22	0.22	0.294	0.297	0.2894	0.2669
甘肃	0.951	0.814	0.96	0.855	0.82	0.908	0.908	0.817	0.817	0.518	0.499	0.8061	0.1944
青海	0.481	0.418	0.474	0.392	0.417	0.572	0.572	0.427	0.427	0.334	0.138	0.4229	0.2803
宁夏	0.846	0.767	0.9	0.838	0.676	0.781	0.781	0.683	0.683	0.735	0.438	0.7389	0.1670
新疆	0.974	0.939	0.984	0.885	0.922	0.972	0.972	0.791	0.791	0.886	0.677	0.8903	0.1111

2002—2013 年酒店行业效率计算结果

(1) 综合效率计算结果

省份	2002年	2003年	2004年	2005年	2006年	2007年	2008年	2009年	2011年	2012年	2013年	均值	变异系数
北京	0.9	0.754	0.735	0.626	0.943	0.831	1	0.876	0.927	1	0.844	0.8578	0.1355
天津	0.663	0.55	0.545	1	0.867	1	1	1	0.919	1	1	0.8676	0.2170
河北	0.613	0.311	0.434	0.689	0.601	0.579	0.587	0.581	0.648	0.697	0.626	0.5787	0.1951
山西	0.78	0.461	0.621	0.98	1	1	1	0.871	0.727	0.739	0.67	0.8045	0.2260
内蒙古	0.632	0.594	0.333	0.581	0.667	0.508	0.576	0.69	0.691	0.701	0.546	0.5926	0.1811
辽宁	0.499	0.462	0.464	0.521	0.575	0.546	0.589	0.657	0.594	0.701	0.673	0.5710	0.1436
吉林	0.43	0.31	0.436	0.506	0.527	0.532	0.587	0.796	0.534	0.685	0.583	0.5387	0.2405
黑龙江	0.347	0.316	0.283	0.473	0.47	0.464	0.565	0.409	0.533	0.695	0.603	0.4689	0.2688
上海	1	1	1	1	1	1	1	1	1	1	1	1.0000	0.0000
江苏	0.762	0.655	0.68	0.715	0.747	0.731	0.959	0.921	0.898	1	0.929	0.8179	0.1519
浙江	1	0.716	0.669	0.758	1	0.99	1	0.944	1	0.966	0.861	0.9004	0.1419
安徽	0.674	0.492	0.587	0.922	0.823	0.76	0.75	0.749	0.704	0.797	0.749	0.7279	0.1584
福建	0.634	0.555	0.604	0.801	0.65	0.584	0.643	0.68	0.985	1	0.974	0.7373	0.2331
江西	0.639	0.401	0.376	0.639	0.456	0.416	0.617	0.655	0.737	0.781	0.663	0.5800	0.2449
山东	0.572	0.349	0.477	0.746	0.75	0.815	0.884	0.936	0.705	0.838	0.704	0.7069	0.2512

续表

省份	2002年	2003年	2004年	2005年	2006年	2007年	2008年	2009年	2011年	2012年	2013年	均值	变异系数
河南	0.703	0.448	0.979	0.975	0.862	0.718	1	0.963	0.766	0.807	0.652	0.8066	0.2132
湖北	0.568	0.391	0.49	0.735	0.583	0.586	0.666	0.677	0.696	0.85	0.687	0.6299	0.1978
湖南	0.773	0.595	0.441	0.838	0.707	0.715	0.733	0.73	0.73	0.977	0.856	0.7363	0.1879
广东	0.901	1	1	0.652	0.673	0.688	0.572	0.591	0.904	0.979	0.846	0.8005	0.2095
广西	0.58	0.346	0.591	0.667	0.559	0.613	0.593	0.625	0.699	0.776	0.697	0.6133	0.1788
海南	0.401	0.355	0.372	0.425	0.465	0.479	0.57	0.733	0.703	0.889	0.79	0.5624	0.3310
重庆	0.663	0.48	0.513	0.743	0.752	0.827	0.816	0.736	0.817	0.947	0.739	0.7303	0.1869
四川	0.483	0.363	0.4	0.504	0.51	0.592	0.585	0.699	0.678	0.81	0.685	0.5735	0.2384
贵州	0.68	0.449	0.515	0.771	0.652	0.711	0.714	0.888	0.855	0.807	0.747	0.7081	0.1882
云南	0.39	0.237	0.328	0.73	0.567	0.576	0.751	0.729	0.464	0.624	0.496	0.5356	0.3191
陕西	0.648	0.475	0.274	0.418	0.393	0.41	0.483	0.563	0.724	0.767	0.693	0.5315	0.2987
西藏	0.378	0.152	0.232	0.35	0.293	0.295	0.188	0.292	0.345	0.316	0.59	0.3119	0.3692
甘肃	0.509	0.325	0.37	0.646	0.534	0.518	0.487	0.438	0.621	0.623	0.578	0.5135	0.2026
青海	0.906	0.48	0.403	0.549	0.796	0.933	0.99	1	0.586	0.663	0.755	0.7328	0.2879
宁夏	0.212	0.449	0.405	0.736	0.674	0.664	0.932	0.634	0.518	0.638	0.568	0.5845	0.3234
新疆	0.557	0.385	0.471	0.716	0.609	0.671	0.609	0.601	0.596	0.766	0.738	0.6108	0.1857

（2）纯技术效率计算结果

省份	2002年	2003年	2004年	2005年	2006年	2007年	2008年	2009年	2011年	2012年	2013年	均值	变异系数
北京	1	0.782	0.804	0.627	1	1	1	1	1	1	1	0.9285	0.1399
天津	0.789	0.78	0.73	1	0.956	1	1	1	1	1	1	0.9323	0.1162
河北	0.625	0.381	0.491	0.702	0.625	0.583	0.593	0.633	0.665	0.7	0.639	0.6034	0.1560
山西	0.793	0.545	0.715	0.992	1	1	1	0.918	0.773	0.742	0.689	0.8334	0.1887
内蒙古	0.653	0.867	0.533	0.642	0.713	0.528	0.585	0.7	0.802	0.753	0.58	0.6687	0.1646
辽宁	0.529	0.517	0.505	0.524	0.582	0.548	0.591	0.67	0.616	0.717	0.68	0.5890	0.1245
吉林	0.47	0.438	0.584	0.557	0.565	0.548	0.6	0.804	0.679	0.761	0.65	0.6051	0.1849
黑龙江	0.388	0.444	0.415	0.515	0.501	0.475	0.57	0.419	0.688	0.753	0.658	0.5296	0.2311
上海	1	1	1	1	1	1	1	1	1	1	1	1.0000	0.0000
江苏	0.766	0.68	0.693	0.722	0.748	0.735	0.959	0.97	0.9	1	1	0.8339	0.1571
浙江	1	0.733	0.677	0.776	1	1	1	1	1	0.972	0.966	0.9204	0.1366
安徽	0.684	0.576	0.665	0.928	0.835	0.768	0.752	0.797	0.748	0.801	0.766	0.7564	0.1224
福建	0.64	0.603	0.66	0.814	0.667	0.588	0.647	0.7	1	1	1	0.7563	0.2209
江西	0.678	0.505	0.518	0.65	0.487	0.429	0.62	0.671	0.815	0.789	0.666	0.6207	0.1995
山东	0.582	0.371	0.504	0.763	0.757	0.827	0.893	0.993	0.708	0.839	0.736	0.7248	0.2472

续表

省份	2002年	2003年	2004年	2005年	2006年	2007年	2008年	2009年	2011年	2012年	2013年	均值	变异系数
河南	0.711	0.508	1	0.994	0.874	0.719	1	1	0.816	0.812	0.666	0.8273	0.1997
湖北	0.573	0.424	0.531	0.75	0.588	0.586	0.668	0.711	0.743	0.855	0.689	0.6471	0.1863
湖南	0.781	0.674	0.515	0.85	0.71	0.717	0.745	0.796	0.753	0.98	0.891	0.7647	0.1587
广东	1	1	1	0.666	0.729	0.733	0.589	0.689	1	1	1	0.8551	0.1995
广西	0.598	0.393	0.67	0.673	0.585	0.616	0.597	0.666	0.757	0.782	0.712	0.6408	0.1636
海南	0.468	0.482	0.48	0.51	0.491	0.489	0.597	0.749	0.838	0.945	0.855	0.6276	0.2906
重庆	0.711	0.605	0.607	0.748	0.802	0.829	0.82	0.775	0.926	0.954	0.744	0.7747	0.1432
四川	0.502	0.423	0.451	0.505	0.519	0.593	0.587	0.722	0.693	0.812	0.697	0.5913	0.2112
贵州	0.803	0.673	0.718	0.828	0.715	0.756	0.745	0.902	1	0.873	0.757	0.7977	0.1203
云南	0.405	0.278	0.369	0.747	0.583	0.592	0.752	0.77	0.536	0.631	0.508	0.5610	0.2906
陕西	0.689	0.636	0.379	0.44	0.432	0.421	0.491	0.573	0.767	0.772	0.707	0.5734	0.2573
西藏	1	0.606	0.725	0.766	0.774	0.71	1	0.669	1	0.94	1	0.8355	0.1839
甘肃	0.544	0.461	0.549	0.688	0.589	0.535	0.496	0.452	0.741	0.652	0.591	0.5725	0.1603
青海	1	1	1	1	1	1	1	1	1	1	1	1.0000	0.0000
宁夏	1	1	1	1	1	1	1	1	1	1	1	1.0000	0.0000
新疆	0.598	0.474	0.582	0.721	0.631	0.677	0.611	0.614	0.674	0.794	0.739	0.6468	0.1351

（3）规模效率计算结果

省份	2002 年	2003 年	2004 年	2005 年	2006 年	2007 年	2008 年	2009 年	2011 年	2012 年	2013 年	均值	变异系数
北京	0.9	0.964	0.964	0.913	0.943	0.831	1	0.876	0.927	1	0.844	0.9238	0.0623
天津	0.84	0.705	0.705	0.747	0.907	1	1	1	0.919	1	1	0.8930	0.1385
河北	0.981	0.814	0.814	0.884	0.963	0.992	0.989	0.918	0.975	0.996	0.98	0.9369	0.0744
山西	0.984	0.846	0.846	0.869	1	1	1	0.948	0.941	0.995	0.972	0.9455	0.0662
内蒙古	0.969	0.686	0.686	0.626	0.935	0.962	0.984	0.986	0.862	0.931	0.942	0.8699	0.1564
辽宁	0.943	0.893	0.893	0.919	0.988	0.997	0.998	0.98	0.964	0.977	0.99	0.9584	0.0419
吉林	0.915	0.709	0.709	0.746	0.934	0.971	0.979	0.99	0.786	0.901	0.898	0.8671	0.1256
黑龙江	0.893	0.712	0.712	0.681	0.937	0.977	0.99	0.977	0.774	0.923	0.916	0.8629	0.1379
上海	1	1	1	1	1	1	1	1	1	1	1	1.0000	0.0000
江苏	0.994	0.963	0.963	0.982	0.998	0.996	1	0.949	0.997	1	0.929	0.9792	0.0250
浙江	1	0.976	0.976	0.987	1	0.99	1	0.944	1	0.994	0.891	0.9780	0.0341
安徽	0.984	0.854	0.854	0.883	0.985	0.99	0.997	0.94	0.942	0.995	0.978	0.9456	0.0597
福建	0.99	0.92	0.92	0.916	0.975	0.994	0.993	0.972	0.985	1	0.974	0.9672	0.0335
江西	0.943	0.794	0.794	0.727	0.936	0.97	0.996	0.975	0.905	0.99	0.995	0.9114	0.1047
山东	0.984	0.94	0.94	0.946	0.992	0.986	0.99	0.943	0.996	0.998	0.956	0.9701	0.0255

续表

省份	2002年	2003年	2004年	2005年	2006年	2007年	2008年	2009年	2011年	2012年	2013年	均值	变异系数
河南	0.989	0.882	0.882	0.979	0.985	0.998	1	0.963	0.939	0.994	0.979	0.9627	0.0452
湖北	0.992	0.92	0.92	0.922	0.992	1	0.997	0.952	0.937	0.994	0.997	0.9657	0.0365
湖南	0.99	0.89	0.89	0.856	0.995	0.998	0.985	0.917	0.969	0.997	0.961	0.9498	0.0547
广东	0.901	1	1	1	0.923	0.939	0.972	0.857	0.904	0.979	0.846	0.9383	0.0604
广西	0.969	0.88	0.88	0.883	0.957	0.995	0.993	0.939	0.923	0.992	0.978	0.9445	0.0492
海南	0.856	0.745	0.745	0.775	0.946	0.979	0.954	0.979	0.839	0.94	0.924	0.8802	0.1046
重庆	0.933	0.792	0.792	0.845	0.938	0.998	0.995	0.95	0.882	0.993	0.993	0.9192	0.0868
四川	0.962	0.857	0.857	0.888	0.983	0.998	0.997	0.968	0.978	0.997	0.982	0.9515	0.0587
贵州	0.847	0.662	0.662	0.717	0.913	0.941	0.958	0.984	0.855	0.924	0.988	0.8592	0.1444
云南	0.963	0.85	0.85	0.887	0.973	0.973	0.999	0.947	0.865	0.989	0.976	0.9338	0.0626
陕西	0.942	0.744	0.744	0.722	0.91	0.974	0.983	0.983	0.944	0.994	0.979	0.9017	0.1207
西藏	0.378	0.25	0.25	0.32	0.378	0.416	0.188	0.437	0.345	0.336	0.59	0.3535	0.3078
甘肃	0.935	0.704	0.704	0.675	0.906	0.969	0.982	0.969	0.838	0.955	0.977	0.8740	0.1403
青海	0.906	0.48	0.48	0.403	0.796	0.933	0.99	1	0.586	0.663	0.755	0.7265	0.2999
宁夏	0.212	0.449	0.449	0.405	0.674	0.664	0.932	0.634	0.518	0.638	0.568	0.5585	0.3328
新疆	0.932	0.811	0.811	0.809	0.965	0.992	0.997	0.979	0.884	0.965	0.999	0.9222	0.0856

2002—2013年景区行业效率计算结果

(1) 综合效率计算结果

省份	2002年	2003年	2004年	2005年	2006年	2007年	2008年	2009年	2011年	2012年	2013年	均值	变异系数
北京	1	1	0.754	0.363	0.953	0.717	0.439	0.706	0.539	0.476	0.494	0.6765	0.3440
天津	0.58	0.167	0.206	0.245	0.285	0.095	0.102	0.164	1	1	1	0.4404	0.8680
河北	0.491	0.096	0.511	0.61	1	0.71	0.418	0.409	0.649	0.387	0.521	0.5275	0.4289
山西	0.518	0.112	0.82	0.515	0.713	0.178	0.558	0.387	0.304	0.191	0.275	0.4155	0.5513
内蒙古	0.363	0.069	0.47	0.146	0.338	0.097	0.117	0.375	0.401	0.325	0.321	0.2747	0.5095
辽宁	0.68	1	0.37	1	0.38	0.252	0.17	0.44	0.577	0.557	0.507	0.5394	0.5009
吉林	0.221	0.108	0.139	0.218	0.518	0.054	0.167	0.653	0.351	0.289	0.293	0.2737	0.6548
黑龙江	0.547	0.088	0.379	0.418	0.216	0.081	0.354	0.461	0.363	0.346	0.33	0.3257	0.4445
上海	1	0.036	1	1	1	0.701	0.338	0.504	0.727	0.721	0.774	0.7092	0.4405
江苏	0.924	0.102	0.541	0.94	1	0.332	0.285	0.412	0.541	0.586	0.54	0.5639	0.5113
浙江	1	0.09	0.44	0.225	0.689	0.168	0.254	0.427	0.588	0.518	0.556	0.4505	0.5845
安徽	0.633	0.25	1	0.495	0.459	1	0	0.262	0.761	0.623	0.698	0.5619	0.5539
福建	0.57	0.165	0.62	0.396	0.811	0.131	0.585	0.316	1	0.746	0.816	0.5596	0.5015
江西	0.491	0.221	1	1	1	0.758	1	1	0.808	1	1	0.8435	0.3118
山东	0.626	0.465	0.364	0.19	0.57	0.185	0.333	0.403	0.5	0.665	0.554	0.4414	0.3691

续表

省份	2002年	2003年	2004年	2005年	2006年	2007年	2008年	2009年	2011年	2012年	2013年	均值	变异系数
河南	0.436	0.058	1	0.55	0.764	0.267	0.215	0.678	0.574	0.503	0.572	0.5106	0.5175
湖北	0.565	0.058	0.333	0.415	0.43	0.153	0.671	0.584	0.474	0.46	0.439	0.4165	0.4333
湖南	1	0.033	0.642	0.475	0.339	0.13	0.465	0.307	0.594	1	1	0.5441	0.6307
广东	1	0.129	0.211	0.466	0.734	0.371	0.874	0.38	0.822	0.814	0.856	0.6052	0.4972
广西	0.723	0.122	0.585	0.415	0.652	0.153	0.196	0.551	0.449	0.412	0.411	0.4245	0.4718
海南	0.698	0.291	0.635	0.325	0.546	0.247	0.321	0.593	0.604	0.964	1	0.5658	0.4564
重庆	0.88	0.151	0.477	0.438	0.749	0.261	0.168	0.293	0.448	0.388	0.495	0.4316	0.5215
四川	0.525	0.162	0.634	0.416	1	0.397	0.359	0.985	0.737	0.47	0.634	0.5745	0.4505
贵州	0.415	0.367	0.417	0.451	0.476	0.131	1	1	0.661	0.375	0.401	0.5176	0.5180
云南	0.85	0.152	0.588	0.413	0.275	0.108	0.142	0.166	0.527	0.507	0.906	0.4213	0.6716
陕西	0.672	0.099	0.568	0.514	0.537	0.216	0.187	0.746	0.388	0.555	0.586	0.4607	0.4562
西藏	0.438	0.043	1	1	0.192	0.474	0.082	0.732	1	0.877	0.879	0.6106	0.6210
甘肃	0.455	0.071	0.416	0.264	0.244	0.053	0.221	0.319	0.74	0.518	0.535	0.3487	0.5961
青海	0.239	0.137	0.48	0.263	0.667	0.069	0.105	0.032	0.119	0.094	0.16	0.2150	0.9034
宁夏	0.846	0.133	0.833	0.801	1	0.327	0.104	0.713	0.647	0.634	0.597	0.6032	0.4890
新疆	0.565	0.116	0.832	0.63	0.718	0.158	0.176	1	0.68	0.584	0.97	0.5845	0.5357

（2）纯技术效率计算结果

省份	2002年	2003年	2004年	2005年	2006年	2007年	2008年	2009年	2011年	2012年	2013年	均值	变异系数
北京	1	1	0.908	0.46	0.975	0.835	0.442	0.713	0.793	0.629	0.607	0.7602	0.2709
天津	1	0.202	0.219	0.272	0.364	0.486	0.121	0.428	1	1	1	0.5538	0.6648
河北	0.234	0.12	0.527	1	1	0.732	0.419	0.417	0.774	0.44	0.642	0.5732	0.5005
山西	0.258	0.126	0.838	0.792	0.728	0.367	0.569	0.427	0.338	0.215	0.28	0.4489	0.5479
内蒙古	0.204	0.088	0.535	0.15	0.339	0.385	0.133	0.419	0.402	0.326	0.323	0.3004	0.4641
辽宁	0.195	1	0.435	1	0.394	0.355	0.172	0.44	0.781	0.928	0.588	0.5716	0.5404
吉林	0.232	0.23	0.176	0.225	0.888	0.373	0.179	0.799	0.407	0.374	0.369	0.3865	0.6255
黑龙江	0.188	0.108	0.392	0.432	0.288	0.283	0.366	0.539	0.387	0.437	0.392	0.3465	0.3513
上海	0.962	0.06	1	1	1	1	0.346	0.564	1	1	1	0.8120	0.4111
江苏	0.298	0.117	0.889	1	1	0.332	0.286	0.415	1	0.988	0.972	0.6634	0.5513
浙江	0.514	0.097	0.443	0.609	0.751	0.227	0.256	0.447	1	0.679	0.801	0.5295	0.5140
安徽	0.583	0.267	1	0.707	0.463	1	0.012	0.383	0.762	0.716	0.879	0.6156	0.5057
福建	0.392	0.179	0.686	0.469	0.962	0.379	0.671	0.412	1	0.787	0.882	0.6199	0.4375
江西	1	0.262	1	1	1	0.234	1	1	0.834	1	1	0.9178	0.2431
山东	1	0.466	0.364	0.195	0.612	0.234	0.339	0.412	0.558	0.895	0.945	0.5473	0.5208

续表

省份	2002年	2003年	2004年	2005年	2006年	2007年	2008年	2009年	2011年	2012年	2013年	均值	变异系数
河南	0.325	0.063	1	0.757	0.839	0.268	0.221	0.698	0.751	0.628	0.673	0.5657	0.5259
湖北	0.293	0.063	0.336	0.504	0.453	0.25	1	0.585	0.474	0.569	0.565	0.4629	0.5190
湖南	0.1	0.063	0.65	0.534	0.373	0.214	0.467	0.319	0.635	1	1	0.4868	0.6569
广东	1	0.134	0.212	1	0.737	0.374	1	0.38	1	1	1	0.7125	0.5074
广西	0.46	0.127	0.622	0.506	0.739	0.217	0.201	0.577	0.475	0.426	0.425	0.4341	0.4323
海南	0.521	0.37	0.662	0.325	0.571	0.737	0.338	0.667	0.739	1	1	0.6300	0.3759
重庆	1	0.187	0.48	0.476	0.759	0.637	0.182	0.384	0.451	0.396	0.533	0.4986	0.4761
四川	0.747	0.167	1	1	1	1	0.539	1	0.994	0.564	0.829	0.8036	0.3443
贵州	0.861	0.404	0.418	0.5	0.511	0.219	1	1	0.752	0.563	0.474	0.6093	0.4223
云南	0.933	0.193	0.61	0.665	0.297	0.221	0.151	0.207	0.593	0.585	1	0.4959	0.6095
陕西	0.643	0.112	0.625	0.762	0.541	0.491	0.197	0.803	0.405	0.556	0.642	0.5252	0.4110
西藏	0.223	0.704	1	1	1	1	1	1	1	1	1	0.9025	0.2684
甘肃	0.463	0.132	0.473	0.318	0.287	0.227	0.231	0.376	0.791	0.588	0.551	0.4034	0.4772
青海	1	1	1	1	1	1	0.226	1	1	1	1	0.9296	0.2510
宁夏	0.644	0.255	0.91	1	1	0.962	0.135		0.676	0.683	0.599	0.7149	0.4224
新疆	0.277	0.167	0.861	0.873	0.767	0.268	0.184	1	0.719	0.634	1	0.6136	0.5353

（3）规模效率计算结果

省份	2002年	2003年	2004年	2005年	2006年	2007年	2008年	2009年	2011年	2012年	2013年	均值	变异系数
北京	1	1	0.83	0.79	0.977	0.859	0.994	0.99	0.68	0.757	0.814	0.8810	0.1313
天津	1	0.83	0.943	0.9	0.784	0.195	0.845	0.383	1	1	1	0.8073	0.3354
河北	0.966	0.799	0.971	0.61	1	0.97	0.997	0.982	0.839	0.881	0.813	0.8935	0.1352
山西	0.999	0.882	0.979	0.65	0.979	0.485	0.981	0.906	0.902	0.889	0.98	0.8756	0.1855
内蒙古	0.898	0.777	0.878	0.979	0.998	0.251	0.88	0.895	0.998	0.996	0.994	0.8676	0.2497
辽宁	0.943	1	0.849	1	0.963	0.711	0.99	1	0.739	0.6	0.862	0.8779	0.1588
吉林	0.512	0.468	0.789	0.971	0.584	0.145	0.933	0.817	0.861	0.772	0.793	0.6950	0.3523
黑龙江	0.871	0.816	0.967	0.967	0.752	0.285	0.966	0.855	0.937	0.792	0.842	0.8227	0.2351
上海	0.999	0.597	1	1	1	0.701	0.976	0.894	0.727	0.721	0.774	0.8535	0.1781
江苏	0.999	0.872	0.608	0.94	1	1	0.994	0.993	0.541	0.593	0.555	0.8268	0.2473
浙江	0.999	0.931	0.994	0.369	0.917	0.74	0.994	0.956	0.588	0.762	0.694	0.8131	0.2506
安徽	0.826	0.938	1	0.7	0.992	1	0.004	0.683	1	0.87	0.795	0.8007	0.3617
福建	0.989	0.922	0.904	0.843	0.844	0.345	0.872	0.767	1	0.948	0.926	0.8509	0.2128
江西	1	0.843	1	1	1	0.758	1	1	0.97	1	1	0.9610	0.0854
山东	0.731	0.998	0.999	0.97	0.932	0.791	0.98	0.979	0.897	0.743	0.586	0.8733	0.1594

续表

省份	2002年	2003年	2004年	2005年	2006年	2007年	2008年	2009年	2011年	2012年	2013年	均值	变异系数
河南	0.938	0.91	1	0.727	0.911	0.997	0.973	0.971	0.764	0.801	0.849	0.8946	0.1072
湖北	0.997	0.91	0.991	0.823	0.949	0.61	0.671	0.999	1	0.809	0.777	0.8669	0.1606
湖南	0.795	0.534	0.987	0.889	0.909	0.605	0.996	0.962	0.935	1	1	0.8738	0.1868
广东	0.564	0.962	0.994	0.466	0.995	0.991	0.874	0.999	0.822	0.814	0.856	0.8488	0.2135
广西	0.914	0.966	0.941	0.821	0.883	0.706	0.974	0.954	0.946	0.968	0.967	0.9127	0.0905
海南	0.912	0.788	0.959	0.999	0.957	0.335	0.948	0.89	0.818	0.964	1	0.8700	0.2186
重庆	1	0.809	0.994	0.92	0.987	0.41	0.923	0.764	0.993	0.98	0.93	0.8827	0.1985
四川	0.759	0.972	0.634	0.416	1	0.397	0.667	0.985	0.742	0.833	0.765	0.7427	0.2793
贵州	0.986	0.91	0.998	0.902	0.931	0.6	1	1	0.879	0.666	0.845	0.8834	0.1532
云南	0.988	0.788	0.963	0.621	0.925	0.487	0.944	0.803	0.89	0.866	0.906	0.8346	0.1852
陕西	0.997	0.88	0.909	0.675	0.992	0.441	0.951	0.929	0.958	0.998	0.913	0.8766	0.1943
西藏	0.139	0.061	1	1	0.192	0.474	0.082	0.732	1	0.877	0.879	0.5851	0.6843
甘肃	0.911	0.54	0.88	0.83	0.85	0.235	0.956	0.85	0.935	0.882	0.971	0.8036	0.2754
青海	0.338	0.137	0.48	0.263	0.667	0.069	0.467	0.032	0.119	0.094	0.16	0.2569	0.8014
宁夏	0.883	0.521	0.915	0.801	1	0.34	0.773	0.713	0.957	0.929	0.997	0.8026	0.2607
新疆	0.739	0.691	0.966	0.722	0.936	0.588	0.955	1	0.946	0.922	0.97	0.8577	0.1670

2002—2013 年旅行社行业要素效率计算结果

(1) 物质资本效率计算结果

省份	2002 年	2003 年	2004 年	2005 年	2006 年	2007 年	2008 年	2009 年	2011 年	2012 年	2013 年	均值	变异系数
北京	1.0000	1.0000	1.0000	1.0000	1.0000	1.0000	0.9437	1.0000	0.8431	1.0000	1.0000	0.9806	0.0496
天津	0.6071	0.5997	0.6596	0.6738	0.6649	0.6749	0.5350	0.5963	0.3778	0.1782	0.2483	0.5287	0.3374
河北	0.4996	0.5147	0.6786	0.7299	0.5035	0.5859	0.5465	0.4498	0.2954	0.3199	0.2309	0.4868	0.3195
山西	0.5291	0.5283	0.6605	0.6172	0.5322	0.5919	0.6006	0.3930	0.2587	0.3630	0.2726	0.4861	0.2900
内蒙古	0.4407	0.3785	0.4271	0.4171	0.3661	0.3598	0.3275	0.4262	0.2172	0.1682	0.1876	0.3378	0.2983
辽宁	0.6853	0.4985	0.4915	0.6117	0.6052	0.7231	0.8419	0.8785	0.6954	0.6200	0.4787	0.6482	0.2067
吉林	0.2264	0.2774	0.2892	0.4755	0.4760	0.5297	0.4877	0.3502	0.2588	0.1802	1.0000	0.4137	0.5523
黑龙江	0.5632	0.6124	0.7128	0.6543	0.6576	0.5399	0.5396	0.6075	0.2911	0.3017	0.2931	0.5248	0.2978
上海	1.0000	1.0000	1.0000	1.0000	1.0000	1.0000	1.0968	1.0000	0.8568	1.0000	1.0000	0.9958	0.0547
江苏	0.9250	1.0000	0.9849	1.0000	1.0000	1.0000	1.0181	0.9493	0.6879	0.4759	0.2678	0.8463	0.3029
浙江	1.0000	0.9057	0.9833	0.9180	0.9004	0.9398	0.9953	1.0000	0.5928	0.6131	0.3400	0.8353	0.2629
安徽	0.6419	0.4573	0.8999	0.8995	0.7609	0.7895	0.7868	0.6354	0.3642	0.5123	0.3177	0.6423	0.3202
福建	0.5836	0.4076	0.4966	0.6904	0.6083	0.8032	0.7398	0.8222	0.5183	0.5713	0.4494	0.6082	0.2301
江西	0.5043	0.6713	0.6542	0.4684	0.8208	0.6351	0.4487	0.5353	0.2880	0.4420	0.2635	0.5210	0.3203
山东	0.6267	0.4868	0.5644	0.5198	0.5072	0.5798	0.4942	0.6245	0.4558	0.3862	0.2004	0.4951	0.2450

续表

省份	2002年	2003年	2004年	2005年	2006年	2007年	2008年	2009年	2011年	2012年	2013年	均值	变异系数
河南	0.4425	0.4057	0.4603	0.4631	0.3752	0.4082	0.4794	0.4145	0.2235	0.1404	0.1117	0.3568	0.3737
湖北	0.5746	0.2875	0.4749	0.4723	0.4373	0.4655	0.4932	0.4950	0.3141	0.4515	0.2801	0.4315	0.2210
湖南	1.0000	1.0000	1.0000	1.0000	1.0000	1.0000	1.1184	1.0000	0.4731	0.3402	0.3660	0.8452	0.3480
广东	1.0000	1.0000	0.9248	1.0000	1.0000	1.0000	0.9632	0.9838	0.8194	1.0000	0.9643	0.9687	0.0569
广西	0.7343	0.6429	0.8826	0.8664	0.9071	0.9457	0.9144	0.7768	0.5169	0.5891	0.4840	0.7509	0.2246
海南	0.7787	1.0000	0.9927	0.8431	0.9370	0.9101	0.8929	0.9052	0.4099	0.4722	0.4588	0.7819	0.2867
重庆	0.8906	0.4562	0.6373	0.8487	1.0000	1.0000	1.0133	0.9222	0.7538	0.7852	0.5554	0.8057	0.2347
四川	0.5317	0.4736	0.5500	0.7124	0.7187	0.7704	0.7318	0.6380	0.5002	0.4409	0.3709	0.5853	0.2312
贵州	0.5035	0.6655	0.7500	0.9291	0.7383	0.7807	0.5964	0.6762	0.3199	0.2051	0.2769	0.5856	0.3963
云南	0.8539	0.7699	0.7485	1.0000	1.0000	1.0000	0.9981	0.8694	0.7262	1.0000	1.0000	0.9060	0.1270
陕西	0.6816	0.4593	0.7397	0.9086	0.7404	0.7203	0.9238	0.6934	0.3659	0.6948	0.1968	0.6477	0.3419
西藏	1.0000	1.0000	1.0000	1.0000	1.0000	1.0000	1.0024	1.0000	0.4985	1.0000	2.4716	1.0884	0.4436
甘肃	0.4782	0.3071	0.4126	0.4021	0.4185	0.4054	0.3805	0.3964	0.2112	0.7976	0.7513	0.4510	0.3867
青海	0.4961	0.7357	0.6383	0.6855	0.5935	0.5717	0.6481	0.7797	0.2350	0.0867	0.1414	0.5101	0.4768
宁夏	1.0000	1.0000	1.0000	1.0000	1.0000	1.0000	0.9645	1.0000	0.2026	1.0000	1.0000	0.9243	0.2592
新疆	0.5800	0.5216	0.6638	0.6272	0.6608	0.6634	0.7627	0.3906	0.1278	0.5232	0.3163	0.5307	0.3504

（2）人力资本效率计算结果

省份	2002年	2003年	2004年	2005年	2006年	2007年	2008年	2009年	2011年	2012年	2013年	均值	变异系数
北京	1.0000	1.0000	1.0000	1.0000	1.0000	1.0000	0.9442	1.0000	1.0756	1.0000	1.0000	1.0018	0.0296
天津	0.5569	0.5121	0.6312	0.6738	0.6649	0.6749	0.6115	0.5963	0.5532	0.4995	0.3982	0.5793	0.1488
河北	0.4996	0.5147	0.6786	0.6837	0.4873	0.5859	0.5542	0.4498	0.5596	0.3199	0.2309	0.5058	0.2703
山西	0.5291	0.5283	0.6605	0.6172	0.5322	0.5919	0.5596	0.3930	0.4682	0.3630	0.2726	0.5014	0.2335
内蒙古	0.4407	0.3785	0.4271	0.4171	0.3661	0.3598	0.3345	0.4262	0.4094	0.3064	0.1876	0.3685	0.1993
辽宁	0.6853	0.4985	0.4915	0.6117	0.6052	0.7231	0.6898	0.8785	1.2345	0.6200	0.4787	0.6834	0.3178
吉林	0.3416	0.2851	0.2892	0.4755	0.4760	0.5297	0.5335	0.3502	0.5749	0.3897	1.0000	0.4769	0.4211
黑龙江	0.5632	0.6124	0.7128	0.6543	0.6576	0.5399	0.5704	0.6075	0.7131	0.3895	0.2931	0.5740	0.2264
上海	1.0000	1.0000	1.0000	1.0000	1.0000	1.0000	0.8860	1.0000	1.0009	1.0000	1.0000	0.9897	0.0348
江苏	0.9250	1.0000	0.9010	1.0000	1.0000	1.0000	0.9390	0.9493	0.9115	0.6650	0.1413	0.8575	0.2986
浙江	1.0000	0.7784	0.8391	0.8525	0.8000	0.8431	0.7155	1.0000	0.9541	0.6131	0.2345	0.7846	0.2762
安徽	0.6419	0.4573	0.8999	0.8995	0.7609	0.7895	0.6982	0.6354	0.6799	0.5123	0.3177	0.6630	0.2718
福建	0.5836	0.4076	0.4966	0.6904	0.6083	0.8032	0.8056	0.8222	0.7377	0.5713	0.1176	0.6040	0.3479
江西	0.5043	0.6713	0.6542	0.4684	0.8208	0.6351	0.5503	0.5353	0.6475	0.4420	0.2635	0.5630	0.2614
山东	0.6267	0.4411	0.5644	0.5198	0.5072	0.5798	0.5478	0.6245	0.6991	0.4397	0.1759	0.5205	0.2662

续表

省份	2002年	2003年	2004年	2005年	2006年	2007年	2008年	2009年	2011年	2012年	2013年	均值	变异系数
河南	0.4425	0.4057	0.4603	0.4631	0.3752	0.4082	0.4067	0.4145	0.5090	0.2786	0.1298	0.3903	0.2675
湖北	0.5566	0.2688	0.4634	0.4723	0.4373	0.4655	0.4659	0.4950	0.4489	0.4531	0.1010	0.4207	0.3006
湖南	1.0000	1.0000	1.0000	1.0000	1.0000	1.0000	1.0929	1.0000	0.8791	0.5928	0.4115	0.9069	0.2313
广东	1.0000	1.0000	0.5618	1.0000	1.0000	1.0000	0.9875	0.6514	0.5909	1.0000	0.0598	0.8047	0.3821
广西	0.6633	0.5455	0.7836	0.8664	0.9071	0.9179	0.9655	0.6892	0.7912	0.5891	0.4840	0.7457	0.2184
海南	0.7279	1.0000	0.7549	0.5385	0.4935	0.3806	0.3737	0.5656	0.6448	0.5653	0.3411	0.5805	0.3367
重庆	0.8906	0.4552	0.5413	0.8487	1.0000	1.0000	0.9653	0.9222	0.8325	0.7852	0.2518	0.7721	0.3202
四川	0.5317	0.4736	0.5500	0.7124	0.7187	0.7704	0.6956	0.6380	0.9404	0.4522	0.3349	0.6198	0.2762
贵州	0.5035	0.5982	0.7306	0.9291	0.6845	0.7259	0.7114	0.6762	0.8460	0.5935	0.3895	0.6717	0.2230
云南	0.8124	0.4686	0.5758	1.0000	1.0000	1.0000	1.0117	0.7090	0.5919	1.0000	1.0000	0.8336	0.2528
陕西	0.6816	0.4358	0.7397	0.9086	0.7404	0.7203	0.7013	0.6934	0.7465	0.6948	0.0937	0.6506	0.3298
西藏	1.0000	1.0000	1.0000	1.0000	1.0000	1.0000	1.0712	1.0000	0.6485	1.0000	5.1924	1.3557	0.9422
甘肃	0.4782	0.2829	0.4126	0.4021	0.4185	0.4054	0.4459	0.3964	0.3276	0.4678	0.7513	0.4353	0.2737
青海	0.4820	0.6340	0.6383	0.6855	0.5070	0.5580	0.5663	0.7797	0.7215	0.6678	0.4732	0.6103	0.1654
宁夏	1.0000	1.0000	1.0000	1.0000	1.0000	1.0000	1.0285	1.0000	1.1156	1.0000	1.0000	1.0131	0.0346
新疆	0.5800	0.5216	0.6638	0.6272	0.6608	0.6634	0.6770	0.3906	0.4416	0.5294	0.3163	0.5520	0.2248

（3）企业规模效率计算结果

省份	2002年	2003年	2004年	2005年	2006年	2007年	2008年	2009年	2011年	2012年	2013年	均值	变异系数
北京	1.0000	1.0000	1.0000	1.0000	1.0000	1.0000	0.9193	1.0000	0.7800	1.0000	1.0000	0.9727	0.0702
天津	0.6071	0.5997	0.6596	0.6738	0.6649	0.6277	0.6207	0.5511	0.4432	0.4379	0.3982	0.5713	0.1745
河北	0.3384	0.3239	0.3508	0.3646	0.2751	0.3034	0.2812	0.2223	0.2039	0.1271	0.1414	0.2666	0.3089
山西	0.4929	0.4523	0.5307	0.5097	0.4571	0.4425	0.4236	0.2878	0.2572	0.2223	0.2244	0.3910	0.3033
内蒙古	0.4052	0.3528	0.3373	0.3235	0.2820	0.2338	0.2098	0.2133	0.1882	0.1648	0.1386	0.2590	0.3333
辽宁	0.4208	0.2457	0.2627	0.3898	0.3975	0.3604	0.3447	0.4326	0.3880	0.2385	0.2703	0.3410	0.2148
吉林	0.3053	0.2024	0.2488	0.4389	0.3875	0.3717	0.3470	0.2472	0.2338	0.2055	1.0000	0.3626	0.6226
黑龙江	0.4045	0.4148	0.4562	0.5903	0.5727	0.4323	0.3905	0.3620	0.2820	0.2120	0.2091	0.3933	0.3188
上海	1.0000	1.0000	1.0000	1.0000	1.0000	1.0000	0.9763	1.0000	0.8426	1.0000	1.0000	0.9835	0.0481
江苏	0.5851	1.0000	0.5308	1.0000	1.0000	1.0000	0.9467	0.5811	0.5058	0.2895	0.2678	0.7006	0.4210
浙江	1.0000	0.8007	0.6096	0.9180	0.9004	0.9398	0.8630	1.0000	0.8222	0.4037	0.3400	0.7816	0.2943
安徽	0.4835	0.3164	0.5471	0.6242	0.5835	0.5302	0.4768	0.4230	0.3470	0.2609	0.2311	0.4385	0.3036
福建	0.4703	0.3374	0.4504	0.6904	0.6083	0.6264	0.6001	0.7306	0.6515	0.5064	0.4494	0.5565	0.2182
江西	0.4288	0.4109	0.4132	0.4684	0.6767	0.4269	0.3984	0.3884	0.3545	0.2581	0.2279	0.4047	0.2869
山东	0.4200	0.2468	0.3027	0.3993	0.3807	0.2659	0.2643	0.3559	0.3343	0.2094	0.2004	0.3072	0.2477

续表

省份	2002 年	2003 年	2004 年	2005 年	2006 年	2007 年	2008 年	2009 年	2011 年	2012 年	2013 年	均值	变异系数
河南	0.3533	0.2851	0.3118	0.3502	0.3097	0.2672	0.2565	0.2565	0.2375	0.1435	0.1298	0.2637	0.2775
湖北	0.5746	0.2875	0.4749	0.4723	0.4373	0.4059	0.3899	0.3831	0.3126	0.3047	0.2801	0.3930	0.2364
湖南	1.0000	1.0000	1.0000	1.0000	1.0000	1.0000	0.9485	1.0000	0.8555	0.5566	0.4115	0.8884	0.2332
广东	1.0000	1.0000	0.8427	1.0000	1.0000	1.0000	0.9107	0.8015	0.6098	1.0000	0.6757	0.8946	0.1609
广西	0.7343	0.6429	0.8826	0.8664	0.9071	0.9457	0.8731	0.7768	0.6515	0.5381	0.4362	0.7504	0.2209
海南	0.7787	1.0000	0.9927	0.8431	0.9370	0.9101	0.8375	0.9052	0.6382	0.5653	0.4588	0.8060	0.2219
重庆	0.8906	0.4205	0.6373	0.8487	1.0000	1.0000	0.8771	0.8417	0.7766	0.7442	0.5554	0.7811	0.2320
四川	0.5003	0.4238	0.4949	0.7124	0.7187	0.5490	0.5331	0.5529	0.5547	0.4464	0.3709	0.5325	0.2023
贵州	0.5035	0.6655	0.7500	0.9291	0.7383	0.7807	0.6764	0.6161	0.5236	0.4671	0.4229	0.6430	0.2393
云南	0.8539	0.5201	0.7485	1.0000	1.0000	1.0000	0.9465	0.8694	0.6665	1.0000	1.0000	0.8732	0.1879
陕西	0.6816	0.4590	0.6773	0.9086	0.7404	0.5919	0.5542	0.5242	0.4585	0.4393	0.1502	0.5623	0.3503
西藏	1.0000	1.0000	1.0000	1.0000	1.0000	1.0000	0.9149	1.0000	0.4021	1.0000	2.3625	1.0618	0.4397
甘肃	0.4290	0.3071	0.3997	0.4021	0.4185	0.3898	0.3696	0.3034	0.2667	0.2833	0.4879	0.3688	0.1890
青海	0.4961	0.6238	0.5851	0.6517	0.5935	0.5717	0.4567	0.4468	0.3698	0.4764	0.4732	0.5222	0.1679
宁夏	1.0000	1.0000	1.0000	1.0000	1.0000	1.0000	1.0706	1.0000	0.7944	1.0000	1.0000	0.9877	0.0684
新疆	0.5413	0.4053	0.4303	0.5232	0.6092	0.4240	0.4169	0.2731	0.2592	0.3326	0.2907	0.4096	0.2806

2002—2013年酒店行业要素效率计算结果

（1）物质资本效率计算结果

省份	2002年	2003年	2004年	2005年	2006年	2007年	2008年	2009年	2011年	2012年	2013年	均值	变异系数
北京	1.0000	0.6131	0.6824	0.5249	1.0000	1.0000	1.0000	1.0000	1.0000	1.0000	1.0000	0.8928	0.2095
天津	0.7891	0.7441	0.7301	1.0000	0.9565	1.0000	1.0000	1.0000	1.0000	1.0000	1.0000	0.9291	0.1224
河北	0.6251	0.3386	0.4909	0.7017	0.6246	0.5831	0.5932	0.6328	0.6646	0.6999	0.6391	0.5994	0.1741
山西	0.7926	0.5451	0.7146	0.9917	1.0000	1.0000	1.0000	0.9185	0.7729	0.7422	0.6887	0.8333	0.1887
内蒙古	0.6526	0.8667	0.5328	0.6420	0.7131	0.5275	0.5853	0.6996	0.8024	0.7530	0.5797	0.6686	0.1647
辽宁	0.5261	0.3239	0.5048	0.5240	0.5818	0.5481	0.5905	0.6704	0.6157	0.7174	0.6796	0.5711	0.1884
吉林	0.4700	0.3627	0.5845	0.5572	0.5645	0.5479	0.5995	0.8036	0.6788	0.7609	0.6500	0.5982	0.2083
黑龙江	0.3880	0.3135	0.4152	0.5155	0.5012	0.4748	0.5703	0.4185	0.6884	0.7528	0.6583	0.5179	0.2647
上海	1.0000	1.0000	1.0000	1.0000	1.0000	1.0000	1.0000	1.0000	1.0000	1.0000	1.0000	1.0000	0.0000
江苏	0.7664	0.6044	0.6931	0.7219	0.7483	0.7346	0.9589	0.9704	0.9003	1.0000	1.0000	0.8271	0.1710
浙江	1.0000	0.6992	0.6775	0.7757	1.0000	1.0000	1.0000	1.0000	1.0000	1.0000	0.9658	0.9173	0.1428
安徽	0.6842	0.5759	0.6655	0.9282	0.8351	0.7677	0.7519	0.7973	0.7477	0.8009	0.7657	0.7564	0.1224
福建	0.6401	0.6028	0.6597	0.8139	0.6670	0.5876	0.6472	0.6997	1.0000	1.0000	1.0000	0.7562	0.2211
江西	0.6776	0.5051	0.5176	0.6503	0.4872	0.4286	0.6198	0.6712	0.8153	0.7888	0.6663	0.6207	0.1997
山东	0.5815	0.3714	0.5038	0.7627	0.7566	0.8273	0.8926	0.9930	0.7082	0.8394	0.7363	0.7248	0.2471

续表

省份	2002年	2003年	2004年	2005年	2006年	2007年	2008年	2009年	2011年	2012年	2013年	均值	变异系数
河南	0.7113	0.5076	1.0000	0.9938	0.8743	0.7193	1.0000	1.0000	0.8157	0.8116	0.6658	0.8272	0.1998
湖北	0.5726	0.4244	0.5312	0.7504	0.5881	0.5862	0.6678	0.7110	0.7428	0.8546	0.6886	0.6471	0.1860
湖南	0.7807	0.6736	0.5146	0.8502	0.7098	0.7167	0.7449	0.7957	0.7534	0.9795	0.8908	0.7645	0.1587
广东	1.0000	1.0000	1.0000	0.6664	0.7286	0.7326	0.5888	0.6894	1.0000	1.0000	1.0000	0.8551	0.1995
广西	0.5982	0.3931	0.6695	0.6733	0.5846	0.6162	0.5970	0.6662	0.7569	0.7822	0.7122	0.6408	0.1636
海南	0.4547	0.2705	0.4804	0.4630	0.4853	0.4886	0.5696	0.6217	0.8380	0.9453	0.8545	0.5883	0.3520
重庆	0.7108	0.6063	0.6071	0.7481	0.8018	0.8290	0.8202	0.7753	0.9260	0.9538	0.7442	0.7748	0.1431
四川	0.5016	0.3629	0.4507	0.5053	0.5188	0.5928	0.5869	0.7220	0.6931	0.8124	0.6974	0.5858	0.2290
贵州	0.8028	0.5753	0.7184	0.8280	0.7145	0.7556	0.7445	0.9016	1.0000	0.8729	0.7567	0.7882	0.1426
云南	0.4054	0.2785	0.3695	0.7468	0.5827	0.5920	0.7516	0.7696	0.5359	0.6309	0.5080	0.5610	0.2901
陕西	0.6886	0.4637	0.3792	0.4398	0.4323	0.4211	0.4914	0.5728	0.7669	0.7716	0.2112	0.5126	0.3367
西藏	1.0000	0.6060	0.7245	0.7665	0.6827	0.7095	1.0000	0.4976	1.0000	0.3947	3.3487	0.9755	0.8328
甘肃	0.5445	0.4381	0.5488	0.6885	0.5891	0.5349	0.4959	0.4521	0.7410	0.6525	0.5912	0.5706	0.1663
青海	1.0000	1.0000	1.0000	1.0000	1.0000	1.0000	1.0000	1.0000	1.0000	1.0000	1.0000	1.0000	0.0000
宁夏	1.0000	1.0000	1.0000	1.0000	1.0000	1.0000	1.0000	1.0000	1.0000	1.0000	1.0000	1.0000	0.0000
新疆	0.5976	0.4543	0.5824	0.7209	0.6314	0.6768	0.6108	0.6136	0.6740	0.7937	0.7392	0.6450	0.1417

（2）人力资本效率计算结果

省份	2002年	2003年	2004年	2005年	2006年	2007年	2008年	2009年	2011年	2012年	2013年	均值	变异系数
北京	1.0000	0.7822	0.8045	0.5266	1.0000	1.0000	1.0000	1.0000	1.0000	1.0000	1.0000	0.9194	0.1679
天津	0.7891	0.7796	0.7301	1.0000	0.9565	1.0000	1.0000	1.0000	1.0000	1.0000	1.0000	0.9323	0.1162
河北	0.6251	0.3342	0.4909	0.3694	0.6246	0.5831	0.5932	0.5339	0.6646	0.6826	0.4694	0.5428	0.2131
山西	0.4962	0.3991	0.7146	0.3957	1.0000	1.0000	1.0000	0.4963	0.7729	0.7186	0.5899	0.6894	0.3411
内蒙古	0.5605	0.4747	0.5328	0.3414	0.7131	0.5275	0.5853	0.6681	0.5511	0.4396	0.4884	0.5348	0.1919
辽宁	0.3708	0.4386	0.3716	0.3165	0.4721	0.4440	0.5905	0.6704	0.6157	0.5683	0.4276	0.4806	0.2381
吉林	0.4700	0.3656	0.5845	0.4000	0.5645	0.5479	0.5995	0.8036	0.6788	0.5448	0.6500	0.5645	0.2208
黑龙江	0.3232	0.3462	0.3958	0.2702	0.4721	0.4699	0.5703	0.4185	0.4492	0.4293	0.5653	0.4282	0.2178
上海	1.0000	1.0000	1.0000	1.0000	1.0000	1.0000	1.0000	1.0000	1.0000	1.0000	1.0000	1.0000	0.0000
江苏	0.7520	0.6137	0.6931	0.3403	0.5608	0.5201	0.9589	0.9300	0.9003	1.0000	1.0000	0.7517	0.2980
浙江	1.0000	0.6339	0.5648	0.2563	1.0000	1.0000	1.0000	1.0000	1.0000	0.9342	0.8446	0.8394	0.2970
安徽	0.4077	0.3279	0.5968	0.3429	0.7255	0.6734	0.6812	0.4251	0.7477	0.5880	0.4477	0.5422	0.2880
福建	0.5402	0.4822	0.6453	0.3397	0.5602	0.5267	0.6472	0.6997	1.0000	1.0000	1.0000	0.6765	0.3378
江西	0.4171	0.3989	0.4245	0.3557	0.4872	0.4286	0.6012	0.5954	0.8153	0.4293	0.3164	0.4790	0.2963
山东	0.5815	0.3714	0.5038	0.3307	0.7566	0.8273	0.8926	0.9930	0.7082	0.8021	0.5621	0.6663	0.3206

续表

省份	2002 年	2003 年	2004 年	2005 年	2006 年	2007 年	2008 年	2009 年	2011 年	2012 年	2013 年	均值	变异系数
河南	0.4569	0.3126	1.0000	0.3089	0.7081	0.6483	1.0000	1.0000	0.8157	0.5726	0.4080	0.6574	0.4110
湖北	0.3825	0.2721	0.4204	0.2480	0.5219	0.5425	0.5536	0.4574	0.7428	0.5838	0.3257	0.4592	0.3235
湖南	0.4598	0.3301	0.3745	0.2615	0.5697	0.5446	0.6601	0.4580	0.7534	0.7462	0.5938	0.5229	0.3115
广东	1.0000	1.0000	1.0000	0.2913	0.7286	0.7326	0.5888	0.6894	1.0000	1.0000	1.0000	0.8210	0.2884
广西	0.5982	0.3584	0.6695	0.3255	0.5846	0.6162	0.5970	0.4432	0.7569	0.4936	0.3827	0.5296	0.2618
海南	0.4203	0.3965	0.4558	0.5008	0.4771	0.4886	0.5973	0.7003	0.8380	0.8186	0.8545	0.5953	0.2962
重庆	0.7108	0.6063	0.6071	0.5936	0.8018	0.8290	0.8202	0.6279	0.9138	0.7817	0.5208	0.7103	0.1774
四川	0.5016	0.3786	0.4105	0.3236	0.5074	0.5506	0.5869	0.7220	0.6931	0.7849	0.4715	0.5392	0.2724
贵州	0.7035	0.5485	0.6907	0.3977	0.6769	0.6102	0.5189	0.3582	1.0000	0.4270	0.3158	0.5680	0.3490
云南	0.2031	0.1676	0.2652	0.1757	0.4178	0.4162	0.3869	0.5625	0.3186	0.3573	0.3481	0.3290	0.3649
陕西	0.6393	0.3435	0.3792	0.3316	0.4323	0.4211	0.4914	0.5380	0.7669	0.7236	0.3273	0.4904	0.3219
西藏	1.0000	0.6060	0.7245	0.7665	0.7742	0.7095	1.0000	0.6690	1.0000	0.8235	1.4379	0.8647	0.2717
甘肃	0.5445	0.2199	0.5488	0.3852	0.5891	0.5349	0.4959	0.3783	0.5666	0.3833	0.3368	0.4530	0.2615
青海	1.0000	1.0000	1.0000	1.0000	1.0000	1.0000	1.0000	1.0000	1.0000	1.0000	1.0000	1.0000	0.0000
宁夏	1.0000	1.0000	1.0000	1.0000	1.0000	1.0000	1.0000	1.0000	1.0000	1.0000	1.0000	1.0000	0.0000
新疆	0.5254	0.3573	0.4150	0.3676	0.4893	0.5540	0.6108	0.6136	0.4982	0.4095	0.3005	0.4674	0.2247

（3）企业规模效率计算结果

省份	2002年	2003年	2004年	2005年	2006年	2007年	2008年	2009年	2011年	2012年	2013年	均值	变异系数
北京	1.0000	0.7466	0.7538	0.6272	1.0000	1.0000	1.0000	1.0000	1.0000	1.0000	1.0000	0.9207	0.1515
天津	0.7281	0.7796	0.7177	1.0000	0.8424	1.0000	1.0000	1.0000	1.0000	1.0000	1.0000	0.9153	0.1329
河北	0.5155	0.3814	0.3185	0.3399	0.4126	0.4094	0.3996	0.4299	0.5557	0.6999	0.6391	0.4638	0.2656
山西	0.4276	0.3606	0.7146	0.6375	1.0000	1.0000	1.0000	0.7093	0.7033	0.7422	0.6887	0.7258	0.2949
内蒙古	0.6043	0.4917	0.5328	0.6176	0.7131	0.5275	0.5853	0.6996	0.8024	0.7530	0.5797	0.6279	0.1600
辽宁	0.5292	0.5174	0.5048	0.5240	0.5818	0.5481	0.5905	0.6704	0.6157	0.7174	0.6796	0.5890	0.1245
吉林	0.4683	0.4377	0.5845	0.5572	0.5645	0.5479	0.5995	0.8036	0.6788	0.7609	0.6500	0.6048	0.1853
黑龙江	0.3880	0.4439	0.4152	0.5155	0.5012	0.4748	0.5703	0.4185	0.6884	0.7528	0.6583	0.5297	0.2313
上海	1.0000	1.0000	1.0000	1.0000	1.0000	1.0000	1.0000	1.0000	1.0000	1.0000	1.0000	1.0000	0.0000
江苏	0.7664	0.6797	0.6931	0.5583	0.7483	0.7346	0.9589	0.9704	0.6915	1.0000	1.0000	0.8001	0.1930
浙江	1.0000	0.7331	0.6775	0.4510	1.0000	1.0000	1.0000	1.0000	1.0000	0.9720	0.9658	0.8909	0.2093
安徽	0.3302	0.3525	0.6655	0.5093	0.6623	0.6426	0.7519	0.6923	0.7477	0.8009	0.7657	0.6292	0.2583
福建	0.4256	0.5100	0.6597	0.5605	0.6670	0.5876	0.6472	0.6997	1.0000	1.0000	1.0000	0.7052	0.2902
江西	0.6776	0.5051	0.5176	0.6503	0.4872	0.4286	0.6198	0.6712	0.8153	0.7888	0.6663	0.6207	0.1997
山东	0.4790	0.3591	0.4814	0.4746	0.6388	0.7761	0.8682	0.9852	0.5791	0.8394	0.7363	0.6561	0.3037

续表

省份	2002 年	2003 年	2004 年	2005 年	2006 年	2007 年	2008 年	2009 年	2011 年	2012 年	2013 年	均值	变异系数
河南	0.6098	0.3233	1.0000	0.5032	0.7244	0.7193	1.0000	1.0000	0.7371	0.8116	0.6658	0.7359	0.2915
湖北	0.5405	0.3823	0.5312	0.4509	0.5881	0.5862	0.6678	0.7110	0.7428	0.8546	0.6886	0.6131	0.2225
湖南	0.5461	0.4820	0.5146	0.6271	0.7059	0.7167	0.6767	0.6606	0.7534	0.9795	0.8908	0.6867	0.2203
广东	1.0000	1.0000	1.0000	0.3908	0.6126	0.6636	0.5370	0.5848	1.0000	1.0000	0.3351	0.7385	0.3611
广西	0.5127	0.3931	0.6241	0.4494	0.5774	0.6162	0.5970	0.6094	0.7569	0.7822	0.7122	0.6028	0.1997
海南	0.4681	0.4823	0.4804	0.5104	0.4909	0.4886	0.5973	0.7489	0.8380	0.9453	0.8545	0.6277	0.2904
重庆	0.6081	0.5665	0.5502	0.6739	0.6961	0.8290	0.6861	0.6833	0.9260	0.9538	0.7442	0.7197	0.1862
四川	0.5004	0.4229	0.4507	0.4718	0.5188	0.5928	0.5869	0.7220	0.6910	0.8124	0.6974	0.5879	0.2171
贵州	0.8028	0.6789	0.7184	0.6518	0.6056	0.5764	0.7445	0.6680	1.0000	0.8729	0.7064	0.7295	0.1686
云南	0.4054	0.2485	0.3695	0.3997	0.4810	0.4779	0.7516	0.7696	0.5359	0.6309	0.5080	0.5071	0.3143
陕西	0.6886	0.6355	0.3792	0.4398	0.4323	0.4211	0.4914	0.5728	0.7669	0.7716	0.0883	0.5171	0.3867
西藏	1.0000	0.5107	0.4979	0.6084	0.6520	0.7039	1.0000	0.6690	1.0000	0.9397	8.0124	1.4176	1.5490
甘肃	0.4734	0.4611	0.5488	0.6478	0.5891	0.5349	0.4959	0.4236	0.7410	0.6525	0.5912	0.5599	0.1709
青海	1.0000	1.0000	1.0000	1.0000	1.0000	1.0000	1.0000	1.0000	1.0000	1.0000	1.0000	1.0000	0.0000
宁夏	1.0000	1.0000	1.0000	1.0000	1.0000	1.0000	1.0000	1.0000	1.0000	1.0000	1.0000	1.0000	0.0000
新疆	0.5976	0.4744	0.5824	0.7209	0.6314	0.6768	0.6108	0.6136	0.6740	0.7937	0.3180	0.6085	0.2076

2002—2013 年景区行业要素效率计算结果

(1) 物质资本效率计算结果

省份	2002 年	2003 年	2004 年	2005 年	2006 年	2007 年	2008 年	2009 年	2011 年	2012 年	2013 年	均值	变异系数
北京	1.0000	1.0000	0.7193	0.4601	0.9750	0.8345	0.3578	0.7130	0.5817	0.6116	0.5802	0.7121	0.3088
天津	1.0000	0.1141	0.2186	0.2718	0.3638	0.4857	0.1207	0.2480	1.0000	1.0000	1.0000	0.5293	0.7309
河北	0.2337	0.1200	0.5267	1.0000	1.0000	0.1074	0.1699	0.4170	0.7737	0.4395	0.4907	0.4799	0.6785
山西	0.2580	0.1265	0.8375	0.7922	0.7279	0.3666	0.5695	0.4274	0.3376	0.2149	0.2805	0.4490	0.5476
内蒙古	0.2040	0.0829	0.5349	0.1497	0.3386	0.3855	0.1332	0.4187	0.4022	0.3258	0.3232	0.2999	0.4674
辽宁	0.1948	1.0000	0.4353	1.0000	0.3941	0.3547	0.1644	0.4401	0.7813	0.9279	0.5878	0.5710	0.5428
吉林	0.1076	0.1547	0.1762	0.2246	0.8877	0.1923	0.1539	0.7994	0.4072	0.3737	0.3689	0.3497	0.7574
黑龙江	0.1072	0.1039	0.3916	0.4321	0.2876	0.2828	0.1431	0.2903	0.3868	0.4367	0.3920	0.2958	0.4291
上海	0.3259	0.0120	1.0000	1.0000	1.0000	1.0000	0.0445	0.2362	1.0000	1.0000	1.0000	0.6926	0.6273
江苏	0.2976	0.0815	0.4434	1.0000	1.0000	0.1743	0.2863	0.4148	1.0000	0.2561	0.5271	0.4983	0.6918
浙江	0.2885	0.0967	0.4431	0.6093	0.7515	0.2271	0.2557	0.4471	1.0000	0.6790	0.8011	0.5090	0.5538
安徽	0.5835	0.2667	1.0000	0.7070	0.4630	1.0000	0.0121	0.3834	0.7616	0.7164	0.8791	0.6157	0.5056
福建	0.3918	0.1791	0.6856	0.4695	0.9617	0.3791	0.6710	0.4123	1.0000	0.7872	0.8821	0.6200	0.4373
江西	1.0000	0.2622	1.0000	1.0000	1.0000	1.0000	1.0000	1.0000	0.8336	1.0000	1.0000	0.9178	0.2431
山东	1.0000	0.3945	0.3641	0.1954	0.6115	0.2336	0.2841	0.4119	0.5575	0.8950	0.7248	0.5157	0.5194

续表

省份	2002年	2003年	2004年	2005年	2006年	2007年	2008年	2009年	2011年	2012年	2013年	均值	变异系数
河南	0.3249	0.0633	1.0000	0.7566	0.8391	0.1289	0.1837	0.6982	0.7511	0.6279	0.6735	0.5497	0.5785
湖北	0.2928	0.0633	0.3356	0.5039	0.4529	0.2500	1.0000	0.5850	0.4742	0.5691	0.5653	0.4629	0.5190
湖南	0.1005	0.0628	0.6502	0.5336	0.3726	0.0659	0.3732	0.3187	0.6348	1.0000	1.0000	0.4647	0.7241
广东	1.0000	0.0602	0.2125	1.0000	0.7370	0.1386	1.0000	0.3801	1.0000	1.0000	1.0000	0.6844	0.5850
广西	0.4599	0.1268	0.6220	0.5056	0.7386	0.2165	0.2008	0.5772	0.4753	0.4257	0.4248	0.4339	0.4326
海南	0.2141	0.3092	0.6622	0.3249	0.5706	0.7369	0.2934	0.6671	0.7386	1.0000	1.0000	0.5925	0.4683
重庆	1.0000	0.1714	0.4799	0.4755	0.7592	0.6368	0.1816	0.3837	0.4515	0.3961	0.5327	0.4971	0.4819
四川	0.7471	0.167?	1.0000	1.0000	1.0000	1.0000	0.1560	1.0000	0.9936	0.5636	0.8285	0.7687	0.4317
贵州	0.8607	0.4038	0.4178	0.4998	0.5109	0.2190	1.0000	1.0000	0.7518	0.5626	0.4742	0.6092	0.4224
云南	0.6217	0.1159	0.6103	0.6646	0.2971	0.2212	0.0121	0.2073	0.5929	0.5853	1.0000	0.4480	0.6623
陕西	0.6427	0.1120	0.6245	0.7625	0.5411	0.4908	0.1970	0.7230	0.4052	0.5560	0.0164	0.4610	0.5436
西藏	0.0735	0.2456	0.0139	0.3057	1.0000	0.1000	1.0000	1.0000	1.0000	1.0000	39.1857	4.0840	2.8526
甘肃	0.4625	0.0994	0.4730	0.3183	0.2870	0.2269	0.2309	0.3756	0.7910	0.5877	0.5509	0.4003	0.4927
青海	1.0000	1.0000	1.0000	1.0000	1.0000	1.0000	0.2255	1.0000	1.0000	1.0000	1.0000	0.9296	0.2512
宁夏	0.6437	0.2543	0.9102	1.0000	1.0000	0.9616	0.1348	1.0000	0.6763	0.6829	0.5990	0.7148	0.4225
新疆	0.2174	0.1165	0.8606	0.8733	0.7673	0.2679	0.1843	1.0000	0.7194	0.6337	1.0000	0.6037	0.5664

（2）人力资本效率计算结果

省份	2002年	2003年	2004年	2005年	2006年	2007年	2008年	2009年	2011年	2012年	2013年	均值	变异系数
北京	1.0000	1.0000	0.9078	0.4601	0.9750	0.8345	0.4416	0.6283	0.7932	0.6288	0.6071	0.7524	0.2783
天津	1.0000	0.1499	0.2186	0.2718	0.3638	0.4857	0.0814	0.4275	1.0000	1.0000	1.0000	0.5453	0.6935
河北	0.2337	0.0398	0.5267	1.0000	1.0000	0.7321	0.4194	0.3222	0.7737	0.4395	0.6417	0.5572	0.5497
山西	0.2291	0.0629	0.8375	0.7104	0.3719	0.3666	0.0843	0.0740	0.3376	0.2149	0.2425	0.3211	0.7836
内蒙古	0.2040	0.0884	0.5349	0.0175	0.3201	0.3855	0.0581	0.4185	0.4022	0.3258	0.3232	0.2798	0.5941
辽宁	0.1319	1.0000	0.3199	0.9846	0.3941	0.3547	0.1718	0.1320	0.6066	0.5721	0.4669	0.4668	0.6546
吉林	0.2317	0.2303	0.1762	0.2246	0.8877	0.3727	0.1792	0.7994	0.4072	0.3737	0.2860	0.3790	0.6430
黑龙江	0.1882	0.1075	0.3916	0.4321	0.2876	0.2828	0.3660	0.5386	0.3868	0.4367	0.3283	0.3406	0.3549
上海	0.9623	0.0599	1.0000	1.0000	1.0000	1.0000	0.3461	0.5644	1.0000	1.0000	1.0000	0.8121	0.4110
江苏	0.2961	0.1172	0.3798	1.0000	1.0000	0.3317	0.2860	0.3966	1.0000	0.9876	0.9717	0.6152	0.5977
浙江	0.5139	0.0360	0.4431	0.1741	0.1186	0.1122	0.0586	0.2314	1.0000	0.6790	0.8011	0.3789	0.8750
安徽	0.2627	0.0746	1.0000	0.7070	0.4630	1.0000	0.0122	0.3466	0.7616	0.7164	0.8791	0.5657	0.6261
福建	0.3918	0.1293	0.6856	0.1223	0.9617	0.3791	0.5921	0.4123	1.0000	0.7872	0.8821	0.5767	0.5439
江西	1.0000	0.1550	1.0000	1.0000	1.0000	1.0000	1.0000	1.0000	0.8336	1.0000	1.0000	0.9081	0.2805
山东	1.0000	0.4659	0.3641	0.1954	0.3619	0.2336	0.3394	0.4096	0.5575	0.8950	0.9453	0.5243	0.5520

续表

省份	2002 年	2003 年	2004 年	2005 年	2006 年	2007 年	2008 年	2009 年	2011 年	2012 年	2013 年	均值	变异系数
河南	0.2232	0.0138	1.0000	0.7566	0.8391	0.2681	0.2207	0.6982	0.7511	0.6279	0.6735	0.5520	0.5713
湖北	0.2928	0.0138	0.3356	0.5039	0.3791	0.2500	1.0000	0.4844	0.4742	0.5691	0.5653	0.4426	0.5568
湖南	0.1005	0.0616	0.6502	0.5336	0.3726	0.2139	0.4673	0.2338	0.6348	1.0000	1.0000	0.4789	0.6794
广东	1.0000	0.1339	0.2125	1.0000	0.7370	0.2696	1.0000	0.2669	1.0000	1.0000	1.0000	0.6927	0.5538
广西	0.3345	0.0994	0.6220	0.5056	0.5501	0.2165	0.0972	0.2767	0.3923	0.3256	0.2942	0.3376	0.5063
海南	0.5207	0.3695	0.6622	0.3249	0.5706	0.7369	0.3382	0.5323	0.3317	1.0000	1.0000	0.5806	0.4287
重庆	1.0000	0.1865	0.4799	0.4755	0.5843	0.6368	0.1253	0.3837	0.4515	0.3961	0.5327	0.4775	0.4856
四川	0.3241	0.0795	1.0000	1.0000	1.0000	1.0000	0.5390	1.0000	0.9936	0.5636	0.8285	0.7571	0.4356
贵州	0.8607	0.3990	0.4178	0.3844	0.2819	0.1679	1.0000	1.0000	0.4151	0.3540	0.3960	0.5161	0.5665
云南	0.9326	0.1927	0.6103	0.6646	0.2818	0.2212	0.1508	0.1246	0.5929	0.5853	1.0000	0.4870	0.6406
陕西	0.5692	0.1122	0.6245	0.7625	0.5411	0.4908	0.1730	0.8025	0.4052	0.5560	0.0280	0.4605	0.5569
西藏	0.2231	0.7040	1.0000	1.0000	1.0000	0.2951	1.0000	1.0000	1.0000	1.0000	22.8952	2.8289	2.3550
甘肃	0.4625	0.1315	0.4730	0.3183	0.2870	0.2269	0.0358	0.1680	0.7910	0.4373	0.5282	0.3509	0.6121
青海	1.0000	1.0000	1.0000	1.0000	1.0000	1.0000	0.1115	1.0000	1.0000	1.0000	1.0000	0.9192	0.2914
宁夏	0.4220	0.1833	0.9102	1.0000	1.0000	0.9616	0.1201	1.0000	0.5690	0.6829	0.5883	0.6762	0.4874
新疆	0.2774	0.1673	0.8606	0.8733	0.5039	0.2679	0.1364	1.0000	0.7194	0.6337	1.0000	0.5854	0.5669

（3）企业规模效率计算结果

省份	2002年	2003年	2004年	2005年	2006年	2007年	2008年	2009年	2011年	2012年	2013年	均值	变异系数
北京	1.0000	1.0000	0.9078	0.4601	0.9750	0.8345	0.4416	0.7130	0.6515	0.5806	0.6071	0.7428	0.2844
天津	1.0000	0.1380	0.1440	0.2718	0.3638	0.4857	0.1087	0.4275	1.0000	1.0000	1.0000	0.5400	0.7099
河北	0.2338	0.1199	0.3278	1.0000	1.0000	0.7321	0.4194	0.4170	0.7737	0.4395	0.6417	0.5550	0.5338
山西	0.2497	0.0546	0.5593	0.6292	0.6514	0.3666	0.5695	0.4274	0.3376	0.2149	0.2805	0.3946	0.4846
内蒙古	0.1340	0.0670	0.1804	0.1497	0.3386	0.3854	0.0868	0.4187	0.3908	0.3048	0.2731	0.2481	0.5200
辽宁	0.1637	1.0000	0.0567	1.0000	0.3941	0.3547	0.1718	0.4401	0.7814	0.9279	0.5878	0.5344	0.6510
吉林	0.0951	0.0906	0.1762	0.2246	0.8877	0.3727	0.1792	0.7994	0.4072	0.3736	0.3689	0.3614	0.7330
黑龙江	0.1882	0.0708	0.3916	0.4321	0.2876	0.2828	0.2527	0.5386	0.3868	0.4367	0.3920	0.3327	0.3958
上海	0.9623	0.0599	1.0000	1.0000	1.0000	1.0000	0.3461	0.5644	1.0000	1.0000	1.0000	0.8121	0.4110
江苏	0.2976	0.0591	0.8891	1.0000	1.0000	0.3285	0.2863	0.4148	1.0000	0.5152	0.6034	0.5813	0.5853
浙江	0.5139	0.0967	0.4049	0.2738	0.4802	0.2271	0.2557	0.4471	1.0000	0.3970	0.4747	0.4155	0.5609
安徽	0.3057	0.0582	1.0000	0.7070	0.4476	1.0000	0.0108	0.3834	0.4585	0.5429	0.8791	0.5267	0.6497
福建	0.3178	0.1110	0.2705	0.3814	0.9617	0.3791	0.6711	0.4123	1.0000	0.6770	0.8806	0.5511	0.5484
江西	1.0000	0.2418	1.0000	1.0000	1.0000	1.0000	1.0000	1.0000	0.8336	1.0000	1.0000	0.9159	0.2501
山东	1.0000	0.4659	0.3641	0.1954	0.4184	0.2336	0.3394	0.4119	0.4111	0.6315	0.5997	0.4610	0.4812

续表

省份	2002年	2003年	2004年	2005年	2006年	2007年	2008年	2009年	2011年	2012年	2013年	均值	变异系数
河南	0.2077	0.0305	1.0000	0.7566	0.3846	0.2196	0.1437	0.6869	0.4786	0.4388	0.6578	0.4550	0.6529
湖北	0.2064	0.0305	0.3356	0.3244	0.3455	0.2500	1.0000	0.5850	0.3152	0.3953	0.5226	0.3919	0.6380
湖南	0.0334	0.0272	0.6502	0.5336	0.3726	0.2139	0.4673	0.3187	0.5171	1.0000	1.0000	0.4667	0.7058
广东	1.0000	0.1256	0.2125	1.0000	0.7370	0.3744	1.0000	0.3801	1.0000	1.0000	1.0000	0.7118	0.5096
广西	0.3305	0.0842	0.2966	0.3442	0.4110	0.2165	0.1315	0.5772	0.4753	0.4257	0.4248	0.3380	0.4391
海南	0.5207	0.3696	0.6622	0.3249	0.5706	0.7369	0.3382	0.6671	0.7387	1.0000	1.0000	0.6299	0.3760
重庆	1.0000	0.1866	0.4439	0.4755	0.7592	0.6368	0.1816	0.3837	0.4515	0.3961	0.5327	0.4952	0.4807
四川	0.3786	0.1671	1.0000	1.0000	1.0000	1.0000	0.3399	1.0000	0.9936	0.3797	0.8012	0.7327	0.4636
贵州	0.8607	0.4033	0.4079	0.4407	0.5109	0.2190	1.0000	1.0000	0.7518	0.5626	0.4742	0.6029	0.4332
云南	0.5136	0.0785	0.4179	0.6646	0.1019	0.2212	0.1414	0.2073	0.5609	0.5853	1.0000	0.4084	0.7058
陕西	0.6427	0.0864	0.2352	0.7625	0.5236	0.4908	0.1639	0.8025	0.4051	0.4907	0.8194	0.4930	0.5156
西藏	0.1349	0.1693	1.0000	1.0000	1.0000	3.3889	1.0000	1.0000	1.0000	1.0000	0.7267	1.0382	0.8175
甘肃	0.4625	0.1130	0.1913	0.3183	0.2870	0.2269	0.1673	0.3756	0.7910	0.5877	0.5509	0.3702	0.5635
青海	1.0000	1.0000	1.0000	1.0000	1.0000	1.0000	0.0746	1.0000	1.0000	1.0000	1.0000	0.9159	0.3046
宁夏	0.6438	0.2548	0.4361	1.0000	1.0000	0.9616	0.1348	1.0000	0.6763	0.6829	0.5990	0.6717	0.4543
新疆	0.2517	0.1494	0.5489	0.8733	0.5532	0.2679	0.1843	1.0000	0.7193	0.6337	1.0000	0.5620	0.5645

参考文献

1. 白仲林：《面板数据的计量经济分析》，南开大学出版社 2008 年版。

2. 曹芳东、黄震方、吴江等：《国家级风景名胜区旅游效率测度与区位可达性分析》，《地理学报》2012 年第 12 期。

3. 曹芳东、黄震方、余凤龙等：《国家级风景名胜区旅游效率空间格局动态演化及其驱动机制》，《地理研究》2014 年第 6 期。

4. 陈芳：《西部地区省际旅游产业效率研究》，硕士学位论文，重庆工商大学，2013 年。

5. 陈国宏、孟凡雷：《基于 AHP 模型的辽宁工业旅游创新发展效率研究》，《沈阳师范大学学报》（自然科学版）2014 年第 3 期。

6. 陈世清：《新常态经济与新常态经济学》，《宁德师范学院学报》（哲学社会科学版）2015 年第 2 期。

7. 邓洪波、陆林：《基于 DEA 模型的安徽省城市旅游效率研究》，《自然资源学报》2014 年第 2 期。

8. 董新建：《中国沿海地区旅游企业技术效率研究》，硕士学位论文，中国海洋大学，2009 年。

9. 樊欢欢、刘荣等：《Eviews 统计分析与应用》，机械工业出版社 2014 年版。

10. 方叶林、黄震方、余凤龙等：《省际旅游资源相对效率的演化分析》，《地理科学》2013 年第 11 期。

11. 方叶林：《中国省域旅游产业效率及演化机理研究》，博士学位论文，南京师范大学，2014 年。

12. 高洁：《基于 DEA/PCA 模型的中国省域旅游国际竞争力评价》，

《边疆经济与文化》2014 年第 2 期。

13. 高玲：《基于 DEA 方法的旅游企业安全科技支撑的投入—产出探究——以深圳市某酒店为例》，《闽江学院学报》2011 年第 6 期。

14. 顾江、胡静：《中国分省区旅游生产效率模型创建与评价》，《同济大学学报》（社会科学版）2009 年第 4 期。

15. 郭岚、张勇、李志娟：《基于因子分析与 DEA 方法的旅游上市公司效率评价》，《管理学报》2008 年第 2 期。

16. 郭峦、杨志红：《基于 DEA 方法的西部地区旅行社经营效率研究》，《企业经济》2013 年第 6 期。

17. 何勋、李如友、辜应康等：《我国旅游企业效率的时空特征及收敛性研究——基于 1999—2010 年的经验数据》，《云南财经大学学报》（社会科学版）2012 年第 6 期。

18. 何玉荣、张鑫、王兰兰：《基于 DEA 的旅游型城市星级酒店经营效率空间差异分析——以安徽省黄山市为例》，《合肥工业大学学报》（社会科学版）2013 年第 4 期。

19. 胡燕京、冯琦：《基于 DEA 的我国上市旅游企业经营绩效评价》，《华东经济管理》2006 年第 9 期。

20. 黄伟伟、李静：《基于 DEA 的中国旅游饭店业的效率分析》，《企业导报》2011 年第 3 期。

21. 贾卓：《中国西部城市群产业演变及优化路径研究——以兰白西城市群为例》，博士学位论文，兰州大学，2013 年。

22. 蒋太才、卢宇、伍晶晶：《基于 DEA/AHP 相结合的资源型旅游企业财务绩效评价》，《市场论坛》2011 年第 11 期。

23. 李继军、潘亚：《群体决策和 AHP 法结合确定指标权重》，《基建优化》2006 年第 6 期。

24. 李小建：《经济地理学》，高等教育出版社 2006 年版。

25. 李艳双、韩文秀、曾珍香等：《DEA 模型在旅游城市可持续发展能力评价中的应用》，《河北工业大学学报》2001 年第 5 期。

26. 梁流涛、杨建涛：《中国旅游产业技术效率及其分解的时空格局——基于 DEA 模型的研究》，《地理研究》2012 年第 8 期。

27. 梁明珠、易婷婷：《广东省城市旅游效率评价与区域差异研究》，《经济地理》2012年第10期。

28. 梁明珠、易婷婷、B. Li：《基于DEA-MI模型的城市旅游效率演进模式研究》，《旅游学刊》2013年第5期。

29. 廖斌斌：《中国旅游效率评价与区域差异研究——基于2000—2011年省际面板数据》，《科技和产业》2013年第12期。

30. 林源源、季斌：《基于DEA的城市旅游企业技术效率测度及比较》，《企业经济》2008年第4期。

31. 刘长生：《低碳旅游服务提供效率评价研究——以张家界景区环保交通为例》，《旅游学刊》2012年第3期。

32. 刘改芳、杨威：《基于DEA的文化旅游产业投资效率模型及实证分析》，《旅游学刊》2013年第1期。

33. 刘建国：《中国经济效率的影响机理、空间格局及溢出效应》，博士学位论文，东北财经大学，2012年。

34. 刘玲玉、王朝辉：《上海市旅游饭店业效率时空分异及其影响因素分析》，《旅游论坛》2014年第2期。

35. 刘玉安：《公平与效率不可兼得吗——美国、瑞典模式的比较与借鉴》，中国书籍出版社2013年版。

36. 陆琳、张传军：《基于DEA的森林旅游运营效率研究》，《安徽农业科学》2008年第27期。

37. 卢明强、徐舒、王秀梅等：《基于数据包络分析（DEA）的我国旅行社行业经营效率研究》，《旅游论坛》2010年第6期。

38. 陆相林：《DEA方法在区域旅游发展评价中的应用——以山东省17地市为例》，《湖北大学学报》（自然科学版）2007年第3期。

39. 罗明义：《旅游经济发展与管理》，云南大学出版社2008年版。

40. 吕晓英、吕胜利：《产业集聚效应测算的独立混合横截面数据模型》，《甘肃社会科学》2004年第5期。

41. 马晓龙：《中国主要城市旅游效率及其全要素生产率评价：1995—2005》，博士学位论文，中山大学，2008年。

42. 马晓龙：《基于绩效差异的中国主要城市旅游发展阶段演化》，

《旅游学刊》2009 年第 6 期。

43. 马晓龙、保继刚:《基于 DEA 的中国国家级风景名胜区使用效率评价》,《地理研究》2009 年第 3 期。

44. 马晓龙、保继刚:《中国主要城市旅游效率影响因素的演化》,《经济地理》2009 年第 7 期。

45. 马晓龙、保继刚:《基于数据包络分析的中国主要城市旅游效率评价》,《资源科学》2010 年第 1 期。

46. 马晓龙、保继刚:《中国主要城市旅游效率的区域差异与空间格局》,《人文地理》2010 年第 1 期。

47. 马晓龙:《国内外旅游效率研究进展与趋势综述》,《人文地理》2012 年第 3 期。

48. 毛润泽、赵磊:《旅游发展对技术效率的影响机制及其区域差异分析》,《统计与决策》2014 年第 1 期。

49. 阮赞林:《反垄断法教程》,上海人民出版社 2011 年版。

50. 盛旭东、侯伦、陈瑶等:《应用 DEA 方法评价我国各地区旅游生产效率》,《中国集体经济》2010 年第 6 期。

51. 司马志:《制度变迁与中国旅游产业发展——基于 ESP 范式的产业绩效分析》,上海社会科学院出版社 2012 年版。

52. 苏志平、顾平:《基于 C-2R 和 C-2GS-2 模型的省域旅游产业绩效评价》,《江苏科技大学学报》(自然科学版)2011 年第 3 期。

53. 孙景荣、张捷、章锦河等:《中国城市酒店业效率的空间特征及优化对策》,《经济地理》2012 年第 8 期。

54. 孙景荣、张捷、章锦河等:《中国区域旅行社业效率的空间分异研究》,《地理科学》2014 年第 4 期。

55. 孙媛媛、王鹏:《中国旅游上市公司经营有效性评价研究》,《旅游论坛》2010 年第 5 期。

56. 孙媛媛:《基于 DEA 的中国旅游上市公司区域竞争力比较研究——以东部为例》,《安徽农业科学》2010 年第 19 期。

57. 陶卓民、薛献伟、管晶晶:《基于数据包络分析的中国旅游产业

　　　发展效率特征》，《地理学报》2010 年第 8 期。

58. 田喜洲、王渤：《旅游市场效率及其博弈分析——以旅行社产品为例》，《旅游学刊》2003 年第 6 期。

59. 王栋、曹艳英、李凤霞：《旅游产业技术效率及其影响因素实证分析》，《财务与金融》2011 年第 2 期。

60. 王恩旭、武春友：《基于 DEA 模型的城市旅游经营效率评价研究——以中国 15 个副省级城市为例》，《旅游论坛》2010 年第 2 期。

61. 王恩旭：《区域旅游产业效率评价研究》，博士学位论文，大连理工大学，2011 年。

62. 王静：《基于 DEAP - 2.1 软件的姑婆山国家森林公园旅游用地效率评价研究》，《经济研究导刊》2014 年第 19 期。

63. 王坤、黄震方、陶玉国等：《区域城市旅游效率的空间特征及溢出效应分析——以长三角为例》，《经济地理》2013 年第 4 期。

64. 王艳、毛端谦、危曼华：《基于 AHP/DEA 模型的旅游上市公司经营绩效评价》，《旅游研究》2012 年第 2 期。

65. 王宗超、程玉申、陆军文：《基于 DEA 的浙江省地级市旅游产业效率时空差异及变化研究》，《北京第二外国语学院学报》2013 年第 11 期。

66. 文艳、郑向敏：《基于 DEA 模型的旅游上市公司成本控制效率评价研究》，《北京第二外国语学院学报》2013 年第 1 期。

67. 武瑞杰：《旅行社技术效率和全要素生产率变化研究——基于 2001—2010 年省际面板数据》，《云南民族大学学报》（哲学社会科学版）2013 年第 4 期。

68. 吴旭晓：《基于 GRA - DEA 模型的区域旅游产业发展效率研究》，《商业研究》2013 年第 12 期。

69. 徐波、刘丽华：《基于 DEA 分析中国省域地区旅游景区效率》，《国土与自然资源研究》2012 年第 5 期。

70. 许陈生：《我国旅游上市公司的股权结构与技术效率》，《旅游学刊》2007 年第 10 期。

71. 许海东、许陈生：《我国旅游上市公司的经营效率分析》，《商场现代化》2009 年第 4 期。

72. 许洪范：《中国县域经济宏观管理中经济增长差异及其收敛性研究》，博士学位论文，武汉理工大学，2007 年。

73. 许建伟、许新宇、朱明侠等：《中国省际旅游效率评价及其敏感性分析》，《资源开发与市场》2013 年第 5 期。

74. 徐洁、华钢、胡平：《城市化水平与旅游发展之关系初探——基于我国改革开放三十年的时间序列动态计量分析》，《人文地理》2010 年第 2 期。

75. 许琰、任建华：《基于数据包络分析的河南省旅游产业竞争力评价》，《河南师范大学学报》（自然科学版）2014 年第 4 期。

76. 阎友兵、马朋：《基于 DEA 方法的旅游电子商务网站效率评价研究》，《湖南财政经济学院学报》2013 年第 4 期。

77. 杨春梅、赵宝福：《基于数据包络分析的中国冰雪旅游产业效率分析》，《干旱区资源与环境》2014 年第 1 期。

78. 杨德云：《基于 DEA – Malmquist 模型的我国旅游饭店业效率评价研究》，《旅游论坛》2014 年第 3 期。

79. 杨泸：《制度安排对景区旅游资源利用效率的影响》，《宜宾学院学报》2005 年第 11 期。

80. 杨小强：《我国旅行社区域空间分布及空间格局演化研究》，硕士学位论文，华中师范大学，2013 年。

81. 岳宏志、朱承亮：《我国旅游产业技术效率及其区域差异：2001—2007 年》，《云南财经大学学报》2010 年第 2 期。

82. 张广海、冯英梅：《我国旅游产业效率测度及区域差异分析》，《商业研究》2013 年第 5 期。

83. 张慧：《基于 DEA 方法的旅游企业服务质量评价模型及其实证研究》，硕士学位论文，湖南大学，2005 年。

84. 张辉等：《中国旅游产业发展模式及运行方式研究》，中国旅游出版社 2011 年版。

85. 张金华：《我国地区旅游产业效率和生产率的动态演化研究》，博士学位论文，吉林大学，2013 年。

86. 张鹏丘:《我国区域间经济溢出效应评价及机制研究》，中国社会科学出版社 2012 年版。

87. 张文爱:《中国西部地区经济增长差距与收敛机制研究》，西南财经大学出版社 2013 年版。

88. 赵磊:《中国旅游全要素生产率差异与收敛实证研究》，《旅游学刊》2013 年第 11 期。

89. 朱顺林:《区域旅游产业的技术效率比较分析》，《经济体制改革》2005 年第 2 期。

90. 朱桃杏、陆军:《高速铁路背景下旅游经济发展空间与效率特征研究》，《铁道运输与经济》2014 年第 7 期。

91. Aivaz, K. A., Corina, Vancea D. P., "A study of the black sea tourism companies efficiency using envelope techniques", *Transformations in Business and Economics*, Vol. 8, No. 3, 2009.

92. Assaf, A., Cvelbar, L. K., "The performance of the Slovenian restaurant industry: Evaluation post – privatisation", *International Journal of Tourism Research*, Vol. 12, No. 5, 2010.

93. Assaf, A. G., Agbola, F. W., "Modelling the performance of Australian restaurants: A DEA double bootstrap approach", *Tourism Economics*, Vol. 17, No. 1, 2011.

94. Assaf, A. G., Josiassen, A., "European vs. U. S. airlines: Performance comparison in a dynamic market", *Tourism Management*, Vol. 33, No. 2, 2012.

95. Barros, C. P., "A stochastic cost frontier in the Portuguese restaurant industry", *Tourism Economics*, Vol. 10, No. 2, 2004.

96. Barros, C. P., Botti, L., Peypoch, N., et al., "George Assaf A. Performance of French destinations: Tourism attraction perspectives", *Tourism Management*, Vol. 32, No. 1, 2011.

97. Barros, C. P., "Airports and tourism in Mozambique", *Tourism Management*, Vol. 41, No. 4, 2014.

98. Becken, S., "Operators' Perceptions of Energy Use and Actual Saving Opportunities for Tourism Accommodation", *Asia Pacific Journal of Tourism Research*, Vol. 18, No. 1 – 2, 2013.

99. Blazevic, B., "Efficiency of the investment and disinvestment process in the Croatian restaurant industry", *Turizam*, Vol. 45, No. 9 – 10, 1997.

100. Botti, L., Goncalves, O., Ratsimbanierana, H., "French destination efficiency: A mean – variance approach", *Journal of Travel Research*, Vol. 51, No. 2, 2012.

101. Brida, J. G., Deidda, M., Pulina, M., "Tourism and transport systems in mountain environments: Analysis of the economic efficiency of cableways in South Tyrol", *Journal of Transport Geography*, Vol. 36, No. 4, 2014.

102. Chen, C. F., "Applying the stochastic frontier approach to measure restaurant managerial efficiency in Taiwan", *Tourism Management*, Vol. 28, No. 3, 2007.

103. Chen, C. M., Chang, K. L., "Cost Efficiency and the Choice of Operation Type: Evidence from Taiwan's International Tourist Restaurants", *Asia Pacific Journal of Tourism Research*, Vol. 18, No. 8, 2013.

104. Chiang, W. E., "A restaurant performance evaluation of Taipei international tourist restaurants – Using data envelopment analysis", *Asia Pacific Journal of Tourism Research*, Vol. 11, No. 1, 2006.

105. Chin, J. B., Wu, M. C., Hsieh, L. F., "Strategic planning of optimal resource allocation in response to global financial crisis – A study of international tourist restaurants", *Applied Economics*, Vol. 45, No. 23, 2013.

106. Cracolici, M. F., Cuffaro, M., Nijkamp, P., "Sustainable tourist development in Italian holiday destinations, International Journal of Services", *Technology and Management*, Vol. 10, No. 1, 2008.

107. Daskalopoulou, I. , Petrou, A. , "Urban tourism competitiveness: Networks and the regional asset base", *Urban Studies*, Vol. 46, No. 4, 2009.

108. Eraqi, M. I. , "Tourism strategic marketing planning: Challenges and opportunities for tourism business sector in Egypt", *Tourism Analysis*, Vol. 10, No. 2, 2005.

109. George, Assaf A. , "Benchmarking the Asia Pacific tourism industry: A Bayesian combination of DEA and stochastic frontier", *Tourism Management*, Vol. 33, No. 5, 2012.

110. Gössling, S. , Peeters, P. , Ceron, J. P. , et al. , "Patterson T, Richardson RB. The eco – efficiency of tourism", *Ecological Economics*, Vol. 54, No. 4, 2005.

111. Holleran, J. N. , "Sustainability in tourism destinations: Exploring the boundaries of eco – efficiency and green communications", *Journal of Hospitality and Leisure Marketing*, Vol. 17, No. 3 – 4, 2008.

112. Huang, L. , Chen, K. H. , Wu, Y. W. , "What kind of marketing distribution mix can maximize revenues: The wholesaler travel agencies' perspective?" *Tourism Management*, Vol. 30, No. 5, 2009.

113. Hwang, S. N. , Chang, T. Y. , "Using data envelopment analysis to measure restaurant managerial efficiency change in Taiwan", *Tourism Management*, Vol. 24, No. 4, 2003.

114. Köksal, C. D. , Aksu, A. A. , "Efficiency evaluation of A – group travel agencies with data envelopment analysis (DEA): A case study in the Antalya region, Turkeys", *Tourism Management*, Vol. 28, No. 3, 2007.

115. Kytzia, S. , Walz, A. , Wegmann, M. , "How can tourism use land more efficiently? A model – based approach to land – use efficiency for tourist destinations", *Tourism Management*, Vol. 32, No. 3, 2011.

116. Lai, W. H. , Vinh, N. Q. , "An application of ahp approach to investigate tourism promotional effectiveness ", *Tourism and Hospitality*

Management, Vol. 19, No. 1, 2013.

117. Lionetti, S. , "Tourism productivity: Incentives and obstacles to fostering growth", *Tourism Analysis*, Vol. 14, No. 6, 2009.

118. Lupu, N. , Marin – Pantelescu, A. , "Manners of cooperation between agencies from the international tourism for improving the tourism activities ", *Amfiteatru Economic*, Vol. 10, No. 2, 2008.

119. Oldham, G. , Creemers, G. , Rebeck, T. , "An economic evaluation of tourism: A case study of accommodation facilities in southern Maputaland", *Development Southern Africa*, Vol. 17, No. 2, 2000.

120. Oliveira, R. , Pedro, M. I. , Marques, R. C. , "Efficiency performance of the Algarve restaurants using a revenue function", *International Journal of Hospitality Management*, Vol. 35, No. 12, 2013.

121. Osmanagic – Bedenik, N. , "The analysis of business efficiency of the biggest restaurant and tourism companies in Croatia ", *Turizam*, Vol. 47, No. 4, 1999.

122. Pavlyuk, D. , "Application of the Spatial Stochastic Frontier model for analysis of a regional tourism sector", *Transport and Telecommunication*, Vol. 12, No. 2, 2011.

123. Pérez – Calderón, E. , Milanés – Montero, P. , Ortega – Rossell, F. J. , "Sensitivity of listed european restaurants with the sustainable tourism", *International Journal of Environmental Research*, Vol. 5, No. 1, 2011.

124. Peypoch, N. , Solonandrasana, B. , "Research note: Technical efficiency in the tourism industry ", *Tourism Economics*, Vol. 12, No. 4, 2006.

125. Reilly, J. , Williams, P. , Haider, W. , "Moving towards more eco – efficient tourist transportation to a resort destination: The case of Whistler, British Columbia", *Research in Transportation Economics*, Vol. 26, No. 1, 2010.

126. Sellers – Rubio, R. , Nicolau – Gonzálbez, J. L. , "Assessing per-

formance in services: The travel agency industry", *Service Industries Journal*, Vol. 29, No. 5, 2009.

127. Sun. S., Wen – Min, L. U., "Evaluating the performance of the Taiwanese restaurant industry using a weight slacks – based measure", *Asia – Pacific Journal of Operational Research*, Vol. 22, No. 4, 2005.

128. Taheri, H., Ansari, S., "Measuring the relative efficiency of cultural – historical museums in Tehran: DEA approach", *Journal of Cultural Heritage*, Vol. 14, No. 5, 2013.

129. Tarim, S., Dener, H. I., Tarim, S. A., "Efficiency measurement in the restaurant industry: Output factor constrained DEA application", *Anatolia*, Vol. 11, No. 2, 2000.

130. Topolšek, D., Mrnjavac, E., Kova či ć, N., "Integration of travel agencies with transport providers", *Tourism Management Perspectives*, Vol. 9, No. 2, 2014.